HISTOIRE DE LA VICOMTÉ D'AUMELAS ET DE LA BARONNIE DU POUGET (HÉRAULT)

Ouvrage couronné par la Société archéologique de Béziers au Concours de 1891

PAR L'ABBÉ A. DELOUVRIER

CURÉ DE PAULHAN,

2 FOIS LAURÉAT ET MEMBRE CORRESPONDANT DE LA SUSDITE SOCIÉTÉ

MONTPELLIER

IMPRIMERIE LOUIS GROLLIER PÈRE, BOULEVARD DU PEYROU

1896

HISTOIRE

DE LA

VICOMTÉ D'AUMELAS

ET DE LA

BARONNIE DU POUGET (HÉRAULT)

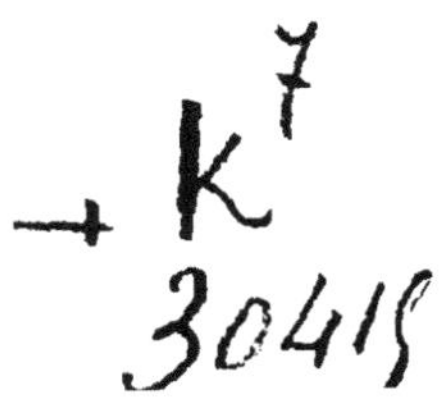

HISTOIRE

DE LA

VICOMTÉ D'AUMELAS

ET DE LA

BARONNIE DU POUGET

(HÉRAULT)

Ouvrage couronné par la Société archéologique de Béziers au Concours de 1891

PAR L'ABBÉ A. DELOUVRIER

CURÉ DE PAULHAN,

2 FOIS LAURÉAT ET MEMBRE CORRESPONDANT DE LA SUSDITE SOCIÉTÉ

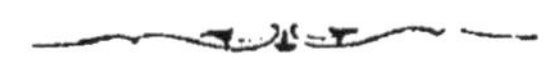

MONTPELLIER

IMPRIMERIE LOUIS GROLLIER PÈRE, BOULEVARD DU PEYROU

1896

ÉPIGRAPHE

A LA VILLE DE BÉZIERS

Orgueil du Languedoc, forte et fière Cité,
Les siècles, à l'envi, te couvrirent de gloire ;
Tes Fils, amis des Arts, dans la postérité,
Devaient porter aux cieux ton antique mémoire.

A tes nobles tournois, le Savoir invité
Accourt de toute part disputer la victoire.
Il aime ton laurier, puisqu'il a droit de croire
Que si ta main le donne il est bien mérité.

Dieu fit ton ciel brillant, tes champs délicieux,
Ton âme intelligente et ton cœur magnanime ;
Car s'il sortait jamais de son séjour sublime
Pour placer ici-bas son trône glorieux,
Entre tous les Edens qu'il semait sur la terre,
Son doigt avait marqué la splendide Biterre.

SOCIÉTÉ ARCHÉOLOGIQUE DE BÉZIERS

ANNÉE 1891

EXTRAIT DU RAPPORT
SUR LE CONCOURS DE MÉMOIRES HISTORIQUES

PAR

M. ANTONIN SOUCAILLE

Parmi les travaux historiques, nous devons réserver une place particulière aux monographies locales. C'est un genre d'étude consacré par l'esprit du temps. La Société archéologique, depuis sa fondation, n'a cessé d'en répandre le goût par ses encouragements. Si elle est toujours prête à reconnaître les efforts partout où ils se manifestent, elle n'entend pas accorder ses faveurs aux écrits de pure compilation. Il n'est pas toujours facile, j'en conviens, de produire des documents originaux et nous ne saurions demander plus qu'on ne peut donner. Mais n'y a-t-il pas des degrés de l'érudition à la compilation ? Quand on se livre à un travail, il est rare que l'instinct ne vous porte pas à mettre la main sur quelque titre nouveau ou important. C'est là un aveu sorti de la bouche d'hommes d'étude et d'érudition.

J'en appelle à l'auteur qui a soumis à notre appréciation

une étude sur la *Vicomté d'Aumelas*. Il est envoyé, pour exercer le ministère, dans une importante paroisse du diocèse de Montpellier. Jaloux de connaître l'histoire du pays qu'il est destiné à évangéliser, il demande et obtient l'autorisation d'interroger les archives municipales. Les circonstances aidant, il est mis en rapport avec une ancienne famille seigneuriale de la contrée. Disposée à favoriser les goûts de celui qui se présente comme historien local, M. le Vicomte Louis d'Alzon lui fait la gracieuseté de lui ouvrir les archives, jusque là fermées, de son antique manoir de Lestang, près le Pouget, où, fouillant à pleines mains, notre auteur a pu transcrire une quantité de titres féodaux. Voilà comment le mémoire en question est accompagné d'un très grand nombre de pièces inédites, données en appendice, toutes appropriées au récit dont elles aident à former la trame.

L'auteur remonte à l'origine de la vicomté d'Aumelas (1) et à celle de la baronnie du Pouget, avec laquelle elle entre en rivalité. Il indique la formation des fiefs qui dépendaient de l'une et de l'autre ; et, retraçant les luttes occasionnées par la possession de ces domaines féodaux, il s'attache au récit multiple de faits relatifs à chacun d'eux.

Son mémoire est divisé en quatre livres, et chaque livre comprend plusieurs chapitres, il est terminé par une liste chronologique des seigneurs des divers villages de la contrée.

(1) L'importante vicomté d'Aumelas comprenait les châteaux et lieux d'Aumelas, du Pouget, de Pouzols, de Saint-Bauzille-de-la-Sylve, de Vendémian, de Saint-Paul et Valmale, de Paulhan, d'Adissan, de Plaissan, de Tressan, de Popian, de Saint-Amans-de-Teulet, de Journac, de Carabottes, de Cournonsec, de Montarnaud, de Montbazin, et de Cabrials.

Dans le premier livre, le château d'Aumelas, dont on voit encore les colossales ruines, est tour à tour entre les mains de ses premiers seigneurs et des abbés d'Aniane, IXe siècle, des vicomtes de Béziers pendant les Xe et XIe siècles, et des Guilhems de Montpellier au XIIe siècle.

Le deuxième livre comprend l'histoire du pays passé sous la domination des rois de Majorque, seigneurs de Montpellier. Il contient la cession de la vicomté faite à titre d'apanage, le 4 juin 1330, par Jacques II de Majorque à l'infant Ferrand ou Ferdinand, son frère, et son retour à la même couronne par défaut de postérité, à la mort de l'infant survenue en 1346. A cette époque, se détache de la vicomté d'Aumelas et se forme la baronnie du Pouget (1) constituée par Jacques II, roi de Majorque, en faveur d'Arnaud de Roquefeuil, appartenant à une famille originaire du Rouergue et du Quercy, un des plus vaillants et des plus riches chevaliers de son pays.

Dans le troisième livre, les rois de France, successeurs des rois de Majorque, administrent la vicomté d'Aumelas, soit par eux-mêmes, soit par des engagistes, c'est-à-dire des seigneurs particuliers auxquels on livrait la terre par acte de vente, mais avec faculté de pouvoir toujours rentrer en sa possession, moyennant le remboursement des sommes perçues.

En sens parallèle se développe l'histoire de la baronnie du Pouget, d'abord pendant plus de deux siècles et demi, sous l'administration glorieuse de la famille de Roquefeuil, et ensuite sous celle de la famille de La Cassaigne jusqu'en

(1) La baronnie du Pouget fut composée des lieux du Pouget, de Pouzols, de Vendémian, de Saint-Bauzille-de-la-Sylve, de Saint-Amans-de-Teulet, de Plaissan, de Popian, de Tressan, de Montarnaud, d'Adissan, de Jourmac, de Carabottes, de Cabrials et d'Aussargues.

1727. Paul d'Arnaud de La Cassaigne, fils d'un trésorier-général de France et intendant des gabelles du Languedoc, l'avait acquise en 1618 d'Antoine III de Roquefeuil, le dernier représentant de sa famille. Alors le Pouget déchoit de la splendeur qu'il tirait des barons de Roquefeuil, et se voit éclipsé par le château de Lestang, dont la prospérité sera due à la préférence que lui accordèrent les nouveaux seigneurs en y établissant leur résidence.

Au quatrième livre, Aumelas reparait avec ses vicomtes, les de Bonnet, les de Guérin Desfléaux, les de Saint-Victor. Cette période est remplie par une lutte ardente soutenue, au sujet de la mouvance des fiefs, contre les barons du Pouget, les Viel, seigneurs de Lunas, successeurs des de La Cassaigne, et les Daudé, vicomtes d'Alzon, acquéreurs de la baronnie par acte du 22 avril 1770. Les barons du Pouget voulaient relever, non pas des vicomtes d'Aumelas, mais du roi de France, seigneur de Montpellier. La victoire semblait acquise aux vicomtes d'Aumelas, lorsque les adversaires les obligèrent à revenir à la charge. Huit années d'antagonisme se passèrent sans résultat. Enfin les champions féodaux, de guerre lasse, voyant qu'un procès engagé depuis soixante-un ans n'aboutissait pas, en vinrent à une transaction.

Les barons du Pouget avaient aussi des démêlés avec leurs sujets irrités d'un arrêt du Parlement qui affirmait leurs « droits honorifiques ». De plus, ils repoussaient leur immixtion dans l'élection des consuls. La communauté fut le théâtre de scènes dramatiquement racontées. Un procès entre les barons et les vassaux avait été suivi de deux arrêts du Parlement favorables au baron. Ces arrêts furent cassés et annulés par le roi qui fit porter l'affaire en son Conseil. C'est que les communautés commençaient d'être soustraites à l'influence des seigneurs qui cessaient d'être constitués les maîtres des villages pour n'être plus considérés que comme les premiers des habitants. La monarchie, à la fin du dix-huitième siècle, hostile à la féodalité prêtait son concours au peuple pour faire valoir ses droits, et elle restreignait les prérogatives de la noblesse.

L'auteur du mémoire pénètre dans les replis de la vie féodale et politique, toute faite de haine et de dissensions. Il caractérise, dans une juste proportion, les rapports des seigneurs avec leurs sujets et les villages voisins jaloux de conserver les franchises qu'ils possédaient. Il est maître de son sujet. Il ne se perd pas au milieu du dédale de faits mis sous les yeux du lecteur, et qu'il est difficile, si l'on veut échapper à la complication des détails, de soumettre au creuset de l'analyse. Le style est clair et sans prétention. L'ouvrage dénote des recherches patientes et minutieuses. Voulant récompenser les efforts dont il est une preuve, la Société archéologique décerne à l'auteur, M. A. Delouvrier, curé de Paulhan, la couronne de laurier en argent.

AU LECTEUR

Le château de Lestang, près le Pouget (Hérault), autrefois l'Estang de Montdardier, au diocèse de Béziers, et depuis 1770, la propriété de la noble et vénérée famille d'Alzon, possède des archives si riches qu'on peut dire qu'elles contiennent l'histoire de l'ancienne Vicomté d'Aumelas, dont les Rois de Majorque se montrèrent jaloux. On y trouve un grand nombre de pièces originales, ou Titres primitifs, qui remontent aux Guillems de Montpellier. M. d'Aigrefeuille les consulta (il le dit lui-même), quand il voulut composer son Histoire de Montpellier.

Ces précieux documents étaient alors dans le château du Pouget. Au XVIIe siècle, ils suivirent les Barons dans le splendide domaine qu'ils venaient d'acquérir, aux portes du chef-lieu de la Baronnie, pour y établir leur résidence et y fixer leur Justice. Mais, indépendamment de ces parchemins, si recommandables par leur antiquité, on rencontre, dans les Archives, une quantité considérable d'autres écrits collationnés et certifiés conformes aux titres conservés en la Généralité de Montpellier et ailleurs. Comme les premiers, ils ont tous rapport au pays d'Aumelas, et leur présence s'explique par l'intérêt d'un grand procès qui eut lieu, au XVIIIe siècle, entre les Vicomtes d'Aumelas et les Barons du Pouget.

Les Archives de Lestang nous furent gracieusement ouvertes, et il nous fut permis de prendre des notes et de transcrire de nombreux titres féodaux. Nous prions ici M. le Vicomte Louis d'Alzon d'accepter l'hommage de notre profonde reconnaissance.

A l'aide des documents mis ainsi à notre disposition, nous avons essayé d'esquisser une Histoire de la contrée dite l'Aumeladois. C'est une idée générale, une vue prise à vol d'oiseau, que nous avons voulu donner d'un pays dont le passé ne fut pas sans gloire. L'origine de la Vicomté d'Aumelas et celle de la Baronnie du Pouget, la formation des fiefs qui dépendaient de l'une et de l'autre, la série des Seigneurs de chaque lieu, certains faits qui ont mis en relief les diverses localités, les luttes qu'a occasionnées la possession des terres féodales, ont été l'objet de notre attention spéciale.

Loin de nous la prétention d'avoir tout dit sur les divers pays d'Aumelas; nous espérons toutefois qu'au moyen des jalons que nous avons plantés, d'autres, en étudiant de près chaque village, pourront compléter notre travail d'ensemble, et nous aideront à sauver de l'oubli l'importance et l'éclat de l'ancienne Vicomté.

INTRODUCTION

SUR le point culminant de la chaine de montagnes qui divise la vallée arrosée par l'Hérault de la plaine qui s'étend vers Montpellier et la Méditerranée, l'on aperçoit de tous les points de l'horizon les colossales ruines d'un vieux château-fort. A en juger de près par l'épaisseur des murs qui sont encore debont, et par l'espace contenu dans leur enceinte, on peut affirmer déjà que la Tour du Mont-du-Chameau, ou château d'Aumelas, avait à sa disposition des moyens de défense extraordinairement puissants. De nobles souvenirs demeurent attachés à ces débris d'une imposante construction qui, en dépit de l'injure du temps et de celle des hommes, conservent un vrai cachet de grandeur. Le château d'Aumelas entrait dans le système des fortifications féodales qui avaient pour but de garantir la région contre les invasions. L'importance du mandat ou juridiction accordée à la place d'Aumelas ressort de l'étendue du pays placé sous ses ordres et sous sa protection; c'était une contrée considérable, que l'on nommait Aumeladois, du nom de son chef-lieu. Les rois de Majorque, qui se montrèrent si fiers de leur Viçomté, faisaient parfois leur séjour dans ce château qu'ils avaient rendu digne de leur rang.

Les fortificalions d'Aumelas existaient au VIIIe siècle; nous en donnerons la preuve. Furent-elles construites par les rois Wisigoths, qui occupèrent la Septimanie à partir de 452, ou bien avaient-elles été l'ouvrage des Romains lorsqu'ils furent maitres de la Gaule Narbonnaise ? C'est ce qu'on ne saurait dire. Il est toutefois certain que la position du château, au point de vue stratégique, était si importante qu'on ne put que l'utiliser pendant les invasions des armées Romaines, Gothiques, Franques et Sarrasines.

Gariel (page 14), après avoir remarqué l'établissement des comtes, vicomtes et barons, qui fut fait en Languedoc par Charlemagne, pour défendre cette province contre les incursions des peuples d'Espagne, ajoute qu'Aumelas était rangé parmi les vicomtés de Béziers, de Nimes, de Substantion, de Saint-Gilles, de Sauve et de Lunel. Aumelas eut le titre de Vicomté sous la domination des Seigneurs de Montpellier; il conserva cette marque de dignité quand il fut uni au Domaine royal.

Les abbés d'Aniane sont les premiers seigneurs d'Aumelas qu'on connaisse ; ils succédèrent aux seigneurs guerriers, qui avaient été préposés à sa garde, lorsque la Septimanie fut entièrement soumise à la monarchie française. Une célèbre consultation, qui eut lieu en 1313, pour établir les droits du roi de France sur la baronnie de Montpellier, démontra, d'après des titres multiples qui furent produits, que Charlemagne ou son fils, Louis-le-Débonnaire, avaient donné à l'abbaye d'Aniane, fondée et dotée par eux, un grand nombre de lieux et de châteaux-forts, parmi lesquels figuraient Aumelas et plusieurs autres lieux de la baronnie de Montpellier, à la condition que l'abbé reconnaîtrait les tenir en fief et rendrait l'hommage au roi de France. Sous la direction des moines, tous ces lieux prospérèrent; les terres incultes furent défrichées, la civilisation et la Foi se développèrent, et les populations furent plus libres qu'ailleurs.

Parmi les pays qui formaient la Vicomté d'Aumelas, quelques-uns appartenaient au diocèse de Maguelone; les autres se trouvaient compris dans celui de Béziers. C'est ce qui explique les prétentions qu'élevèrent sur ces derniers les vicomtes de Béziers, pendant les Xe et XIe siècles.

Sous la domination des Guilhems de Montpellier et sous celle des rois espagnols, leurs successeurs, cette Vicomté eut une importance considérable et jouit d'un grand éclat.

Aumelas perdit son antique splendeur le jour où il rentra définitivement dans le Domaine royal. Alors Le Pouget, qui en avait été détaché et formait, avec les lieux en dépendants, une baronnie, reçut un vif relief de la puissante maison de Roquefeuil. Tous les autres lieux de la Vicomté brillèrent aussi par les seigneurs qu'ils eurent à leur tête.

Cependant, à la fin du XVIIe siècle, le chef-lieu de la Vicomté sembla avoir recouvré une partie de sa gloire depuis longtemps évanouie. L'engagiste d'alors obtint du Roi, avec la terre qui lui fut concédée à jamais, le titre et la dignité de vicomte.

Nous avons divisé notre travail sur la Vicomté d'Aumelas en quatre livres. Dans le premier, il est parlé des seigneurs du pays depuis l'époque où Charlemagne fit donation du château d'Aumelas au monastère d'Aniane, jusqu'à celle où ce château appartint aux rois de Majorque ; ce sont les abbés d'Aniane, les vicomtes de Béziers, les Guilhems de Montpellier. Le deuxième livre est consacré aux rois de Majorque : il contient la cession de la Vicomté faite à l'infant Ferrand, à titre d'apanage, et la formation de la Baronnie du Pouget en faveur du sieur de Roquefeuil. Il y est parlé des fiefs de la Vicomté et des fiefs de la Baronnie. Dans le troisième livre, on voit, d'un côté, les rois de France, devenus seigneurs d'Aumelas, administrer la vicomté, soit par eux-mêmes, soit par des engagistes; et de l'autre, les maisons de Roquefeuil et de La Cassaigne faire fleurir la Baronnie. Grâce aux rapports féodaux qui relient entr'eux les divers pays, on peut se rendre un compte exact des nombreux villages de la contrée. Au quatrième livre, Aumelas a recouvré ses vicomtes. Mais alors s'élève une grande lutte entre les vicomtes d'Aumelas et les barons du Pouget au sujet de la mouvance des châteaux de la Baronnie, lutte ardente, passionnée, dans laquelle interviennent tous les seigneurs des divers lieux. Elle ne se termine qu'à la veille de la Révolution, c'est-à-dire, au moment où les derniers vestiges de la Féodalité vont disparaître.

LIVRE PREMIER

LES SEIGNEURS D'AUMELAS AVANT L'ÉPOQUE DES ROIS DE MAJORQUE

CHAPITRE PREMIER

Les Abbés du Monastère d'Aniane

Dès que la Septimanie se fut livrée aux Francs qui venaient de la débarrasser du joug et de la présence des Maures, Pépin-le-Bref et, après lui, Charlemagne et Louis le Débonnaire y rétablirent, ou y fondèrent un nombre considérable d'abbayes. On vit alors s'élever, sur les rives de l'Hérault, les monastères d'Aniane, de Saint-Guillem-le-Désert, de Saint-Thibéry. Les Rois, qui leur avaient procuré leur concours gracieux pour se former, leur donnèrent aussi leur appui pour se maintenir : en effet, presque tous les villages de la vallée leur furent accordés en fief. « Ces » princes, dit l'*Histoire de Languedoc*, favorisèrent d'autant » plus ces établissements, qu'outre qu'ils étaient des asyles » sûrs pour la piété et la Religion, l'État trouvait son avan- » tage par les écoles publiques qu'on tenait dans les prin- » cipales abbayes, où l'on apprenait aux peuples l'obéissance » qu'ils doivent à Dieu et celle qu'ils sont obligés de rendre » à leur souverain ». (*H. G. L.*, T. II, p. 124. Ed. du Mège.)

Vitiza, le fils d'Aigulfe, comte de Maguelone et l'un des premiers à reconnaître l'autorité de Pépin, avait abandonné la Cour et la carrière des armes pour se retirer dans la solitude. Il avait choisi, dans le domaine de son père, les bords de l'Aniane et y avait jeté les fondements d'un monastère; Charlemagne lui était venu en aide, 782. Ce monastère devait être la fameuse abbaye d'Aniane, et Vitiza devait être Saint Benoît, le grand réformateur des moines d'Occident.

En 799, l'Empereur confirma les donations qu'il avait déjà faites à l'Abbaye. Un diplôme de cette année parle de plusieurs lieux à elle donnés, entre autres, de ceux de *Cumajacas* et *Caucinum*, sur l'Hérault, auprès des *Salices*, et des terres incultes de Juvignac, près Celleneuve (*H. G. L.* T. II, p. 597). Louis-le-Débonnaire, ayant succédé à Charlemagne, 814, approuva la charte de son père (*H. G. L.* T. II, p. 604), et, en 822, il donna à l'abbaye, « dans le » territoire de Béziers, le village et l'église de Saint-Pargoire; » et, dans le territoire de Maguelone, le château dit *Mont-* » *Calm*, situé auprès du fleuve de l'Hérault, ainsi que » l'église de Saint-Hilaire, avec leurs bornes et confronts, » s'étendant au-delà des rives du fleuve, selon les dispositions prises déjà par son auguste père de bonne mémoire. » (*H. G. L.* T. II, p. 617.)

Une Consultation juridique de 1313 porte clairement que le château d'Aumelas et plusieurs autres, sur les deux côtés du fleuve susdit, furent donnés en fief au monastère par Charlemagne ou par son fils, à charge de reconnaissance et d'hommage. C'était évidemment un corps de baronnie ou de vicomté, ayant pour chef-lieu Aumelas. Nous connaissons deux villages qui ont relevé de l'abbaye jusqu'au moment de la Révolution, Aspiran et Saint-Ferréol.

Si les Abbés d'Aniane étaient soumis à l'égard du Prince aux charges des Seigneurs vassaux de la Couronne, ils en avaient aussi les privilèges. La juridiction des lieux leur appartenait; ils rendaient eux-mêmes la justice, ou la faisaient rendre en leur nom ; ils prélevaient les usages, fruits, dîmes, censives; ils avaient droit au serment de fidélité de la part des hommes du pays et pouvaient les forcer à s'armer pour l'intérêt commun, comme aussi pour l'intérêt de leur Seigneur, quand ce dernier était attaqué. Le monastère ne s'occupait pas seulement du temporel ; le service religieux lui incombait, et ce service était fait par des moines ou obédientiels, ou bien par des prêtres séculiers que l'on formait dans l'Abbaye; toutefois les prêtres obédientiels et séculiers avaient été présentés à l'Évêque, pour qu'il leur conférât la juridiction spirituelle. Ils portaient le titre de vicaires, et le monastère demeurait le curé primitif et perpétuel. Quelquefois l'Abbé envoyait dans les localités plusieurs moines sous la direction d'un prieur. Ces petites communautés prirent le nom de prieurés au XIe siècle.

Aux faveurs des Princes s'ajoutèrent les dons particuliers de plusieurs seigneurs ou propriétaires, qui entraient souvent dans l'Abbaye (*H. G. L.*, T. II, p. 124, 662), et les avantages que celle-ci retira d'une foule de transactions faites avec les personnages importants de diverses localités (*H. G. L.*, T. II, p. 608). C'est ce qui explique comment la maison d'Aniane pouvait nourrir les trois cents religieux qu'elle compta après les premières années de sa fondation.

Mais les Bénédictins, on le sait, joignaient le travail des mains à l'étude et à la prière ; aussi, à même de se suffire, ils purent encore, en un jour de calamité publique, se montrer la providence des pauvres. « En 793, la famine, qui » désolait les pays de la Septimanie, attira autour de » Saint Benoit une foule de malheureux, qui vinrent à lui, » de toute part, dans l'espérance de trouver en lui une » ressource dans leur misère, et qui se logèrent dans des » cabanes qu'ils construisirent autour du monastère. » (*H. G. L.*, T. II, p. 491.)

La jolie petite ville d'Aniane se forma et grandit à l'ombre de l'Abbaye. Son territoire, qui n'avait été jusque là qu'un lieu couvert de forêts et le repaire de bêtes sauvages, ne tarda pas, grâce aux travaux des moines, à offrir le spectacle d'une splendide végétation. Il en fut de même pour la contrée d'Aumelas.

A cette époque, la plupart des domaines étaient des alleus ou des terres indépendantes de tout suzerain. Pour obtenir la protection des Seigneurs de distinction, les propriétaires leur faisaient don de leurs possessions, et les reprenaient ensuite en fief. Ces sortes de transactions, rendues nécessaires par les luttes continuelles des seigneurs entr'eux, obligeaient les suzerains à défendre leurs vassaux, lorsqu'on portait atteinte à leurs terres, et les vassaux à suivre leurs suzerains, lorsqu'ils se mettaient en guerre. Le crédit dont jouissaient les Abbés auprès du Roi et la haute réputation de leur vertu, non moins que la prospérité de leur monastère et leur titre de Seigneurs d'Aumelas, décidèrent une quantité prodigieuse de vassaux à se grouper autour d'eux, comme en témoigne leur cartulaire.

Le Cartulaire d'Aniane, *la France Pontificale* et nos documents particuliers nous permettent de suivre le mouvement des esprits qui se portent vers l'Abbaye, à cette heure, et aussi de nous rendre compte des lieux sur lesquels s'étendent la domination et l'influence des moines.

LESTANG DU POUGET. — La localité dont il est fait la plus ancienne mention, après le lieu d'Aumelas, est celle de Lestang du Pouget, désignée sous le nom de villa Franconique, ou parce qu'elle aura eu pour maître quelque seigneur appelé Francon, ou peut-être parce que la villa aura été bâtie par un Français lorsque les Francs, sous la conduite de Théodebert, s'emparèrent sur les Visigoths, en 530, de Lodève et de Cabrières.

Nous inclinerions à admettre la première hypothèse, parce qu'au IXe siècle un Francon était vicomte de Narbonne, et que ses successeurs ont eu des fiefs dans la contrée. La villa avait porté précédemment le nom de l'Estang de Piperel. Un seigneur, nommé Teutberg, possédait une partie de Lestang au commencement du IXe siècle. Il la laissa par testament, en 841, à un certain Amalbert, avec l'Église de Notre-Dame-de-Rouvièges (1).

Entre 838 et 840, Aliard et sa femme Rengradis donnèrent à Élie, abbé d'Aniane, les terres, maisons, prés, vignes qu'ils avaient au village Franconique, et leur donation fut approuvée par Louis-le-Débonnaire (*France Pontificale*, abbaye d'Aniane, p. 347). Le tout fut repris en fief par les propriétaires, à la charge de fournir, tous les ans, à l'Abbé un muid de blé et un muid de vin, payables le jour de la dédicace de Saint-Sauveur d'Aniane ; ils ne pouvaient rien aliéner pendant leur vie, et le monastère devait entrer en pleine possession de leurs biens, le jour de leur décès. — Le monastère acquit aussi l'alleu de Salomon.

ROUVIÈGES. — Teudéric, l'un des exécuteurs testamentaires de Teutberg, fit don, en 890, à l'abbé Gilmond des champs, vignes et prés dont il jouissait au terroir de Rouvièges (*Cart. d'Aniane*, *Archives de Lestang*).

Pons et Aifrède avaient, au XIe siècle, un honneur (propriété) près de l'église de N.-D.-de-Rouvièges. Leur fils, Engelin, leur succéda, et mit plus tard à sa place Raymond Sicard et sa famille. Les Sicard se dessaisirent de leurs droits pour en investir, après 1068, Rostaing et ses enfants, auxquels ils transmirent en même temps tout l'honneur qu'ils possédaient entre Saint-Paul et la rivière d'Hérault, et les droits qu'ils avaient sur les habitants, hommes et femmes, du pays. Or, le 4 des ides de février 1076, Rostaing et sa femme, Galbon, avec le consentement de Guillaume Pons, descendant de Pons et d'Aifrède, vendirent au monastère et à l'abbé Emmenon tous leurs droits sur le lieu et l'église de Rouvièges pour le prix de 800 sols *melgoirés*. Le

(1) *Append.*, I.

monastère dégagea ces biens d'une hypothèque établie en faveur de Raymond Sicard, en remettant à ce dernier une mule et 60 sols melg. Mais la sœur de Raymond ayant fait opposition à la vente, comme héritière d'Engelin, l'Abbé la rendit taisante en lui accordant un alleu. Il fut aussi obligé de donner 160 sols melg. et trois muids de froment pour se débarrasser des revendications de Bringuier, Aymeric, Bernard et Dieudonné, autres parents d'Engelin (notes prises du *Cart.*). L'église, les bois. les terres cultes et incultes, le moulin, les *ribeyrals*, les hommes et femmes du terroir de Rouvièges semblaient assurés à l'Abbaye, quand de nouvelles contestations surgirent : Guillaume Assalid ou Assalty, avec Adalaïs, sa femme, et leurs enfants, soi-disant héritiers de Engelin et de Rostaing, intentèrent un procès au monastère. Pons, abbé, obtint, en 1118, qu'ils *déguerpissent* tout l'honneur du terroir de Rouvièges et aussi l'alleu qu'Emmenon avait cédé, et qu'ils approuvâssent la vente qui avait été faite tout d'abord. L'acte d'accord fut passé sur « l'aire où se vanne le bled ». Ainsi le terroir de Rouvièges, avec l'église de N.-D., se trouva définitivement en la possession de l'Abbaye, et cela, à titre de fief : c'est pourquoi Pons et ses moines firent serment de fidélité à Guillaume Assalty (Not. du *Cart. d'Aniane*).

Saint-Amans-de-Teulet. — Sous le règne de Louis-le-Débonnaire, entre 814 et 840, Déodat Descayrel donna au monastère tout l'honneur qu'il avait à Saint-Amans-de-Teulet, avec les hommes et les femmes qui en dépendaient. — Vers 990, Guillaume et Guillelme Bernard lui cédèrent en alleu des *mas* ou métairies, des maisons, des jardins et la dîme de l'église. — Après 1060, Major Dixemas et ses fils remirent à Raymond de Pignan, obédientiel de Saint-Amans, et à l'abbé Emmenon, pour 20 sols melg., les serfs Pierre, Etienne, Gérald, Etienne, Gaufred et leurs sœurs Lausseloane et Sadie. — L'abbé Pierre Ier de Sauve, après 1094, accorda la moitié de la viguerie ou des droits de Justice à Géraud Durand et à sa famille, avec le conseil ou consentement de Pierre Bringuier; le père de Durand avait possédé ce fief pendant sa vie. — Pons de Cournon et son épouse Bonnefoy abandonnèrent à Pierre Ier de Sauve la dîme du territoire de Saint-Amans, en 1114 (*Fr. P.*, p. 332). — Il est fait mention d'un échange qui eut lieu, en 1117, entre Pierre Bringuier d'Aniane et Pierre Ricard de Montpeyroux, à l'occasion de certaines terres, dont « l'une » attenante au jardin du moine ou obédientiel qui dessert » l'église au nom du monastère. » — En 1120, Pierre Phisols et Delmas, son frère, du lieu de Montpeyroux, se substituent l'Abbé et les Religieux pour tous leurs biens de Saint-Amans, au cas où ils mourront sans enfants. Leurs enfants, s'ils en ont, ne pourront rien aliéner sans l'agrément de l'Abbé. — La même année, l'Abbé Pierre II reçoit de Raymond Bernard, du Pouget, un champ complanté d'oliviers, et lui donne en fief divers mas et les terres qui en dépendent (*Cart. d'Ann.*).

L'Abbaye possédait donc, à St-Amans-de-Teulet, l'église et ses appartenances, la Justice et la plupart des terres, qu'elle donna en fief à des particuliers. Nous ne serons pas étonnés de voir donner au prieur et à l'Abbé, dont il tiendra la place, le titre de seigneures directes de Saint-Amans.

POPIAN. — Bernard Géraud, évêque de Béziers (956-978) qui, comme Manassès de Jully, métropolitain d'Arles, avait envahi le monastère, acquit par échange, le 1er mai 960, l'alleu du domaine de Popian, qu'il tint d'Ary ou Henry, de sa femme Richilde et de Geoffroy, leur fils (*Fr. P.*, p. 348).

SAINTE-EULALIE. — Un certain Godoin donna, en 962, à l'Abbaye, en sa personne, une ferme sise à Sainte-Eulalie, lieu dépendant de Popian (*Fr. P.*, p. 348). L'Abbé reçut la maison de Pons, prêtre, en 991 (*Fr. P.*). Ragon investit l'Abbaye de l'église fondée dans la viguerie de Popian en l'honneur de Saint-Amand de Pouzols, et de ses dîmes et prémices, et lui céda tout l'honneur qu'il possédait dans Popian, trois métairies exceptées, 24 avril 978 (*Cartul. d'Aniane*).

PLAISSAN. — L'abbé Ermenaud accepta, en 830, de la part d'une dame Berthilde, les biens qu'elle possédait à Plaissan, diocèse de Béziers (*Fr. P.*, p. 346).

SAINT-BAUZILLE-DE-LA-SILVE. — Fulcrand de Mélian rendit à Pierre Ier de Sauve la dîme de l'alleu de Saint-Bauzille, 1109 (*Fr. P.*, p. 351). — En 1123, Éléazard de Castries et Engelrade, sa femme, confirmèrent à Pierre II de Cals la concession de l'église de Saint-Bauzille, qui avait été faite au monastère par Gaucelin d'Arnaud, aïeul d'Engelrade (*Fr. P.*, p. 352).

CARCARÉS. — Pons de la Motte donna à Pierre II de Cals un alleu dans la paroisse de Saint-Martin de Carcarés, 1121 (*Fr. P.*, p. 352).

CENTON. — La villa de Centon fut concédée ou plutôt restituée à l'Abbaye par Guillaume, vicomte de Béziers, 990 (*H. G. L.*, t. III, p. 465).

LE POUGET ET TRESSAN. — Nous verrons dans la suite de cette histoire que l'Abbaye d'Aniane possédait encore deux fiefs importants dans la Vicomté d'Aumelas : celui du sacristain et celui du conrazier; ils consistaient l'un et l'autre en censives, usages, lods et ventes et autres droits seigneuriaux. Le premier de ces fiefs était établi dans les lieux du Pouget, de Saint-Amans et de Rouvièges ; le second dans ceux de Saint-Bauzille et de Tressan. Leur origine était si ancienne que pour la retrouver il fallait remonter aux commencements de l'Abbaye (*Arch. de Lestang*).

On pourrait, en consultant à fond le Cartulaire d'Aniane, se donner la satisfaction de voir une foule d'autres transactions faites dans la Vicomté ou dans les pays limitrophes. Nous nous bornerons à celles que nous avons rapportées; elles suffisent pour établir que, seigneurs d'Aumelas, les Abbés d'Aniane surent faire accepter leur autorité et leur direction dans les lieux que protégeait le château-fort placé entre leurs mains.

Nous offrirons à notre lecteur, en suivant la *France Pontificale*, la nomenclature des Abbés d'Aniane qui se sont succédé depuis 780 jusqu'à 1200, c'est-à-dire, pendant le temps que l'Abbaye a conservé des droits sur le château d'Aumelas.

Benoît, 780 ;
Sénégilde, 815 ;
Georges, 819 ;
Tructesinde, 822 ;
Emmenaud, 830 ;
Elie, 838 ;
Arnoul, 853 ;
Gilmond, 882 ;
Rostaing, 890 ;
Manassès de Jully, 913 ;
Bernard Géraud, 960 ;
Leufroy, 971 ;
Renaud, 972 ;
Hugues Ier.....;
Sauveur.....;
Pons Ier, avant 1036;
Emmenon, 1066 ;
Pierre Ier de Sauve, 1094 ;
Pons II, 1115 ;
Pierre II Raymond de Cals, 1120 ;
Guillaume, fils de Béliarde, 1146 ;
Pierre III, 1154 ;
Gaucelin de Raymond de Montpeyroux, 1161 ;
Raymond Guillaume de Montpellier, 1187.

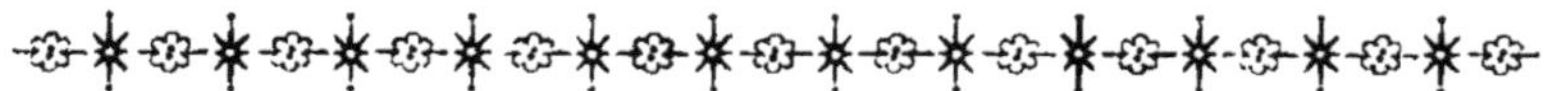

CHAPITRE II

Les Vicomtes de Béziers et d'Agde

Les Vicomtes de Béziers et d'Agde apparaissent dans l'Aumeladois à la fin du Xe siècle. Ils possèdent la seigneurie directe et utile dans la plupart des villages de la Vicomté : Aumelas, le Pouget, Tressan, Paulhan, Adissan sont entre leurs mains, ainsi que les revenus de leurs églises.

Il est facile de comprendre comment ces lieux et leurs églises passèrent des mains des abbés d'Aniane ou d'autres dans les leurs, si on fait attention à ce que dit l'*Histoire de Languedoc*, t. II, p. 307 : « Les désordres, qui arrivèrent dans » l'État depuis la mort de Louis-le-Débonnaire, donnèrent » occasion aux grands vassaux de s'emparer des biens ecclé- » siastiques, comme avait fait autrefois Charles-Martel ; et » ils les transmirent à leurs descendants, malgré les canons » des divers conciles, qui leur ordonnaient de les restituer. » Tel fut le cas de Guillaume de Béziers : il mit la main sur plusieurs lieux et églises des diocèses de Béziers et d'Agde.

En même temps que lui, d'autres seigneurs de la Septimanie enlevèrent sans scrupule les biens du clergé qui se trouvaient dans les limites de leur juridiction ; ils allèrent même jusqu'à maltraiter les personnes ecclésiastiques. C'est pour cela que, rapporte l'*Histoire de Languedoc*, d'après Catel, « l'évêque Ermengaud réunit un concile provincial à » Narbonne, auquel, outre les prélats, furent présents Ray- » mond, comte de Rouergue, Roger, comte de Carcassonne, » et son fils Raymond, Raymond, vicomte de Narbonne, » frère d'Ermengaud, Guillaume, vicomte de Béziers et

» d'Agde, et autres personnes nobles. Ce concile avait été » convoqué contre la noblesse, qui non-seulement se sai» sissait de tous les biens de l'Église, mais offensait grave» ment les ecclésiastiques (*H. G. L.*, t. III, p. 88) ».

Immédiatement après la tenue du concile, le Vicomte de Béziers restitua à l'abbaye de Saint-Thibéry plusieurs lieux et églises qu'il avait usurpés sur elle (1) : l'*Histoire de Languedoc* pense que ce fut en exécution des décrets qui avaient été portés.

Parmi les biens que Guillaume prétendit remettre à l'abbaye, en 990, se trouvaient le château et l'église de N. D. du lieu de Paulhan, qui toutefois devaient être jouis par Arsinde, sa femme, sa vie durant (2). Au moment d'accomplir un pèlerinage à Rome, il fit son testament où nous trouvons les dispositions suivantes : « le château de Paulhan, à la mort » d'Arsinde, passera à Garsinde, fille de Guillaume et d'Er» mentrude, sa première femme; Cunégonde, sœur de » Garsinde héritera de Tressan; et le lieu de Centon revien» dra à Saint-Sauveur d'Aniane (3) ». Dès lors, le monastère de Saint-Thibéry n'avait plus à compter sur le château de Paulhan, qui de fait resta dans la maison de Guillaume; rien n'indique non plus que l'église de Paulhan soit sortie des mains de cette famille. On dirait que dom Vaissette avait en vue les Vicomtes de Béziers, quand il écrivait : « plusieurs » de ces seigneurs restituèrent, à la vérité,... aux abbayes » quelques-unes de ces églises dont ils les avaient dépouil» lées, mais leurs successeurs, non contents de conserver » les autres, reprirent aussi les premières, sans être arrêtés, » ni par les décrets des conciles, ni par les anathèmes des » papes (*H. G. L.* t. III, p. 68) ».

Après la mort de Guillaume et d'Arsinde, 993, Garsinde,

(1) *Appendice* II.

(2) *App.* II.

(3) *App.* III.

héritière des vicomtés de Béziers et d'Agde, posséda les châteaux de Paulhan, d'Adissan, du Pouget d'Engelin et d'Aumelas de Guidon. Elle épousa successivement Raymond, comte de Carcassonne, et Bernard, seigneur d'Anduze. De son premier mari elle eut deux fils, Guillaume et Pierre ; un seul, Bermond, fut le fruit de son second mariage. Veuve pour la seconde fois, en 1029, la noble comtesse, car elle portait cette qualification depuis qu'elle était devenue la femme de Raymond, se vit, avec ses enfants, à la tête d'un domaine immense, et sa préoccupation fut de faire autant de bien qu'elle le pourrait. D'abord, de concert avec Bermond, son fils, et Almerade, frère de Bermond, « elle » fonda le monastère de Saint-Pierre de Sauve pour la ré- » mission des péchés de Bernard, leur père (*H. G. L.* t. III, » p. 129. ». Elle fit des dons encore à l'abbaye de Saint-Guillem-le-Désert, dont la maison d'Anduze avait l'avouerie ou patronage. Elle s'occupa ensuite à réparer les injustices de Guillaume, son père. En 1034, elle réunit, un jour, ses trois enfants pour leur faire part des terreurs que lui causaient des avertissements surnaturels, et leur communiqua l'intention où elle était de racheter les fautes de son père, en donnant à l'abbaye de Conques, en Rouergue, le lieu et l'église de Veyrac, au diocèse d'Agde, qu'elle tenait de ses parents en toute justice. Ils se rendirent ensuite auprès de l'abbé qui prit acte de la donation. Parmi les noms des témoins figurent deux noms qui doivent attirer notre attention : ce sont ceux d'Alcherius de Paulhan et de Bérenger, son frère, hommes nobles dont les ancêtres avaient possédé le château de Paulhan, sinon tout entier, du moins en partie (*H. G. L.* t. III., p. 495).

La maison de Paulhan, dont les commencements nous échappent, existait encore en 1253 : un de ses membres était abbé du monastère de Saint-Pons-de-Thomières ; c'était Guilhaume de Paulhan, *La France Pontificale* en fait mention, p. 537. Elle signale encore un Hugues de Paulhan qui était en lutte avec Jean et Étienne, frères ; l'évêque de Béziers, Bermond de Levezon, fut choisi comme arbitre de leur différend, en 1135 (p. 55) ; et de plus elle cite un autre Hugues de Paulhan et ses frères qui furent dépossédés par Simon de Montfort des biens qu'ils avaient à Aspiran, en 1212 (p. 82). C'est de cette maison que M. Oscar de Poli, dans la *Revue du Monde Catholique* (15 et 30 juillet 1879), fait descendre Saint Vincent-de-Paul par Jean de Paul de Saint-Thibéry, originaire de Paulhan, qui alla s'établir dans la Guyenne, vers l'an 1364.

La comtesse Garsinde mourut peu après, 1034. Les deux fils qu'elle avait eus de Raymond eurent à se partager, en dehors de Bermond, les biens maternels, comme les biens paternels, car ils avaient été substitués à Garsinde par le Vicomte Guillaume, leur aïeul. Les vicomtés de Béziers et d'Agde échurent à Pierre, qui prit la qualité de comte, soit parce qu'il était de race comtale, soit parce qu'il posséda une partie du comté de Carcassonne ; Guillaume eut pour sa part le comté de Carcassonne et autres domaines. Ce dernier fit serment à Pierre de le laisser jouir paisiblement de tous ses biens, parmi lesquels sont désignés les lieux de Paulhan, du Pouget, d'Aumelas, et l'abbaye de Saint-Thibéry ; il lui promit encore de le secourir si on lui disputait ces domaines (1). D'un autre côté, Pierre s'engagea à aider son frère lorsqu'il en serait requis, contre Bernard Pelet. Vers ce temps-là, le Comte Pierre reçut le serment de Pons, fils de Frodille, pour le château de Paulhan, que ce dernier tenait sans doute à titre de châtelain ou gouverneur (*H. G. L.*, t. III, p. 139).

Roger succéda à Pierre, son père, sous la tutelle maternelle de Rangarde. En 1059, Raymond, comte de Rasez, fit serment à Rangarde de respecter et de faire respecter par

(1) *Appendice* IV.

ses vassaux sa personne et les châteaux de Paulhan, du Pouget, de Mourèze et autres, à la condition qu'elle lui resterait fidèle à l'endroit de ces lieux (1). Pour saisir le sens de cette condition, il faut savoir qu'il avait été stipulé entre Roger et sa mère d'un côté, et Raymond de l'autre, qu'ils hériteraient réciproquement de leurs biens, à défaut de successeurs mâles (*H. G. L.*, t. III, p. 171 et 526).

Mais déjà les seigneurs de Montpellier avaient fait des acquisitions dans la Vicomté d'Aumelas. Le Pouget leur appartenait en partie : en effet, pendant que le comte de Rasez promettait sa protection à Rangarde pour les châteaux susdits, un des fils de Guidinelle prêtait serment de fidélité à Guilhem IV pour le Pouget (c'était Bérenger), et son frère Raymond en faisait autant pour Saint-Pons-de-Mauchiens (2). L'abbé Maurel, dans son Histoire de Saint-Pons-de-Cimiez, croit que Bérenger et Raymond appartenaient à la famille des comtes de Barcelone ; il se fonde sur les liens étroits qui unissaient les comtes de Barcelone aux comtes de Carcassonne et par suite aux Vicomtes de Béziers et d'Agde, et ces liens lui suffisent pour expliquer leur présence dans nos parages. Le Pouget est encore mentionné parmi les châteaux possédés par les Vicomtes de Béziers, en 1078. Bernard-Aton, qui succéda, à cette époque, à Ermengarde, sa mère, sœur et héritière de Roger, et à Raymond-Bernard, son père, vicomte d'Alby et de Nîmes, donna en alleu à Bérenger, comte de Barcelone, qui lui réclamait les comtés de Carcassonne et de Rasez, douze châteaux situés dans le diocèse de Béziers et d'Agde, entr'autres ceux de Pézénas, de Mèze, de Saint-Pons-de-Mauchiens, du Pouget, de Mercoirol ; il les reprit ensuite en fief (*H. G. L.*, t. IV., p. 35.).

Au commencement du XIIe siècle, presque tous les

(1) *Appen.* V.
(2) *Appen.* VI.

châteaux que les Vicomtes de Béziers avaient possédés sur la rive gauche de l'Hérault étaient passés aux seigneurs de Montpellier; les Vicomtes avaient aussi aliéné sur la rive droite le château de Paulhan aux comtes de Mauguio, et Adissan appartenait aux Guillems de Montpellier. Les seigneurs de Béziers n'avaient pas cependant perdu toute suzeraineté dans le pays d'Aumelas : en **1114**, comme nous le verrons, Guillem d'Ermengarde disposait en faveur de son second fils des fiefs qu'il tenait des Vicomtes de Béziers, et en **1154**, Raymond Trencavel donnait par testament à sa fille le fief de Puy-Lacher, joui par les seigneurs de Clermont-Lodève (Ernest Martin. — Les Seign. de Clermont).

CHAPITRE III

Les Guillems de Montpellier

Guy, le fondateur de la dynastie des Guillems de Montpellier, fut un gentilhomme d'un rang distingué ; il descendait du fameux duc d'Aquitaine, le moine de Saint-Guillem-le-Désert. L'évêque de Maguelone, Ricuin, lui inféoda, en 990, une partie considérable de la ville de Montpellier, sous la réserve de l'hommage et du serment de fidélité. La ville était formée de deux bourgs, Montpellier et Montpeilleret, que Ricuin avait reçus des filles d'Eustorgie, fille du comte de Substantion et mariée au comte de Lodève. Guy eut pour successeurs immédiats, dans la seigneurie du premier de ces bourgs, Guillem II, fils de Bernard Guillem ; Bernard Guillem d'Adalaïs, qui prit le nom de Guillem III, en succédant à son fils mort sans postérité ; Guillem IV de Béliarde, en 1058; Guillem V d'Ermengarde, en 1098.

Seigneurs d'une ville qui devenait tous les jours plus importante par son commerce et par le nombre de ses habitants, les Guillems travaillèrent à agrandir leur domaine en vue d'augmenter leur puissance. Le nombre des vassaux faisait alors la gloire et la force d'un suzerain, et l'usage était de récompenser les gentilshommes que les seigneurs voulaient s'attacher, en leur accordant des parties de leurs terres, moyennant l'hommage et le service militaire. Pour avoir des vassaux, les Guillems firent l'acquisition de presque tous les châteaux qui se trouvaient dans le voisinage de Montpellier, et ils les remirent aussitôt aux seigneurs qui les leur avaient vendus ou à d'autres, à titre de fiefs, et à charge de foi et hommage et de service militaire. Aussi bien M. d'Aigrefeuille constate dans son Histoire de Montpellier, page 11, que Guillem d'Ermengarde reçut, en 1111, des hommages pour les lieux de Coûrnonsec, de Montferrier et de Montarnaud, et qu'il acheta, en 1112 et 1113, les châteaux de Frontignan, de Montbazin et de Popian. Le Mémorial des Nobles fait voir qu'à la date de 1114 ce dernier reçut des reconnaissances pour des parties du château du Pouget : 1° de la part de Géronde ; 2° de la part d'Adalaïs, fille d'Hugun Peyrun, et de Pierre Sicard, son fils, et 3° de la part d'Assalyd ou Assalty, fils de Vierne. L'ensemble des terres acquises forma la baronnie de Montpellier, qui dépendit uniquement du seigneur de cette ville ; l'évêque de Maguelone n'avait des droits sur lui que par rapport à la partie de la ville qu'il lui avait inféodée.

I

Guillem d'Ermengarde

Quant au château d'Aumelas, M. d'Aigrefeuille prétend qu'il fut acquis par Guillem V, en 1118 ; mais cette date n'est pas exacte. Il résulte, en effet, du testament que fit ce seigneur, en 1114 (1), au moment d'aller combattre les maures d'Espagne, que ce château était déjà en son pouvoir, puisqu'il régla que, au cas où ses fils ne lui auraient pas

(1) *App.* VII.

survécu, Aumelas devait échoir à Bernard d'Anduze, avec tout l'alleu du Mont-du-Chameau, le château du Pouget et les fiefs qu'il tenait des vicomtes de Béziers et de Narbonne; tandis que tout ce qu'il possédait en commun avec l'abbaye d'Aniane dans le pays devrait revenir aux moines (*H. G. L.*, t. IV, p. 361). Une autre preuve : Guillem était déjà en expédition et se trouvait dans l'île de Majorque, en 1114, quand ses officiers reçurent le serment de fidélité d'Assalty, le fils de Vierne, dans l'église de Saint-Sauveur ou chapelle du château d'Aumelas. Or, l'hommage se rendait toujours au chef-lieu de la seigneurie. M. d'Aigrefeuille s'est basé sur les hommages qui furent faits en 1118, pour fixer l'époque de l'acquisition d'Aumelas: Guillem V reçut, en effet, en cette année, les serments de fidélité d'Adhémar, fils de Chiénel, de Bertrand, fils d'Aliarde, d'Hugues et d'Araufrés, qui possédaient des fiefs à Aumelas. Le Mémorial des Nobles contient, avec ces quatre serments, un acte par lequel Bernard Guiraud engagea au seigneur Guillem le fief « qu'il » tenait de lui à Aumelas, à raison de la somme de 57 sols » melg. qu'il lui emprunta (D'Aigref., p. 15) ».

Guillem d'Ermengarde fit son dernier testament, en 1121. Son fils aîné fut désigné pour lui succéder dans la seigneurie de Montpellier: ce fut Guillem VI d'Ermessinde. Aumelas fut réservé à Guillem, fils puîné de Guillem V (1).

(1) *App.* VIII.

II

GUILLEM D'AUMELAS

L'apanage de Guillem, second fils de Guillem d'Ermengarde, fut composé des lieux et châteaux d'Aumelas, de Montarnaud, du Pouget, de Saint-Pons-de-Mauchiens et de Mazers. A ces biens vinrent s'ajouter ceux qui avaient été donnés à Bernard, troisième fils de Guillem V, et qui consistaient en rentes, revenus et droits quelconques provenant des lieux de Mireval, Montbazin, Cournonsec, Popian, et certaines terres qui se trouvaient dans ces mêmes lieux : Bernard, qui mourut sans postérité, les laissa à son frère d'Aumelas. D'un autre côté, Tiburge, fille et héritière de Raimbaud II, mort en Terre-Sainte, lui apporta le comté d'Orange, en lui donnant sa main. Guillem devint un riche et puissant seigneur; il se fit appeler Guillem d'Aumelas (*H. G. L.*, t. IV, p. 57).

L'assignat de la succession de Guillem d'Ermengarde en faveur de son fils puîné donna lieu à ce dernier d'exiger deux serments de fidélité, en 1127, pour le château du Pouget, l'un de la part d'Adalaïs, fille d'Hugun Peyrun, et l'autre de la part de Guillaume Assalty, fils de Vierne. Cependant Guillem d'Ermessinde, seigneur de Montpellier, reçut, la même année, le serment de fidélité d'Adalaïs, femme de Guillaume Assalty, et celui de Pierre Sicard, fils d'Adalaïs, pour le quart, ou trois mois de jouissance, du château du Pouget (D'Aigref., p. 15). Le seigneur de Montpellier aurait-il disputé à son frère le droit de vasselage sur les tenanciers du château du Pouget? Il est plus probable qu'il s'agissait d'autres portions du château acquises depuis 1121. Un acte d'avril 1132, concernant le don en alleu fait à Guillem de Montpellier du quart du Pouget et sa reprise en fief par

Adalaïs, montre que Guillem d'Aumelas n'avait pas hérité du château en entier.

Le sieur d'Aumelas avait pris, en 1122, sous sa protection, en qualité de baron, tout l'honneur de Carcarés compris entre Saint-Bauzille et les limites d'Aumelas, et depuis Garcias jusqu'à l'Hérault, moyennant l'albergue de douze chevaliers, ou donze sols melg., à son choix. Cette transaction, qui fut faite entre Guillem d'Aumelas et Pierre, abbé d'Aniane, fut approuvée par la mère de Guillem et du seigneur de Montpellier (*H. G. L.*, t. IV, p. 383).

Les deux frères firent le voyage de la Terre-Sainte, en 1129. Ils étaient de retour en janvier 1130, suivant la manière de compter d'aujourd'hui, car alors encore l'année commençait à Pâques. Guillem d'Aumelas assista, à son arrivée, au contrat de mariage entre son vassal Arnaud d'Aumelas et Sibylle, fille de Pierre Obilion et parente de l'évêque de Lodève, Pierre de Raynon (Raymond); Guillaume Raynon du Caylar et la plus grande partie des chevaliers de Mauguio furent présents (*H. G. L.*, t. IV, p. 43). Quelques mois après, Guillem acheta à Elzéard de Castries et à Agnès, sa femme, au prix de 700 sols melg., la plus grande partie de Vendémian et des terres au Pouget, mai 1130 (1). Il concourut à la fondation de l'abbaye de Valmagne, en 1138, avec le vicomte de Béziers, Trencavel, et plusieurs autres seigneurs, en se dessaisissant du terrain de Tortoreire, sis dans la grande vallée, *Vallis Magna* (*H. G. L.*, t. IV, p. 427).

Guillem d'Ermessinde, pendant ce temps, agrandissait son domaine. Il accepta, en 1138, des portions des châteaux de Gignac, de Montpeyroux et de Pignan, qu'il bailla à fief (D'Aigref., p. 45.). Il acquit en outre, en 1140, au prix de 10,000 sols melg. le château de Paulhan, qui était venu des Trencavel aux comtes de Mauguio, et se trouvait actuellement possédé par Béatrix, héritière de Bernard, son père, et

(1) *App.* IX.

par le comte de Provence, Raymond Bérenger, son premier mari. Il en conserva le domaine utile (1). Mais étant à court d'argent, en 1142, pendant la révolte des habitants de Montpellier, il emprunta à Aymery, seigneur de Clermont, la somme de 8,500 sols melg. et 30 marcs d'argent (à 46 sols le marc), et lui engagea sa terre de Paulhan (*Mém. des Nob.* Doc. DXL. p. 722).

Dans les murs de Paulhan il y avait une église dépendante du château seigneurial. Son vocable, *Sainte-Croix*, nous fait penser au culte particulier de Guillem VI pour la vraie Croix. Il en avait apporté un fragment considérable de la Palestine, et avait bâti en son honneur une église sur la Canourgue, à Montpellier. Quand il dut se retirer à Grandselve, il se munit d'une partie de ce trésor pour en doter, et l'abbaye, et deux monastères qu'il fonda, en 1150, en Espagne, dans le lieu de Vallaure, auxquels il donna le nom de *Santas Creuz* et qu'il gouverna avec le titre d'abbé, bien qu'il ne fût pas entré dans la cléricature. L'église actuelle de Paulhan tire son nom de l'ancienne chapelle intra muros, qui pourrait bien avoir tenu le sien de Guillem VI, seigneur de Paulhan.

Avant d'aller ensevelir sa gloire à Grandselve, le seigneur de Montpellier distribua ses biens à ses enfants. En vertu du testament paternel du 3 des ides de décembre 1146, le fils aîné de Guillem VI eut la seigneurie de Montpellier; Guy, son cinquième fils, hérita de Paulhan et du Pouget (2). Guillem sortit du monastère, en 1161, pour mettre la paix entre le seigneur de Montpellier et celui de Paulhan que des questions d'intérêt divisaient. Peu après, ce grand homme, l'honneur de sa race et la gloire de Montpellier, mourut dans le cloître, avec la réputation d'un si parfait religieux que son nom figura au catalogue des saints de l'ordre de Cîteaux. (*H. G. L.*, t. IV, *passim*; — voir la remarquable Vie du B. Guillem VI par l'abbé Maurel).

(1) *App.* X.
(2) *App.* XI.

Guy Guerrejat ou le Batailleur fut seigneur de Paulhan et du Pouget, de 1146 à 1177. Il se fit estimer par sa valeur militaire, qui data de ses plus jeunes ans, et par la sagesse qu'il montra dans les affaires auxquelles il fut mêlé. En effet, encore enfant, il avait suivi son père dans ses expéditions contre les Sarrasins, et plus tard il fut souvent pris pour arbitre par les rois et les seigneurs. C'est lui qui organisa la ligue célèbre, dont parle l'*Histoire de Languedoc*, contre le comte de Toulouse, qui élevait des prétentions sur la vicomté de Narbonne, et voulait imposer sa juridiction à tous les lieux de la province. Guy fit jurer aux seigneurs de Montpellier, de Béziers et de Narbonne, de prendre les armes et de ne les déposer qu'après le succès. Unis par les liens du sang, ils allaient combattre pour une cause commune. Le seigneur de Paulhan aurait mené cette affaire à bonne fin, si la mort n'était venue, non pas le surprendre, mais l'arrêter au milieu des préparatifs de la guerre. Guy donna Paulhan à son neveu Burgondion et voulut être enseveli dans l'abbaye de Valmagne, qu'il substitua à Burgondion, à défaut d'héritiers, et à laquelle il confirma la donation des moulins de Paulhan qu'il lui avait déjà faite (1). Ces moulins avaient été construits, vers l'an 1080, par la comtesse Étiennette de Bigorre. Guy les avait rachetés des seigneurs de Clermont (*H. G. L.*, t. IV, *passim*).

Guillem d'Aumelas maria, en 1150, sa fille aînée, Tiburge, à Aymard de Murviel (Béziers), en stipulant que les biens qu'il donnait en dot à celle-ci passeraient à ses enfants, et qu'à leur défaut ils lui retourneraient. Or, il accordait à sa fille tout ce qu'il possédait dans le Narbonnais et dans le lieu de Cournonsec. Il donna sa seconde fille à un seigneur provençal appelé de Mornas. En 1155, le sieur d'Aumelas fit son testament (2). Raimbaud, son fils, qui devait prendre

(1) *App.* XIII et XIV.

(2) *App.* XII.

le nom d'Orange, à cause de sa mère Tiburge d'Orange, héritait du château d'Aumelas avec ses appartenances et dépendances, villes, masages, baillies, etc. et, de plus, des châteaux de Montarnaud, de Popian, du Pouget, etc. Il était placé par son père sous la protection de Guillem de Montpellier, fils de Sybille, lequel était chargé de le faire chevalier. A part sa dot, Tiburge, sœur de Raimbaud et femme d'Aymard, devait recevoir le château de Montbazin, au diocèse de Maguelone, et ses fils Sicard et Raymond-Aton lui étaient substitués. La seconde fille de Guillem, femme du sieur de Mornas, obtiendrait le château de Murviel, près Montpellier, et toucherait mille sols melg. de son frère, le jour où il aurait été reçu chevalier. Guillem laissait à sa mère, Ermessinde, la jouissance d'un village. Pierre de Montpeyroux, qui s'était chargé de payer les dettes du sieur d'Aumelas, avait droit à l'usufruit des biens de la succession pendant 13 ans. Enfin, Guillem choisissait sa sépulture dans le monastère d'Aniane, auquel il confirmait la donation du domaine de Flex, faite par son frère Bernard. Guillem mourut, au mois de mai 1155 (*H. G. L.*, t. IV, p. 164).

III

Raimbaud d'Orange

Raimbaud d'Orange n'était que le fils puîné de Guillem d'Aumelas. Son frère aîné s'était établi dans le comté d'Orange qui lui était échu. Une partie du comté était cependant revenue à Raimbaud, après la mort de Tiburge, leur mère, en 1150. Malgré l'étendue de son domaine, le seigneur d'Aumelas vit ses affaires fort dérangées en 1168; aussi fut-il obligé d'engager ses biens, une première fois, à Guillem de Montpellier, son cousin, pour une somme de 4,000 sols melg. qu'il lui emprunta. Trois ans après, son beau-frère, Aymard de Murviel, lui prêta une somme de 10,300 sols melg.; ainsi ses biens furent affectés d'une nouvelle hypothèque. Le seigneur d'Aumelas mourut, vers 1173, sans enfants, à Courteson, dans la principauté d'Orange, après avoir partagé ses possessions à ses deux sœurs. La portion d'Orange qui lui appartenait fut donnée à Tiburge, veuve de Mornas et épouse en secondes noces de Bernard de Baux, dont les descendants trouvèrent le moyen de réunir à leur domaine toute la principauté et se qualifièrent de princes d'Orange par la concession des empereurs d'Allemagne, rois de Provence. Tiburge, femme de Aymard de Murviel, eut tous les biens de Raimbaud qui étaient dans le Languedoc, y comprise la seigneurie d'Aumelas. Raimbaud figura avec honneur parmi les poëtes provençaux : Jean de Nostradamus a cité « le seigneur de Courteson, bon chevalier, vaillant aux » armes et bien estimé dans la poésie provençale ». (*H. G. L.*, t. IV, p. 165).

IV

Tiburge de Murviel

Tiburge de Murviel jouit peu de temps de la seigneurie d'Aumelas; elle eut pour successeur son fils Raymond-Aton, comme il avait été réglé par Raimbaud.

V

Raymond-Aton

Raymond-Aton, mari de Foy, fille de Pierre d'Albaron, était en possession d'Aumelas en 1187. Il donna, cette année, « à titre d'alleu, à Guillem VIII de Montpellier et à ses » successeurs Aumelas et ses dépendances, le Pouget, » Montarnaud, Cournonsec, Montbazin, avec tout ce qu'il » avait à Popian, à Saint-Pons-de-Mauchiens, à Pignan, à » Mireval, à Villeneuve, à Saint-Pargoire, à Adissan, à » Plaissan, à Abeilhan, à Vendémian, à Saint-Amans-de- » Teulet, à Saint-Bauzille, à Carcarés, à Pouzols, à Valmale, » à Saint-Paul sur le Mont-du-Chameau, à Saint-Étienne-de- » Prunet, à Saint-George, à Murviel de Montpellier et géné- » ralement tout ce qu'il possédait depuis la rivière d'Hérault » jusqu'à celle de la Mousson, et à partir du pont d'Aniane » jusqu'à la Méditerranée, consistant en fiefs, hommes et » femmes, châteaux, villes, masages, fortifications, maisons, » hôtelleries, champs, devois, jardins, justices, seigneuries, » directes, dominations, baillïes, etc. » (1). Guillem lui endit le tout n fief, et il y ajouta le château de Paulhan qu'il tenait de a succession de Burgondion, héritier de Guy Guerrejat depuis l'accord qu'il avait fait, en 1183, avec Adélaïde de Conas, veuve de Burgondion et mère de Burgondiose, décédée en bas-âge. Il lui donna aussi en fief les terres qui lui appartenaient au-delà de l'Hérault jusqu'aux limites de Fontès, et celles dont il jouissait au Pouget et à Vendémian. Il lui céda encore une hypothèque de 5,000 sols melg. sur les forts de la vallée de Cavaillon. Il se réserva toutefois de reprendre, quand bon lui semblerait, tous les

(1) *App.* XV.

châteaux érigés en fiefs, autres que ceux d'Aumelas, de Popian et de Cournonsec. Raymond-Aton promit de secourir Guillem, en cas de guerre, et s'engagea à reconnaître, tant lui que ses successeurs, à perpétuité, les seigneurs de Montpellier, comme suzerains, à la condition que ces derniers ne détacheraient jamais lesdits fiefs de leur seigneurie. L'acte fut passé et l'hommage fut rendu, le jour des calendes de juillet de l'an 1187 (*H. G. L.*, t. V, p. 534). Le seigneur d'Aumelas mourut bientôt après; il ne laissait que deux filles, Tiburge et Sybille, qui furent placées sous la tutelle de l'aïeul Aymard de Murviel.

VI

Les Filles de Raymond-Aton

Guillem VIII, seigneur de Montpellier, convoita la main de Tiburge, fille aînée de Raymond-Aton pour le premier fils qu'il avait eu d'Agnès d'Aragon après avoir répudié Eudoxe de Constantinople, son épouse légitime. Son ambition était de placer sur la tête de ce fils la souveraineté de ce pays. Dans ce but, il eut une entrevue à Maguelone, en juin 1191, avec Aymard de Murviel, et un projet de mariage fut agréé de part et d'autre. Aymard offrit de remettre à sa pupille tous les biens de son père et de son aïeul paternel; le château de Paulhan fut compris dans la dot. Il fut même convenu que, si Tiburge venait à mourir avant le mariage, Sybille serait mise en son lieu et place; et, réciproquement, qu'à défaut du fils aîné de Guillem, Tiburge pourrait réclamer le fils puîné du seigneur de Montpellier. Pour assurer le résultat de cette entrevue, on s'engagea des deux côtés à payer une forte somme, si la parole donnée était violée. Le mariage cependant ne se fit pas, Tiburge ayant donné pour motif de son refus d'épouser le fils de Guillem l'empêchement de parenté qui existait entr'eux. Au fond, elle dut sentir, quand elle eut atteint l'age nubile, une vive répugnance pour celui qui, au su de tous, était le fruit de l'adultère. Ainsi le seigneur de Montpellier fut forcé de renoncer à l'union qu'il avait tant désirée pour son fils ; mais il n'abandonna pas le dessein qu'il avait formé d'acquérir le domaine de Raymond-Aton.

Sur sa demande, et pour des motifs personnels aux filles de Raymond-Aton que nous ferons connaître, le château d'Aumelas avec toutes ses dépendances, et aussi le château de Paulhan, lui furent vendus au mois d'août 1197, en présence de Raymond de Montpellier, évêque d'Agde, et autres personnages, ecclésiastiques et chevaliers, réunis sur le bord de l'Hérault. Tiburge et sa sœur déclarèrent « qu'étant » parvenues à l'âge de majorité, elles choisissaient, de » l'avis de leurs parents et de leurs amis, entr'autres Étienne » de Servian et Raymond, leur oncle, Pons et Frotard, fils » de Pons, seigneur d'Olargues, pour leurs maris. Et comme, » ajoutèrent-elles, nous souhaitons avoir de l'argent comp- » tant en dot, nous vendons, tant pour cette raison que pour » avoir de quoi payer les dettes et charges de l'hérédité de » Raymond-Aton, notre père, et de Foy, notre mère, à vous, » Guillem de Montpellier, le château d'Aumelas, avec les » autres domaines déjà spécifiés, lesquels sont situés dans » les diocèses de Maguelone, d'Agde, de Béziers et de Lo- » dève, pour la somme de 77,000 sols melg., dont nous vous » marquerons l'emploi (*H. G. L.*, t. V, p. 17) ». Elles réservèrent le château de Murviel (Montpellier), qui avait appartenu à leur aïeul maternel.

VII

Guillem VIII de Montpellier

Guillem VIII n'était pas seulement le suzerain du pays d'Aumelas; il avait acquis tout le domaine utile qu'avaient possédé Raymond-Aton et ses filles. Il ne tarda pas à faire acte de seigneur et de propriétaire. Le 7 février 1197, c'est-à-dire quelques mois après son acquisition, il donna au monastère de Cassan (près Roujan), fondé en 1080, la métairie de Martinsac et les terrains qui s'étendaient depuis la rivière de Rouvièges jusqu'à Plan-Majou et à Leuzière, avec le droit de dépaissance pour les troupeaux sur le *Causse* et dans le *terminal* d'Aumelas, le tout en libre et franc alleu, c'est-à-dire en se réservant l'hommage seul. Il autorisa, en outre, l'abbé à faire exploiter les terres incultes du Plan-Majou, moyennant la 6e partie des fruits, comme droit d'agréer. Pons de l'Estang, *de Stagno,* probablement de Lestang du Pouget, s'engagea, en retour, à ne rien aliéner sans avoir pris conseil du seigneur Guillem, et à lui payer le droit de lods en cas de vente (1).

La 4e partie du château du Pouget et le lieu de Tressan furent achetés par Guillem, au prix de 2,500 sols melg. Il les rendit aussitôt en fief à Raymond de Castries qui les lui avait vendus, en lui donnant l'assurance qu'ils ne seraient jamais soustraits à la suzeraineté de Montpellier. Raymond prit l'engagement de rendre l'hommage et le service militaire, quand il en serait requis, et celui de remettre son château, sauf les meubles et les armes, lorsqu'on le lui réclamerait; il avait présenté l'autorisation de vendre, à lui

(1) *App.* XVI.

donnée par son père, Raymond, et par sa mère, Ermessinde, pour assurer l'effet de la transaction (1).

On ne saurait contester à Guillem VIII de grandes qualités. Il gagna l'amour de ses peuples par la douceur de son gouvernement et par l'intérêt qu'il portait tant à la sûreté de sa ville de Montpellier, dont il fit rebâtir les murailles avec le concours de ses huit consuls, qu'à la prospérité de ses villages et châteaux. « Il paraissait même, dit le docteur « Alain de Lisle, parmi les princes de l'époque, spéciale- « ment revêtu des armes de la Foi, dont il était le fils et le « défenseur....; l'élévation de son esprit égalait celle de sa « naissance et de sa dignité (*H. G. L.*, t. V, p. 63). »

Malheureusement l'éclat de ses qualités est affaibli par ses procédés envers l'Impératrice, sa vraie femme, et envers Marie, sa fille légitime : il ne se contenta pas de chasser Eudoxe, pour la remplacer par une femme étrangère, afin, disait-il pour atténuer ses torts, d'avoir des enfants mâles; il déshérita sa fille par les moyens les plus iniques. Le pacte matrimonial conclu avec la première épouse portait que le premier enfant qui naîtrait d'elle devait hériter de Montpellier et de ses dépendances. Marie, l'unique fruit de l'union de Guillem avec Eudoxe, fut sacrifiée aux intérêts des fils illégitimes d'Agnès. Par les manœuvres indignes de son père, elle fut forcée de renoncer à tous ses droits et à reconnaître ceux qu'à son préjudice on attribuait aux enfants d'un lit criminel.

Guillem, pour se débarrasser d'elle et du remords que sa présence lui causait, la maria successivement à Barral, vicomte de Marseille, et à Bernard de Comminges. Mais il lui restait à faire légitimer les fils adultérins. Il croyait y parvenir, grâce aux services qu'il avait rendus à l'Église en combattant les hérétiques. Il comptait néanmoins sans la fermeté du pape, qui répondit à sa requête par une fin de non

(1) *App.* XVII.

recevoir, en prétextant la nécessité de plus amples informations. Pendant ce temps, Guillem fut surpris par la maladie ; il se hâta de disposer de tous ses biens en faveur da sa seconde famille. Il donna en particulier à Thomas, l'un de ses fils, le château de Paulhan avec les droits de la viguerie qu'il avait rachetés, au mois de mai, des mains d'Adalaïs, nièce de Guiraud, et mourut le 9 novembre 1202. (*H. G. L.*, t. V, p. 62.)

VII

Marie de Montpellier

Les droits de Marie. fille de Guillem VIII, à la seigneurie de Montpellier, étaient incontestables. Nul autre ne semblait plus intéressé que le sire de Comminges à les faire respecter ; mais il était dégoûté de sa femme et cherchait à rompre les liens de son mariage. Le roi d'Aragon, qui travaillait à acquérir des terres en France, comprit qu'il lui était possible d'avoir celle de Montpellier en obtenant la main de Marie, que le sieur de Comminges lui passerait volontiers. En effet, à peine lui eut-il manifesté ses intentions, que celui-ci s'empressa de faire déclarer son mariage nul pour cause de parenté, d'affinité et de lien existant entre lui et Béatrix de Bigorre, sa première femme, encore en vie. Marie, redevenue libre, épousa le roi d'Aragon, « se constituant en dot toute l'hérédité de son père, 1204 ».

De concert avec son épouse, Pierre d'Aragon se mit à exercer ses droits de seigneur de Montpellier et d'Aumelas. Pierre de Ganges était alors maître de la moitié de Popian, tandis que l'autre moitié appartenait à la seigneurie de Montpellier. Pour avoir la protection des seigneurs de cette ville, présents et à venir, Pierre de Ganges leur fit don, en alleu, de sa portion de Popian, et Pierre d'Aragon lui remit tout le lieu en fief, avec la promesse qu'il ne serait séparé de sa seigneurie, ni par lui ni par ses successeurs (1).

Dans leur contrat de mariage, Pierre d'Aragon et Marie de Montpellier avaient réglé que l'enfant auquel ils donneraient le jour, hériterait de tous les biens de la seigneurie française. Cet enfant tardait à paraître, et le roi, qui n'avait apporté dans son union avec la fille des Guillems qu'une passion d'intérêt, sentait de jour en jour pour elle une aversion plus marquée. Ils se séparèrent. Après de longs jours, il y eut entre eux un rapprochement, et un fils vint au monde en 1208. La paix et le bonheur ne règnèrent pas cependant longtemps au foyer conjugal. Marie n'eut pas seulement la douleur de se voir abandonner de nouveau par son mari, elle vit son époux se ranger parmi ses ennemis et encourager leurs prétentions qui subsistaient toujours; nous voulons parler des enfants d'Agnès. Pierre alla plus loin, il demanda qu'on annulât son mariage. La malheureuse femme, confiante dans la justice de sa cause, se rendit à Rome, auprès du pape, pour défendre ses intérêts et ceux de son fils, en faisant reconnaître son mariage comme valide et déclarer les enfants d'Agnès illégitimes. Elle obtint justice pleine et entière. Mais la sainte reine (on la désignait ainsi) ne put survivre aux émotions qu'elle avait éprouvées ; elle mourut à Rome et fut ensevelie à Saint-Pierre, où l'on voit encore son tombeau, (avril 1213). Quelques mois après, Pierre tombait en héros sur le champ de bataille de Muret. Il avait pris les armes contre Simon de Montfort, chef de la croisade dirigée contre les Albigeois, poussé uniquement, dit-on, par le dévouement qu'il avait

(1) *Appen.* XVIII.

pour ses deux sœurs, épouses des comtes de Toulouse, qui étaient alors attaqués pour crime d'hérésie et regardés comme fauteurs de désordres dans l'État.

L'enfant qui devait hériter de la seigneurie de Montpellier était entre les mains de Simon de Montfort. Pierre lui avait remis son fils Jacques, à titre d'otage. Jacques était la garantie d'un traité survenu précédemment entre le roi d'Aragon et le chef de la croisade.

LIVRE II

LES ROIS DE MAJORQUE SEIGNEURS DE MONTPELLIER ET D'AUMELAS

Les Guillems laissaient aux Rois de Majorque une ville florissante et un magnifique domaine : ceux-ci avaient le droit d'être fiers de leur terre française. Mais elle devait un jour échapper à leurs mains pour plusieurs raisons. D'abord il leur était impossible de résider dans le pays, et leur absence allait favoriser la tendance qu'avait Montpellier à secouer le joug de ses Maîtres ; ensuite ces Princes devaient finir par regarder cette terre comme une dépendance de leur couronne espagnole et de là de grandes luttes avec les rois de France. Aussi bien, jalouse de voir une de ses plus belles provinces au pouvoir des étrangers, la monarchie française n'attendrait-elle que le moment favorable de pouvoir mettre sa main sur la baronnie et sur Montpellier pour les ramener au Domaine.

I

Jacques Ier, roi d'Aragon.

A la mort de Pierre, les Aragonais réclamèrent au chef des Croisés le successeur de leur roi défunt ; il ne fallut rien moins que l'autorité du pape pour forcer Simon de Montfort à le leur livrer. Or, pendant que l'Aragon reconnaissait Jacques pour souverain, Montpellier se refusait à l'accepter pour seigneur. Les habitants, prétextant que Pierre d'Aragon leur avait engagé la ville et ses dépendances à l'occasion de fortes sommes qu'il leur avait empruntées, voulurent se maintenir dans la liberté qu'ils disaient avoir acquise. Ils s'établirent en république, et demandèrent au roi de France sa protection. Philippe-Auguste les renvoya au pape Innocent III, qu'il nomma arbitre du différend soulevé entre la ville de Montpellier et le roi Jacques. Le pape déclara que ce dernier, étant l'héritier légitime de Pierre d'Aragon et de Marie de Montpellier, avait droit à la seigneurie contestée. Les consuls firent alors amende honorable, au nom de la ville; et le seigneur de Montpellier, après avoir pardonné à ses sujets, leur confirma les usages et privilèges déjà accordés, 1218. (*H. G. L.*, t. V. p. 276).

Jacques se rendit recommandable, et cela de bonne heure, par ses exploits contre les sarrasins dans l'île de Majorque. Nos populations lui aidèrent à faire la conquête de ce royaume, 1229. Gariel dit, en effet, que les peuples de la baronnie marchèrent à son secours, et même lui fournirent par deux fois des sommes considérables, ce dont il leur témoigna sa reconnaissance, en leur donnant cent maisons dans son nouvel Etat pour l'établissement de leur commerce (p. 334, 342) ; Zurita dit aussi que les peuples du Narbonnais servirent sous ses enseignes (t. III, p. 4).

Le prince, couvert de gloire, vint à Montpellier en 1231. C'était pour la première fois qu'il visitait sa terre ; il fut reçu avec enthousiasme. Les archives de Lestang nous apprennent qu'il parcourut tous les lieux de sa baronnie, encourageant les populations et les aidant à réparer les ravages qu'avaient faits partout les hérétiques albigeois. On ne voyait, paraît-il, que châteaux détruits, maisons incendiées, routes coupées, ponts interceptés.

Le seigneur de Montpellier avait, jusque-là, refusé de rendre l'hommage qu'il devait à l'évêque de Maguelone. Il céda cependant, en 1236, aux instances et ordres du pape Grégoire IX : se trouvant à Montpellier à la mi-décembre, il accorda satisfaction à Jean de Montlaur. Mais deux ans après, parce que le roi Jacques n'avait pas renouvelé son serment de fidélité, l'Évêque fit saisir la seigneurie de Montpellier, et il la donna en fief à Raymond, comte de Toulouse. D'un autre côté, les habitants de Montpellier, « qui conservaient toujours un certain esprit d'indépen- » dance », empêchèrent le gouverneur Atbrand d'exercer ses fonctions. Le seigneur de Montpellier triomphait à cette heure dans Valence. Il n'eût qu'à paraître dans sa ville pour faire rentrer tout dans l'ordre : les vassaux se soumirent, le comte de Toulouse renonça à son nouveau fief et l'évêque rendit tous ses droits au roi Jacques.

Les rares visites, que ce prince faisait à sa ville française, avaient fini par le faire considérer comme un étranger, et amenaient ses sujets à agir envers lui avec une indépendance de plus en plus grande. Par un excès contraire, il en était venu, lui-même, à regarder la terre de Montpellier comme une dépendance de sa couronne espagnole, et cette prétention indisposait à son égard le roi de France, qui le comptait toujours au nombre de ses vassaux. En 1255, les difficultés étaient si graves entre Jacques et ses sujets français, que ceux-ci tentèrent une nouvelle fois de se constituer en république, et se réclamèrent du secours du roi de

France. Ils envoyèrent une délégation aux officiers royaux de Sommières, dont relevait la bourgeoisie de Montpellier. L'évêque de Maguelone, Pierre, qui en faisait partie, affirma que « la ville de Montpellier et ses dépendances avaient été » de tout temps un fief de la couronne de France; et que » ses prédécesseurs avaient tenu toujours en fief des rois » de France, tant la partie de la ville appelée Montpeilleret » que le reste de la ville de Montpellier, avec le château de » Lattes, tenus de lui en fief par le roi Jacques d'Aragon, » non comme roi, mais comme seigneur de Montpellier. » (*H. G. L.*, t. VI; p. 102).

Louis IX n'accueillit cette déclaration que dans le but d'obliger Jacques à entrer en composition avec lui pour des affaires qui leur étaient personnelles. Il était fort ennuyé par les Anglais, qui faisaient cause commune contre lui avec le comte de Toulouse, et il ne voulait point braver un prince de la valeur de Jacques. Les deux rois remirent à des arbitres la connaissance des différends dont il s'agissait.

Louis IX et Jacques, après diverses négociations, qui avaient pour but un échange de terres qui sont spécifiées dans l'*Histoire de Languedoc* (t. VI, p. 108), finirent par s'entendre. Le roi Louis céda à Jacques tous ses droits sur les comtés de Barcelone, de Roussillon, de Cerdagne, de Conflant, etc. Jacques, de son côté, lui remit tous ceux qu'il avait sur le Carcassez, le Lauraguais, le Bitterrois et sur les villes de Narbonne, d'Agde, de Toulouse et de Nîmes; il ne conserva en deçà des Pyrénées que la seigneurie de Montpellier et sa baronnie avec la suzeraineté sur la vicomté de Carlad en Auvergne.

Ils signèrent la paix qui fut consommée par le mariage de Philippe-le-Hardi, fils de Saint Louis, avec Isabelle, fille de Jacques (1258). Les habitants de Montpellier, n'ayant plus à compter sur le roi de France, qui jusqu'alors avait paru favoriser leur rebellion, firent contre mauvaise fortune bon cœur : ils se soumirent, voire même, ils supplièrent Jacques, leur seigneur, d'honorer leur ville de sa présence.

Notons, en passant, la guerre que se faisaient, à ce moment, Montpellier et Marseille pour les intérêts de leur commerce. Aujourd'hui ces deux villes rivales sont en lutte pour les intérêts supérieurs de la science. Marseille dispute à Montpellier la suprématie de l'instruction, comme autrefois elle lui contestait la juridiction de ses marchands. (*H. G. L.*, t. VI., p. 101.)

Le seigneur de Montpellier affectait, en 1264, de ne pas reconnaître la suzeraineté du roi de France. Le sénéchal de Beaucaire ayant cité à son tribunal les officiers de la seigneurie et ses habitants, Jacques envoya des ambassadeurs à Paris pour se plaindre. Louis IX les accueillit et se montra bien disposé pour le roi Jacques ; toutefois il fut démontré, dans la conférence du 25 mai, « que la ville de Montpellier se trouvait dans le fief du roi français et dans les limites de son royaume. » Les députés firent leurs réserves, mais Jacques abandonna ses prétentions. Ses successeurs essayèrent à plusieurs reprises de se soustraire à la juridiction française, mais les sénéchaux continuèrent à exercer leurs droits sur la ville de Montpellier et sur sa baronnie.

Jacques ou Jayme Ier, dit le Conquérant, fut un des plus grands rois qui aient régné en Espagne. Il tint pendant toute la vie sa vaillante épée au service des plus nobles causes, la Foi et la civilisation. Montpellier lui donna le jour et reçut de lui une grande illustration. Cette ville s'est souvenue de son noble seigneur pendant la fête du Centenaire de l'Université. Mgr de Cabrières a prononcé son éloge du haut de la chaire épiscopale devant l'élite des savants du monde entier, et la Ville a fait placer sur les murs de la tour des Pins une plaque de marbre qui perpétuera son nom et ses qualités (mai 1890).

II

Jacques Ier, Roi de Majorque

Jacques Ier d'Aragon avait deux fils. L'un d'eux, Pierre, lui succéda en Aragon ; l'autre, Jacques, eut en partage le royaume de Majorque et la seigneurie de Montpellier.

Jacques de Majorque naquit, comme son père, à Montpellier. Sa mère, Yolande, lui donna le jour le 30 mai 1243. Il gouverna Montpellier, en 1274, avec un pouvoir absolu, comme lieutenant de son père. Deux ans après, il fut reconnu pour seigneur de la ville et de la baronnie et reçut le serment de fidélité de tous ses vassaux. Nous avons sous les yeux celui de Raymond Gaucelm, pour le fief d'Aumelas (1), celui de Raymond Pierre, pour le château de Popian, et tous ceux qui furent faits pour les lieux de Montarnaud, de Montferrier, de Pignan, de Montbazin et autres, désignés par les termes de seigneuries et châteaux dépendants de la ville de Montpellier. Il confirma les anciennes coutumes et accorda de nouveaux privilèges. A son tour, il rendit hommage pour la seigneurie de Montpellier à Bérenger de Frédol, évêque de Maguelone.

Mais bientôt le roi d'Aragon, se disant lésé dans le partage des biens paternels, attaqua comme excessive la donation qui avait été faite à son frère. La division s'établit entr'eux, et ils en seraient venus aux mains si Jacques n'eût, sur les conseils du comte de Foix, son beau-frère, consenti à se reconnaître feudataire de Pierre pour ses terres françaises, les droits de l'évêque de Maguelone sur la seigneurie de Montpellier étant exceptés, 1278 (*H. G. L.*, t. VI, p. 197).

(1) *Appen.* XXI.

Il y avait en cela une usurpation manifeste de la part des rois espagnols à l'encontre des droits du roi de France, qui ne manqua pas de protester, surtout quand il apprit que les appels faits à Montpellier étaient portés à Perpignan.

Mais ces protestations prirent un autre caractère, à partir de 1282. Les officiers du roi Jacques avaient entrepris de soustraire les divers lieux de la baronnie à la juridiction du roi de France. Philippe-le-Hardi donna des ordres aux sénéchaux de Beaucaire et de Carcassonne « pour qu'ils » tinssent les gens d'armes à la disposition de Simon de » Melun, afin de contraindre ceux de Montpellier ». A la vue des troupes du roi français, qu'il ne se sentait pas en état de repousser, Jacques reconnut la souveraineté de Philippe et promit de rendre hommage pour la baronnie, aussi bien que pour Montpellier. Tous les abus cessèrent, et en 1286, par un acte célèbre, il fut établi et reconnu que la ville de Montpellier était un arrière-fief de la Couronne de France, et que les châteaux acquis par les seigneurs de cette ville, et dont ils avaient formé un corps de baronnie, étaient du ressort de Philippe-le-Hardi. Aumelas est qualifié, dans l'acte, de Vicomté, *Vicecomitatum Omeladesii* (*arch. de Lest.*).

Le prieur de Saint-Amans-de-Teulet, Robert, et, avec lui, l'abbé d'Aniane, Pons de Canillac, eurent à défendre la juridiction qu'ils possédaient contre le lieutenant du roi de Majorque, Bermond de Montferrier. L'opposition que ce dernier faisait à l'exercice de la juridiction haute, moyenne et basse, que le prieur s'attribuait, et aussi à certains privilèges dont les habitants jouissaient sur les terres d'Aumelas, donna lieu à un arbitrage. Il fut établi que, à l'exception des cas de Haute-Justice réservés au seigneur de Montpellier et d'Aumelas, la juridiction entière appartenait au prieur, comme les usages aux habitants. L'albergue de dix chevaliers ou de vingt sols, que fournissait le prieur, fut maintenue ; mais il ne fut rien défini sur la demande du lieutenant du Roi touchant le service militaire et la chevauchée de la part du prieur. Le prévôt de Maguelone sanctionna la décision des juges experts, le 4 des calendes de juin 1286 (1).

Cette même année, le 16 des cal. de novembre, Jacques approuva l'aliénation que fit le monastère de Saint-Guillem de tous ses droits sur les moulins de Journac en faveur de l'évêque de Lodève. Mais il faut reprendre les choses de plus loin. En 1266, Raymond Pierre, seigneur de Popian, et Bremond Rostaing convinrent de construire un moulin sur l'Hérault, entre le pont de Gignac et la rivière de la Lergue, dans le terrain de Journac. Mais pour faire la chaussée, il leur fallait l'autorisation de l'évêque de Lodève dont la juridiction s'étendait du côté opposé jusqu'au milieu du fleuve; la barque au service du moulin devait aussi pouvoir aborder dans sa terre. Raymond de Rocozels leur donna en emphytéose le droit de construire la chaussée et d'avoir un *port* chez lui, à raison de l'usage annuel et perpétuel de trois émines de beau froment et d'autant de bel orge, payables entre les mains du baïle de Saint-André. Il exigea, en outre, pour droit d'acapte, 40 livres melg (2).

Le tènement de Journac, dans lequel furent bâtis les moulins, fut baillé en fief en 1281, le 5 des ides d'avril, par le roi de Majorque au monastère de Saint-Guilhem et à l'abbé qui était Guillaume des deux Vierges (3).

Il se trouvait compris dans les paroisses de Saint-Vincent-de-Popian et de Saint-Amand-de-Pouzols, et avait pour confronts la route de Gignac à Belarga, le chemin vieux qui allait de *Clappo-Latronis* au mas de Bérenger et jusqu'à l'Hérault, le cours du fleuve jusqu'aux Horts-Vieux et le

(1) *Appen.* XXIV.

(2) *App.* XX.

(3) *App.* XXII.

sentier qui, de là, remontait au susdit chemin de Gignac à Belarga. Le seigneur de Montpellier et d'Aumelas conservait dans ce lieu le haut domaine ainsi que les cas réservés ; il avait droit à l'hommage et au serment de fidélité de l'abbé et à l'usage annuel de sa part d'une paire de gants de soie de la valeur de six deniers melg. ; de plus, chaque abbé nouvellement élu devait prêter serment dans l'espace de dix jours, sans que cependant le fief tombât en commise pour le défaut de l'hommage. Le monastère avait tous les droits de seigneurie : il pouvait bâtir en ce lieu un château-fort et l'entourer de fossés, moyennant le service militaire, lorsqu'il serait exigé par le suzerain pour la défense, soit de Montpellier, soit d'Aumelas, et la faculté pour ce dernier d'y placer, le cas échéant, une garnison comme dans tous les châteaux qui dépendaient de lui. L'abbé avait le droit de justice ; les premiers appels relevés devant le simple juge devaient être portés à son tribunal, les seconds à celui du roi de Majorque. Bernard Raymond et Guillaume Jourdan, propriétaires du moulin, passèrent sous la directe de l'abbé et ne furent plus que les arrière-vassaux du seigneur de Montpellier et d'Aumelas. L'abbé et le monastère d'un côté, et de l'autre Bernard Raymond et sa femme Pélegrine Guillaume Jourdan et Bremond Rostaing, avec Hugues des Deux-Vierges, feudataires de Jourdan, ayant été consultés, approuvèrent les conventions faites au sujet de l'acquisition de Journac par le monastère. Nous relèverons parmi les signatures des moines les noms suivants : Jean de Roquefeuil, prieur de Saint-Martin-de-Londres ; Pons de Campanhas, prieur de Popian ; Guillaume-des-Deux-Vierges, prieur de Belarga ; Pons de Conques, prieur de Montpeyroux ; Guillaume Dalmace, prieur de Saint-Pargoire.

Or, en 1286, le monastère céda tous ses droits sur les moulins et le lieu de Journac à l'évêque de Lodève, et le 19 des cal. de la même année, le roi de Majorque en approuva la vente, se réservant tous ses anciens droits, tels qu'il les avait fixés auparavant en traitant avec le monastère (1). Depuis ce moment, l'évêque de Lodève reconnut tenir en fief les moulins de Carabottes et leurs dépendances, et rendit, à cette occasion, hommage aux seigneurs de Montpellier et d'Aumelas. Nos documents renferment l'hommage de Dieudonné de Boussagues, fait en l'année 1303.

Les Rois de Majorque devinrent, comme seigneurs de Montpellier, les vassaux immédiats du roi de France, à partir de 1293, l'évêque de Maguelone ayant remis, cette année, à Louis-le-Hutin, la ville de Montpellier (Montpeilleret), le château de Lattes et le fief des seigneurs de Montpellier. Après avoir assuré à l'évêque 500 livres de rente sur la ville d'Alais, au diocèse de Nîmes, le roi de France prit possession du fief de Montpellier, et plaça son bailli dans la Part-Antique de la ville, ou Rectorie. Celui-ci exerça la suzeraineté et le ressort sur les officiers du roi de Majorque établis dans l'autre partie de Montpellier, ou la Baillie, et connut de tous les cas royaux de la terre entière de Montpellier, sous l'autorité du sénéchal de Beaucaire (*H. G. L.*, t. IV, p. 254).

Nous sommes à la fin du XIIIe siècle. Montpellier a ses consuls ; la communauté fonctionne dans tous les lieux de la baronnie. A Paulhan, 1291, « Bertrand *du pourtal* et » Pierre, *caritadiers*, donnent, par le *conseil* de l'*Université*, » à Archasan une terre avec ses appartenances, sise au » chemin qui va au gué de Saint-Guillem, à la charge de » payer, tous les ans, à la Charité trois *cestiers de mescle* » et un *cartal* d'huile pour le luminaire de l'église (2) ». A Popian, 1293, les habitants font hommage pour un *patus*, que leur a vendu le roi de Majorque. Ceux du Pouget achètent à Jacques des garrigues, 1300. Les consuls du Pouget, 1301, portent la défense de tenir des chèvres. Les

(1) *Append.* XXIII.
(2) *Append.* XXV.

villages de Tressan et du Pouget fixent les limites de leurs territoirés par des bodules ou bornes, 1304. Les communautés en général contraignent, 1310, les nobles ayant terres rurales à payer les tailles; elles invoquent à cet effet une ordonnance du roi de Majorque, rendue en l'année 1268. Le roi Jacques approuve cette mesure, et son lieutenant ordonne au baïle du Pouget de tenir la main à ce que « les » chevaliers et fils de chevaliers, les clercs et tous ceux » qui, dans les limites du lieu, ont ou auront des héritages » (propriétés rurales), à titre d'achat, ou de toute autre » manière, soient imposés à raison de leurs terres et paient » à la communauté leurs tailles » (1). On sait que les biens nobles et ecclésiastiques n'étaient pas soumis aux impôts.

On n'entend plus parler de serfs dans la Vicomté, et cependant le servage subsiste, même dans les domaines du roi de France : Louis-le-Hutin n'a pas encore déclaré « vouloir que tout homme franc naisse libre ». Ailleurs, le paysan n'est qu'un simple colon; chez nous, il se sent en quelque sorte anobli, car il est admis à la possession de la terre.

Le roi Jacques mourut à la fin de juin 1311. Les Historiens de Languedoc disent de lui, t. VII, p. 39 : « Jacques fit » beaucoup d'honneur à la ville de Montpellier....., et il » se rendit recommandable par sa valeur et par son expé- » rience dans l'art militaire. Il demeura toujours uni à » nos rois, dont il épousa les intérêts contre le roi d'Aragon, » malgré les liens du sang qui l'attachaient à ce prince. » Aussi bien le roi de France favorisa les sujets de Jacques, tandis qu'il sévit contre les habitants de Carcassonne et de Clermont-Lodève, qui étaient loin d'imiter la fidélité de ceux de Montpellier envers sa cause (*H. G. L.*, t. VII, p. 4, 29).

(1) *Appen.* XXVI.

III

Sanche de Majorque

Le nouveau seigneur de Montpellier fut Sanche, fils aîné de Jacques Ier, roi de Majorque. Il rendit hommage à Philippe-le-Bel; mais il eut soin de déclarer qu'il n'entendait porter aucun préjudice au droit que le roi d'Aragon prétendait avoir au fief d'Aumelas et autres, hors de Montpellier.

Le roi d'Aragon, qui appuyait ses prétentions sur l'hommage qu'il avait arraché à son frère Jacques, força Sanche à lui faire aussi hommage, en 1312, pour la baronnie. Ce que voyant, le roi de France cita le seigneur de Montpellier au parlement de Paris pour se faire reconnaître par lui comme suzerain ; mais il mourut en 1314, sans avoir suivi ses poursuites. Louis-le-Hutin, son fils, reprit l'affaire et fit citer de nouveau Sanche. Le roi d'Aragon, intéressé dans ces questions, envoya plus tard des ambassadeurs à Philippe-le-Long, frère et successeur de Louis-le-Hutin. Ces ambassadeurs ayant eu audience, au mois de février 1317, représentèrent « que la baronnie de Montpellier était de » la seigneurie directe des rois d'Aragon, que les rois » de France n'y avaient ni suprématie, ni domaine, et » que la reconnaissance faite par Jacques, sur laquelle » Philippe-le-Long se fondait, ne pouvait faire aucun » préjudice au roi d'Aragon ».

Ces représentations déterminèrent le roi Philippe à envoyer, de son côté, dans le mois d'avril suivant, des ambassadeurs au roi d'Aragon pour lui annoncer un sursis au procès commencé au parlement de Paris, et pour lui offrir de terminer leurs divisions à l'amiable.

On peut fixer à ce temps l'époque de l'Instruction fournie

par les officiers du roi de France, dont nous avons déjà parlé. Après avoir fait quelques observations sur la ville de Montpellier, ils démontrent, comme nous l'avons dit, que Charlemagne ou son fils et successeur avaient fait don en fief au monastère d'Aniane du château d'Aumelas et autres. Puis, ils ajoutent que le comte de Toulouse bailla à fief à Guillem de Montpellier le château de Frontignan, et que le roi de France avait succédé au comte de Toulouse. Ils disent de plus que Jacques Ier d'Aragon céda au roi de France tout ce qu'il pouvait avoir dans les diocèses de Béziers, d'Agde, etc., et dans tout le comté de Toulouse, et que la Vicomté d'Aumelas et une grande partie des lieux de la Baronnie sont dans le diocèse de Béziers, et les autres dans le comté de Toulouse. D'où ils concluent que le roi d'Aragon ne doit avoir aucun droit dans la Baronnie, et que tout ce qu'il aurait pu y posséder appartient au roi Français. On remarque aussi que le procureur du Roi demanda par droit de commise les châteaux d'Aumelas, de Frontignan et plusieurs autres, pour lesquels le roi de Majorque avait rendu au roi d'Aragon l'hommage qu'il avait réclamé sans y avoir droit (1).

La vigilance des officiers du roi de France ne put cependant arrêter immédiatement le cours de l'usurpation : en effet, les rois d'Aragon, Jacques II, Alphonse et Pierre le Cérémonieux exigèrent des hommages en 1327, 1328 et 1329, pour la baronnie de Montpellier.

Sanche reçut en 1312, le serment de fidélité de ses vassaux d'Aumelas. On trouve dans les vieux papiers de Lestang celui de Bertrand de Montdardier, pour la seigneurie de Lestang; celui de Bernard Gaucelm, fils de Raymond de Pouzols, chevalier, pour le lieu de Pouzols, et ceux des nobles du Pouget, Bérenger, Vaillan, Guillaume de Montdardier et autres, pour leurs fiefs respectifs. Le seigneur

(1) *Append.* XXIX.

de Montpellier confirma, en 1313, la donation de Martinsac faite au monastère de Cassan. La même année, Pierre Roger lui fit la reconnaissance des fruits du château de Paulhan et de ses arrière-fiefs.

L'église de Notre-Dame de Paulhan jouissait d'une grande renommée et attirait de pieux pèlerins depuis de longues années. On raconte, en effet, que, sur le bruit des choses merveilleuses qui s'y accomplissaient, une famille était venue de Rouergue, pour solliciter la fécondité pour une union jusque-là stérile et que, par reconnaissance envers la Sainte-Vierge, elle s'était fixée auprès de son sanctuaire. Ses vœux avaient été exaucés ; sa descendance devait se prolonger jusqu'à nous. C'est sans doute à leur qualité de pèlerins que les pieux époux et leurs fils dûrent leur nom de Romieu qui fait remonter la date de leur émigration au XIe ou au XIIe siècle, époque où se formèrent les noms propres de famille. En 1313, les faveurs célestes se multiplièrent tellement dans le sanctuaire et devinrent si éclatantes que le pape Clément V, qui avait transféré le Siège pontifical dans le Comtat Venaissin, envoya sur les lieux un délégué, lequel fut témoin de plusieurs nouveaux miracles. Le Pontife décerna à l'église de Paulhan le titre de Notre-Dame-des-Vertus et, par ses ordres, onze cardinaux adressèrent de Carpentras à l'évêque seigneur de Béziers une bulle consistoriale, accordant 40 jours d'Indulgence aux fidèles qui visiteraient cette église, à certains jours désignés.

Tous ces faits, dont le souvenir s'est transmis d'âge en âge, sont confirmés par les registres des Pénitents Blancs de la localité, qui se sont toujours montrés jaloux de l'honneur du temple béni, où leur confrérie prit naissance (1646), et dont la charge leur fut confiée plus tard (1694). Au moment où ces faits furent consignés, la Société comptait parmi ses membres le baron de Paulhan, messire de Veyrac, son baïle Géraud Satger, messire Vergnes, prieur de la paroisse, deux notaires du lieu nommés Astruc. Les auteurs de la relation, tous gens honorables, ne firent que rapporter les traditions du glorieux sanctuaire, que tout le monde connaissait, et qui étaient du reste appuyées par la bulle précieusement conservée dans les archives de la maison consulaire. Cette bulle a disparu avec toutes les pièces importantes de la communauté du XIIIe au XVIIe siècles ; mais leur ancienne existence ressort d'un Inventaire raisonné des papiers les plus remarquables que les consuls se transmettaient au sortir de leur charge. Cet Inventaire qui fut fait en 1623 et en 1624, mentionne les Lettres en forme d'Indulgence concédées par les onze cardinaux et prétend en donner « la substance vraye et sans aucune altération » d'icelle ». Les faits extraordinaires de 1313, comme ceux que la piété a depuis attribués à la Statue miraculeuse, dont l'origine est peut-être aussi ancienne que celle de l'église, qui est un monument du IXe siècle, sont certainement indiqués par le nom de Notre-Dame-des-Vertus, par les ex-voto qui ornent les murs du sanctuaire et par les bulles qu'ont données les Souverains Pontifes, en 1313 et en 1665, en faveur de la dévotion à N.-D. de Paulhan. (*Archives de Paulhan*).

Heureux de voir l'un de ses châteaux ainsi honoré, Sanche Ier, roi de Majorque, accorda aux habitants une charte de nouvelles libertés, 1316, et concourut à ériger en prieurés les églises de Paulhan et de Saint-Jean de Vareilles, 1323. (*Arch. de Paulhan*).

Pons, abbé de Valmagne (1297-1319), avait eu à plusieurs reprises des difficultés, soit avec le roi Jacques, soit avec Sanche, à l'occasion du lieu de Cabrials. Sanche, comme Jacques, disait y avoir toute juridiction, tandis que l'abbé s'y attribuait la basse justice. Les premiers, soutenant que le monastère tenait tout en fief, avaient réclamé le retrait féodal parce que l'hommage n'avait pas été rendu ; l'abbé avait toujours fait opposition et résistance. La basse justice lui appartenait en réalité d'après le traité fait par l'abbé Bertrand d'Auriac avec le roi d'Aragon, en 1249. (Renouvier, *Monuments des anciens diocèses du Bas-Languedoc*). Les parties voulurent mettre un terme à leurs différends et régler leur situation respective. *En vertu de son droit* et de l'accord qui fut fait, le roi eut à Cabrials toute la justice civile et criminelle et toute la juridiction haute et basse. L'abbé, de son côté, put, de sa propre autorité, employer la contrainte par corps et la saisie des biens pour forcer les vassaux du monastère à acquitter les censives, usages et droits d'agrier, sans qu'il lui fût permis de les trainer hors de la justice d'Aumelas. Le monastère eut la faculté de vendre les usages et d'aliéner les terres ; mais il lui fallait le consentement spécial du seigneur de Montpellier et l'assistance du châtelain d'Aumelas ; il conserva exclusivement les droits de lods, de conseil, de foriscapie ; mais il devait partager avec le suzerain les usages et les censives. Il renonçait aux pâturages de la terre d'Aumelas pour ses troupeaux ; mais il recevait, en compensation, 60 sétérées de terre et un devois contigu à celui qu'il possédait. Il avait la permission de tenir un bandier pour garder ses terres, pour lesquelles il avait à payer les tailles, questes, services et charges qui les grevaient. Enfin, pour préciser la situation, Cabrials et ses appartenances devaient être reconnues comme un fief relevant des Seigneurs de Montpellier, et les abbés du monastère étaient soumis à l'hommage et au serment de fidélité. Ce traité fut conclu et signé à Perpignan, le jour des cal. de mars 1316, par le régent du roi Sanche et le syndic du monastère (1). Le chapitre du Couvent l'approuva, le 8e jour des cal. d'août 1318 : les religieux, au nombre de 47, s'étaient réunis au son de la cloche dans la salle capitulaire, en présence des témoins Guillaume Vitalis, châtelain d'Aumelas, Aymard d'Aumelas, Étienne Bedos,

(1) *Appen.* XXX.

notaire du monastère, et Pierre Pagès, notaire royal public, requis par les parties intéressées.

Nous avons déjà constaté l'affranchissement de nos villages ; nous pouvons suivre les progrès de la communauté. Saint-Bauzille et Le Pouget tracent les limites de leurs territoires, 1322 ; on nomme au Pouget des bandiers aux gages de 9 livres, 1327 ; les consuls du Pouget attaquent les bandiers d'Aumelas devant le châtelain pour avoir verbalisé dans une terre qui ne relève pas d'eux, 1318 ; ils font condamner par sentence arbitrale le seigneur de Lestang, Bertrand de Montdardier, à payer les tailles de sa terre qu'ils considèrent comme un bien rural, 1313 ; ils achètent la garrigue de Lauzert, 24 sétérées de terre, pour avoir la faculté d'y chasser, 1313.

Le Pouget, Vendémian, Paulhan, Adissan font appel de la défense du lieutenant du roi Sanche prohibant la chasse à la perdrix, 1323 ; les habitants de Saint-Amans-de-Teulet réparent l'église du lieu et forcent ceux du Pouget qui ont des terres dans cette paroisse à leur venir en aide, 1315 ; une ordonnance de l'évêque de Béziers règle le nombre des ouvriers (marguilliers) : « il y aura dans l'église de Saint-» Jacques du Pouget trois ouvriers, ung noble, ung innoble » et un prestre, le tout du consentement des consuls et » archiprestre, sans salaire, si ce n'est en allant pour les » affaires de l'œuvre ». L'œuvre arrenta les lods et les usages qui lui appartenaient pour le prix considérable de six sétiers d'huile et la somme de vingt-six livres (la livre valait de 30 à 40 fr.), 1313. Une des acquisitions faites par l'œuvre avait eu pour objet les directes, seigneurie, foriscapie et lods, que Guillaume de Lestang, damoiseau du Pouget, avait sur les terres de Gotard, situées dans la paroisse de Sainte-Eulalie, dépendante du Pouget ; il revenait à l'œuvre « ung cestier de mixture *mitaudesque* de cens annuel. » (*Arch. de Lestang*).

Le roi Sanche mourut en 1324. La protection du pape

Jean XXII lui avait permis de passer ses derniers jours en paix : l'intervention du Pontife avait, en effet, à plusieurs reprises, rétabli la concorde entre ses officiers et ceux du roi de France. Sanche fut un prince pacifique et pieux. Montpellier fut doté par lui d'une commanderie ou hôpital pour les malades atteints du feu St Antoine. (*H. G. L*, t. VII, p. 100).

IV

Jacques II de Majorque

Jacques II de Majorque, fils de l'infant Ferdinand frère de Sanche, n'avait que douze ans quand il succéda à Sanche sur le trône de Majorque et dans la seigneurie de Montpellier. Ce fut sous la tutelle de Philippe, l'un de ses oncles, qu'il prit les rênes de l'état espagnol et l'administration de ses domaines français.

En 1328, Jacques II racheta le fief dont jouissait Pierre de Gissan, du lieu d'Aspiran, héritier d'André, son père, pour la somme de 20 liv. tournois : ce fief établi dans les terres d'Aumelas, du Pouget et de Vendémian consistait *en quartz et quintz, censives et tasques*, comme l'indique l'hommage fait au roi de Majorque, en 1341 (1), par André de Gissan.

L'année d'après, Jacques céda à Guillaume de Narbonne les terres d'Adissan et de Plaissan, pour avoir en retour le château de Mossette et la vallée qui en dépendait, ainsi que

(1) *Append.* XXXII.

la bastide de Mascarden, situés dans le Roussillon. L'acte d'échange est daté de Perpignan; en voici l'analyse : Guillaume, après avoir, au préalable, délié ses vassaux et en particulier Adhémar de Mossette de leur serment de fidélité envers lui, transfère au roi Jacques, avec tous ses droits, les hommages qu'il recevait. De son côté le roi lui compte 500 liv. en monnaie de Barcelone, et lui remet, avec les lieux de Plaissan et Adissan, tous ses droits seigneuriaux, à la condition que Guillaume reconnaîtra tenir le tout en fief du roi de Majorque, et que lui et ses successeurs, à chaque changement de vassal, rendront l'hommage et prêteront le serment de fidélité au seigneur suzerain. Les droits du roi susdit sur le vassal et ceux du seigneur sur les habitants sont déterminés : Guillaume doit fournir le service militaire au seigneur de Montpellier et mettre à sa disposition tous ses forts chaque fois qu'il en sera requis. Vis-à-vis de ses vassaux, le sieur Guillaume a toute justice, sauf celle des cas réservés; il peut s'armer pour se défendre contre ses ennemis; il a le pouvoir de contraindre les habitants à se battre pour l'intérêt des villages et le sien; il a droit à l'honneur et au serment de fidélité dans tous les lieux de sa juridiction (1).

Guillaume de Narbonne était le fils du vicomte Amalric et l'époux de Gaillarde de Lévis; il tenait de son père la seigneurie de Montagnac, au diocèse d'Agde, dans le voisinage de laquelle se trouvaient Adissan et Plaissan. (*H. G. L.*, t. VII. p. 82).

(1) *Append.* XXX.

V

L'Infant Ferrand

La Vicomté d'Aumelas passa aux mains de l'infant Ferrand, en 1330. L'infant était frère de Jacques II, et il avait reçu de lui en apanage une rente de 3,000 liv. de Barcelone. Mais le roi Jacques crut n'avoir pas assez fait pour celui qui lui était intimément uni par les liens du sang et de l'amitié. C'est pourquoi, le 4 juin de l'année ci-dessus, il lui fit don de la Vicomté d'Aumelas : « Vous nous êtes, dit-il » dans l'acte de donation, ô Infant Ferrand, notre frère, » si uni par le sang et par l'affection, qu'il nous semblera » que ce que nous vous donnons ne sort pas tout-à-fait de » nos mains ; car nous n'ignorons pas les défenses portées » par les lois de diviser les royaumes et les principautés » en dehors de la succession légitime ». Nous observerons, en passant, avec Cazeneuve, que, pendant un certain temps, on chercha à faire considérer la seigneurie de Montpellier comme une principauté. (*Franc-alleu du Languedoc*, l. 1, ch. 9). Après avoir fait connaître la raison de sa conduite, il fit la donation en ces termes : « Nous vous donnons et » concédons, ainsi qu'aux vôtres, notre Vicomté d'Aumelas, » dans laquelle nous entendons être compris les châteaux » et lieux d'Aumelas, du Pouget, de Pouzols, de Saint-» Bauzille, de Vendémian, de Saint-Paul, de Saint-George » et de plus le château de Paulhan..., avec toute la juridic-» tion civile et criminelle, haute et basse, sauf pour le cas » que nous réservons plus bas, et tous les fiefs, droits, ser-» vices et revenus que nous possédons dans les susdits » lieux. Nous vous donnons, en plus, à titre de pure et » parfaite donation, tous les fiefs militaires et civils d'Adis-» san, Plaissan, Tressan, Popian, Saint-Amans, Journac,

» Carabottes, Cournonsec, Montarnaud, Montbazin; ensem-
» ble tous les émoluments qui nous reviennent de Pignan
» et de Saussan ». La donation fut faite aux conditions suivantes : 1° que l'infant et ses successeurs seraient tenus de faire hommage à Jacques et à ses successeurs ; 2° que Jacques se réservait les premières appellatious des juges de l'infant et la connaissance en première instance des crimes d'hérésie et de fausse monnaie, et des délits dont l'infant et ses officiers se seraient rendus coupables ; 3° que la Vicomté ferait retour au donateur, au cas du décès de Ferrand sans successeurs légitimes. 4e jour des cal. de juin 1330 (1).

L'infant, que précédait une réputation de haute piété, fut accepté comme seigneur de la Vicomté par tous nos pays, et accueilli partout avec bonheur. On n'eut qu'à se louer de son administration. Disons, pour justifier sa réputation de piété, qu'il avait fondé, en 1329, dans la ville de Montpellier, un monastère de Religieuses de Ste Claire. Pendant son séjour dans la Vicomté, la paix ne fut troublée que dans le lieu de Montarnaud ; mais, grâce à lui, le trouble disparut bientôt. Là, les seigneurs, qui étaient vassaux du roi de Majorque, tenaient en fief la basse juridiction, tandis que le roi exerçait la haute juridiction. Il y avait souvent conflit entre le roi et les seigneurs. A la sollicitation de l'infant, Jacques II proposa de mettre toute la juridiction en commun entre le seigneur suzerain et les seigneurs vassaux.

Une convention eut lieu, au château de Paulhan, entre le roi représenté par Adhemar de Mosselte, son procureur fondé, et les sieurs Dalmace-Dalmace et Bringuier-Dalmace son frère, Raymond de Massule, Brémond-Azemar et Bertrand-Azémar, Raymond de Montaut, Pierre Frédol et Pierre Carbonnel. On adopta le réglement suivant : Le roi et les seigneurs devaient jouir, en commun et par indivis

(1) *Appen.* XXXII.

de l'ensemble de la juridiction haute et basse. Chaque année les seigneurs désigneraient l'un d'entr'eux pour nommer, de concert avec le lieutenant du roi ou le châtelain d'Aumelas, un baïle, un sergent et un précon. S'ils ne parvenaient à s'entendre, le choix de ces officiers serait laissé, à tour de rôle, au suzerain et aux vassaux. Les officiers rempliraient leurs fonctions au nom du roi et au nom des seigneurs. Les bâtons des sergents porteraient, d'un côté, les armes du roi, et de l'autre, celles des conseigneurs.

Les tailles et questes seraient partagées, à moins que le roi ne les eût imposées pour le service militaire, en temps de guerre. La fourche et les prisons devaient relever de tous; le roi ne pouvait faire grâce de la peine et de l'amende que pour la part qui le concernait. On ne pourrait traîner les délinquants ni les mettre en prison, hors du lieu, à moins qu'ils n'eussent à répondre devant la cour du roi, dans les cas du ressort de sa Justice, tels que la supériorité, les premiers appels, les crimes d'incendie, de fausse monnaie, d'hérésie, de lèse-majesté. Le roi se réservait toute justice sur les seigneurs et les officiers communs. Les seigneurs étaient obligés de reconnaître au roi *le pariage*, comme leurs autres fiefs. Le roi conservait pour lui le péage de Montarnaud, qu'il avait toujours possédé. Les seigneurs consentirent à partager avec le roi le bois de Rouairié et les terres en friche, et à le faire jouir lui ou son lieutenant, qui faisait sa résidence à Saint-Paul et à Valmale, de la moitié des usages qu'ils prélevaient, mais à la condition qu'il ne pourrait donner sa portion, en acapte ou emphytéose, à d'autres qu'au seigneur d'Aumelas. En retour de cette concession, le roi ne devait pas leur imposer des consuls, et toute enquête criminelle commencée devait être annulée, de grâce spéciale. L'acte fut passé le 7 des ides de décembre 1330, en présence de vénérables hommes Nicolas de Saint-Just, grand trésorier et conseiller du roi Jacques, Raymond Saraguier, damoiseau, Jacques Escudier, conseiller du roi, maître Bedos de Quarante, juge de la baronnie, Bernard Desprats, Gauthier de Bossuges et Guillaume de Masdieu, hommes de lois, et Guillaume Granier, du lieu du Pouget. Jacques II confirma le *pariage*, le 8 des ides de septembre 1333, régnant Philippe, roi de France (1).

Le Vicomte d'Aumelas fut loin d'entraver le développement de la communauté dans les lieux soumis à sa juridiction. Les archives du Pouget mentionnent un syndicat établi par les habitants avec l'autorisation du baïle, 1337, et un compromis entre Bertrand de Montdardier et les consuls du Pouget au sujet des tailles de Lestang, reçu et approuvé par le lieutenant de Jacques, 1337. Un fait important à signaler : tous les consuls de la Baronnie d'Aumelas sont autorisés à se réunir au Pouget chaque fois qu'il s'agit de l'intérêt général des villages, 1341. Le Pouget peut aliéner la 20e partie des fruits ou revenus de la communauté, pour pouvoir acheter le devois de Julian de Saint-Bauzille et la faculté d'y chasser.

Le roi Jacques avait fait son hommage au roi de France, en 1331, le 25 avril. Quelques années après, il formait avec Pierre d'Aragon, son beau-frère, et le roi d'Angleterre, un projet de ligue contre Philippe de Valois, dont il voulait secouer la suzeraineté. Ce prince le fit sommer de reconnaître la seigneurie de Montpellier, ce fut en vain ; il se disposa alors à lui déclarer la guerre. Jacques réclama, mais inutilement le secours du roi d'Aragon. Se voyant réduit à ses seules forces, il se détermina à se soumettre au roi de France, 1342. Philippe voulut bien le rétablir dans ses domaines, qu'il avait déjà saisis.

(1) *App.* XXXIII.

VI

Jacques II de Majorque

Le roi Jacques reprend possession d'Aumelas.

L'infant Ferrand mourut sans postérité, en 1346. La Vicomté fit retour au roi Jacques et rentra dans le domaine des seigneurs de Montpellier, dont elle n'avait cessé de dépendre à titre de fief. Les habitants profitèrent de cette circonstance pour demander au prince d'enlever « une imposition de 2 deniers par livre qui pesait sur leurs denrées, huile, amandes, chairs salées, etc. Le *roy des Illes Majorque et Minorque* leur accorda cette satisfaction. » (*Arch. de Lestang*).

La mauvaise situation de Jacques avait empiré depuis 1342. Le roi d'Aragon accusa son beau-frère de félonie pour avoir voulu se liguer contre lui, soit avec le roi de France, soit avec l'empereur du Maroc (*H. G. L.*, t. VII, p. 141), et fit annoter tous les domaines qu'il tenait de lui en fief au-delà des Pyrénées. Ne trouvant pas suffisante la soumission que lui fit Jacques, il se disposa à l'attaquer lui-même dans son île de Majorque, 1343. Clément VI arrêta un moment Pierre dans son dessein. Mais bientôt ce prince, qui avait résolu de dépouiller Jacques de ses possessions, entra en Roussillon. Jacques chercha alors à se faire des fonds pour repousser son adversaire : il proposa la vente de Montpellier et d'Aumelas à quelques cardinaux, et à défaut de vente, il offrit l'engagement de ses terres. Pierre, de protester auprès du pape contre l'aliénation projetée, mettant en avant sa suzeraineté et son droit de commise. Il s'adressa aussi au roi de France pour le mettre dans ses intérêts. Philippe de Valois, qui le favorisait, défendit aux habitants de la Baronnie de suivre Jacques contre le roi d'Aragon.

Il n'y avait d'autre ressource pour le roi de Majorque que celle d'implorer la clémence de Pierre. Le pape plaida bien en sa faveur, mais rien ne put détourner Pierre de son dessein ; il fit la conquête du Roussillon, 1344.

Pendant le siège d'Elne, Arnaud de Roquefeuil, un des plus vaillants et des plus riches chevaliers de France, vint offrir à Pierre ses services contre le roi de Majorque.

Jacques avait à compter avec ce puissant seigneur : il avait fait périr son jeune fils, Bernard, d'une manière barbare. Zurita dit que Bernard, qui était auprès de Jacques en qualité de page, fut tué par ses ordres cruels : *fue muerto per su mandato cruelmente* (liv. 7, ch. 76). D'Aigrefeuille rapporte ainsi le meurtre du fils d'Arnaud : « Nos Mémoires » racontent que le roi Jacques étant venu à Montpellier, en » 1343, pendant qu'il était poursuivi le plus vivement par » le roi d'Aragon, voulut, pour dissiper ses ennuis, donner » un bal dans le palais qu'il occupait, et qui est encore » appelé le Palais du roi de Majorque. On raconte donc » que le roi étant à table, Bernard de Roquefeuil, qui lui » versait à boire, répandit du vin sur un habit de satin » blanc que le roi portait ce jour-là ; de quoi, il fut si irrité, » qu'en le repoussant brusquement, il le blessa du couteau » qu'il tenait à la main et lui fit une blessure dont il mou- » rut peu de temps après. *(H. de Mont.*, p. 138). » D'Aigrefeuille contredit Zurita ; nous nous permettrons de contredire d'Aigrefeuille sur la question du lieu où se commit le meurtre. D'après une pièce conservée à Lestang, intitulée *cédules appellatoires d'Arnaud de Roquefeuil contre les nobles du Pouget,* datées de 1351, ce serait à Perpignan, et non à Montpellier, que l'infortuné Bernard aurait été la victime de la violence du roi : « *occasione mortis Bernardi, filii Arnaudi, violentiâ Regis apud Perpinianum interfecti.* » On comprend la douleur d'Arnaud de Roquefeuil. Il jura de venger la mort de son enfant, et c'est dans ce but qu'il présenta à l'adversaire de Jacques deux cents hommes d'armes équipés à ses frais. Remercié par Pierre d'Aragon, qui n'avait pas besoin de son concours, il se prépara, de son côté, à faire lui-même la guerre au roi de Majorque.

Cependant Pierre d'Aragon voit venir à lui en suppliant le roi de Majorque. Profitant de sa supériorité sur le malheureux Jacques, il lui impose des conditions de paix si dures qu'elles ne peuvent être acceptées. Jacques tentera tout pour conserver la dignité royale dont on exige le sacrifice de sa part. Il se rend auprès du pape, son protecteur. Clément VI ne peut obtenir de Pierre d'Aragon autre chose, en sa faveur, que la faculté pour la reine Constance d'aller rejoindre son mari à Montpellier, 1345. Jacques a encore la douleur de voir ses vassaux punis par le roi de France pour avoir embrassé sa cause.

Jacques de Majorque, prince d'une énergie peu commune, prend la détermination de lutter contre ses ennemis au prix de tous les sacrifices pour sauver ses possessions du Roussillon et son île de Majorque. Dès ce moment, il va songer à se procurer des fonds et à se gagner l'esprit et le cœur de nos populations. Mais avant de tenter son suprême effort, il voudra régler les affaires de sa Baronnie et les siennes propres.

Les documents nous montrent, en 1346, la vente de Paulhan faite à Guillaume de Veyrac et confirmée par Jacques de Majorque. Par qui cette vente fut-elle faite? Est-ce par le roi ou par quelque feudataire? Les papiers ne le disent pas, mais ils donnent lieu à supposer que ce fut par un de Roquefeuil, car les barons du Pouget ont longtemps soutenu dans leurs dénombrements que la maison de Roquefeuil avait aliéné ce château en faveur des de Veyrac. (*Arch. de Lestang*).

L'année suivante, 1347, le roi Jacques vendit le lieu de Cabrials au monastère de Valmagne; il lui céda encore un terrain, sis dans la paroisse de Vendémian, et un autre dans celle d'Aumelas; le tout à titre de fief franc et honoré et avec pleine et entière juridiction. Le monastère avait ces biens depuis 1249 en simple fief. Cette vente lui rapporta 575 livres tournois. L'acte, reçu par Mes Ferrier et Bayle, fut passé au Pouget en présence de Payen de Majoricis, chevalier, des jurisconsultes Philippe de Barezen, Pons Talers et Raymond Canterelle, et de Guillaume Satger de Paulhan (1).

Après cela, Jacques entreprit de ressaisir le Roussillon, à la tête d'un grand nombre de seigneurs qui prirent part à son expédition, malgré la défense du roi Philippe. « Son » armée fut composée de ses sujets de la Baronnie de Mont- » pellier, de la Vicomté d'Aumelas et de plusieurs autres » français. » Il soumit tout le Conflant, mais il dut abandonner ses conquêtes devant les forces supérieures du roi d'Aragon, et remettre à plus tard l'exécution de ses projets vis-à-vis de Majorque. Cependant Philippe de Valois avait saisi Montpellier sur Jacques, parce qu'il était entré en Roussillon sans sa permission ; mais le pape fit enlever la saisie quelques jours après. (*H. G. L.*, t. VII, p. 143).

La colère d'Arnaud de Roquefeuil était loin d'être apaisée, et il y avait à craindre une nouvelle complication dans les affaires du roi de Majorque. Le pape Clément intervint : alors eut lieu un traité de paix dont les conséquences furent considérables pour la Vicomté d'Aumelas. Arnaud consentit à renoncer à toute hostilité contre le roi, et celui-ci lui céda les châteaux du Pouget, de Saint-Bauzille et de Pouzols, qui devaient fournir 360 feux, 10 hommages nobles et des revenus dont le chiffre était fixé. Dans le cas où ces châteaux ne pourraient présenter les avantages promis, les autres lieux de la Vicomté, les plus voisins d'Aumelas, étaient appelés à leur venir en aide.

Le cas d'insuffisance s'étant présenté, le roi Jacques assigna à Arnaud les lieux de Montarnaud et de Vendémian

(1) *App.* XXXIV.

avec leurs mandements, juridictions, droits et libertés, et les fiefs en dépendants, comme aussi les fiefs, ressorts et droits de toute nature des lieux de Saint-Amans-de-Teulet, de Popian, de Tressan, d'Adissan, de Jourmac, de Carabottes, de Cabrials et d'Aussargues, tous compris dans la Vicomté (1). C'est avec une profonde émotion qu'on lit les lettres par lesquelles Jacques déchargea ses sujets du serment de fidélité et leur recommanda d'être soumis au chevalier Arnaud, son parent, avril 1349 (2).

Les officiers de Philippe-de-Valois s'empressèrent de lui dénoncer la cession faite par Jacques, et de lui représenter que « telles vicomtés et baronnies ne pouvaient être démembrées sans son autorité ». Philippe ordonna la saisie, et voulut qu'on nommât une commission pour régir les biens mis sous séquestre. Mais en considération du pape, qui intervint de nouveau en faveur du sieur de Roquefeuil, le roi de France donna main-levée de la saisie par les lettres-patentes du 12 mai 1349. Toutefois, l'exécution des nouveaux ordres royaux fut retardée de quelques mois, après lesquels Arnaud prit possession du Pouget, comme on le dira plus loin.

L'heure était arrivée pour le roi Jacques de tenter un dernier effort dans le but de recouvrer son royaume de Majorque. Il avait vendu la ville de Montpellier et le château de Lattes, avril 1349, au roi de France, pour le prix de 120,000 liv. d'or, payables en trois termes, et le tiers de cette somme était déjà entre ses mains. Il leva dans sa baronnie une armée de 11,000 hommes de pied et de 1,500 chevaux ; il équipa une flotte dans les divers lieux de la Provence. Son plan était d'attaquer à la fois le Roussillon et l'Ile de Majorque. Il s'embarqua lui-même avec son fils Jacques et descendit dans l'île. Le gouverneur vint

(1) *Appen.* XXXVII.
(2) *Appen.* XXXVI.

à sa rencontre et lui livra bataille, le 25 octobre. L'armée de Jacques fut entièrement défaite. Jacques, malgré des prodiges de valeur, tomba sur le champ de bataille, couvert de blessures, les armes à la main, pendant que son fils, blessé au visage, était fait prisonnier. Ainsi périt ce noble chevalier, digne d'un meilleur sort, s'il ne s'était pas obstiné à vouloir détacher nos pays du royaume de France pour en faire un fief de la couronne d'Espagne. (*H. G. L.*, t. VII, p. 144 et suiv.)

Philippe de Valois, ayant pris possession de Montpellier, s'empressa de confisquer la vicomté d'Aumelas, donnant pour raison de sa conduite qu'elle était tombée en commise pour hommage non fait.

Ce fut en vain que Pierre d'Aragon lui demanda, en son nom et au nom de ses neveux, Jacques et Isabelle, les possessions du roi défunt. Cependant les deux princes firent un traité, dont l'un des principaux articles portait que Philippe demeurerait possesseur de la seigneurie de Montpellier, à condition qu'il compterait le solde du prix d'achat. Mais ce traité ne fut définitivement arrêté qu'en 1351, par le roi Jean, fils et successeur de Philippe, qui envoya, à cet effet, à Perpignan Jean de Lévis, seigneur de Mirepoix, et Arnaud de Roquefeuil, seigneur du Pouget. Il fut réglé que le roi Jean donnerait son fils, le duc d'Anjou, à l'une des filles de Pierre d'Aragon, avec Montpellier, Lattes et la Baronnie pour apanage, et que le roi d'Aragon compterait à l'infante, sa fille, pour dot, la somme de 40,000 florins. En 1352, le susdit traité fut ratifié de part et d'autre. Le duc d'Anjou choisit Jeanne pour sa future épouse ; le pape accorda la dispense de l'empêchement de parenté; les fiançailles furent célébrées; mais le mariage n'eut pas lieu. (*H. G. L.*, t. VII, p. 147).

Les fils de Jacques ne purent obtenir du roi de France ni la restitution de la Vicomté d'Aumelas, ni le prix intégral de la seigneurie de Montpellier ; et Pierre d'Aragon, d'un autre côté, leur refusa les possessions espagnoles de leur père. L'un d'eux, Jacques, qui avait épousé, en 1352, Jeanne, reine de Naples, mourut sans enfants, en 1374; l'autre, Isabelle, épouse de Jean, marquis de Montferrat, obtint, après la mort de Jacques, son frère, dont elle fut l'héritière, le château de Pézénas pour demeure, avec le droit à une pension, qu'elle ne toucha jamais par le fait du mauvais vouloir du duc de Berry, gouverneur du Languedoc. (*H. G. L.*, t. VII, p. 335). Ce ne fut que très tard qu'elle reçut un dédommagement de la part de Charles VI, comme nous le dirons plus loin.

LIVRE III

LES ROIS DE FRANCE SEIGNEURS D'AUMELAS ET SUZERAINS DU POUGET

CHAPITRE PREMIER

Les Seigneurs d'Aumelas de 1350 à 1680.

Par le fait de la division du vaste pays de l'Aumeladois, le roi de France, successeur des rois de Majorque, n'eut le domaine utile que dans les paroisses de N.-D. d'Aumelas, de Saint-Martin de Cardonet, de Saint-Étienne de Prunet, de N.-D. de Montcamel, des Saints-Pierre et Paul de Cabrials, et dans une partie des paroisses des Saints-Marcellin et Pierre de Vendemian, et de Valredones (La Boissière), qui formèrent tout le mandement d'Aumelas.

Tout d'abord Aumelas se trouva sous la juridiction pleine et entière du Roi ; plus tard il fut livré à des engagistes avec pacte de rachat perpétuel.

§ I

Les Rois de France

1. — *Jean le Bon.*

Le Midi de la France venait d'être éprouvé par la peste, que l'on nomma épidémie, ne sachant quel nom donner à une maladie étrange apportée des pays du Levant (*H. G. L.*, t. VII, p. 171), 1348; Paulhan en fut préservé par l'intercession de S. Sébastien. La guerre des Anglais porta alors le trouble et la désolation jusque dans nos belles campagnes; mais ce fut pour faire éclater le courage et l'abnégation des habitants, jaloux de la liberté qu'ils venaient de conquérir, en même temps que leur dévouement et leur fidélité envers les souverains qui devaient la leur conserver. Partout se formèrent des milices; partout les communautés s'imposèrent pour subvenir aux frais de la guerre. Lorsqu'on apprit que le roi Jean avait été vaincu et fait prisonnier, la consternation fut grande, on prit partout le deuil, et on s'occupa sans retard de la rançon du Roi. Paulhan offrit 600 livres.

La paix était à peine faite avec les Anglais, en 1359, que les Compagnies de Routiers parurent dans le Languedoc. A la tête de 3,000 brigands, Seguin de Badafol, chevalier gascon, vint mettre à la rançon la ville d'Aniane et brûla les faubourgs de la ville de Gignac. Il se dirigea de là vers Ville-Veyrac, à travers les divers lieux de la Vicomté d'Aumelas, mettant tout à feu et à sang. Après avoir ravagé Pomerols, Florensac et Frontignan, il traversa une seconde fois la terre d'Aumelas, se dirigeant vers Ganges, pour reparaître, l'année suivante, aux environs de Montpellier (*H. G. L.*, t. VII, p. 225). Nous constaterons plus tard les dégâts qu'il fit dans nos parages.

II. — *Charles V, dit le Sage.*

Notre malheureuse contrée n'en avait pas fini avec les Routiers, à l'avènement de Charles V : il lui fallut encore subir leur contact, lorsque Du Guesclin fut chargé de conduire les Compagnies hors du territoire de France, en Espagne. L'abbé Durand, dans son Histoire de Clermont-Lodève, dit que nos pays durent prendre toutes sortes de mesures contre l'indiscipline des bandes terribles, lorsqu'elles traversèrent la vallée de l'Hérault, en 1365.

De nouvelles calamités étaient à redouter : Charles-le-Mauvais, roi de Navarre, poussait le Languedoc à la révolte contre le roi de France ; il avait même le dessein de porter la guerre dans cette province, pour ravager ensuite la Guyenne et les pays situés au-delà de la Loire. De son côté, Charles V avait conclu contre lui, avec Pierre d'Aragon, une ligue offensive et défensive. La guerre allait éclater, lorsque les deux reines, Jeanne et Blanche, secondées par le pape, intervinrent dans les affaires de leurs époux et furent assez heureuses pour amener les deux princes à déposer les armes et à conclure un traité de paix, dont la base fut l'échange de quelques villes et terres. Les villes de Mante et de Meulon, avec le comté de Longueville, que possédait le roi de Navarre, furent cédés à Charles V ; Montpellier et la terre d'Aumelas passèrent des mains du roi de France en celles de Charles-le-Mauvais, 1365. L'estimation des lieux échangés devait se faire prochainement, en vue du remboursement de la plus-value des biens, mais elle n'eut lieu que bien longtemps après.

III. — *Charles de Navarre, dit le Mauvais.*

La Vicomté d'Aumelas changea donc de maître : Montpellier et la Baronnie furent remis à Charles-le-Mauvais représenté par le Captal de Buch. Tels sont les ordres que reçut à ce sujet le duc d'Anjou : « ..... et baillerez réallement et de fait à notredit frère, la possession et saisine » desdites Ville et Baronnie et de tout ce que nous pouvons avoir en icelles, tant en maisons, hostels, manoirs, » châteaux et autres forteresses, villes, villages, que hommages, vassaux, avantatges, sous telles conditions que » lesdits vassaux lui faisant hommage excepteront notamment et expressément Nous, comme leur seigneur souverain ....., les fiefs, arrière-fiefs, estangs, rivières..., » terres, cens et censives..., profits et revenus, justices et « seigneuries, nonobstant le privilège que les bourgeois de » Montpellier ont de non être soumis hors de notre Domaine

» et de la Couronne de France, lequel pour le bien de la » paix et utilité publique nous annulons par ces présentes. » ..... Au contraire, exceptez tout notre hommage, le » ressort, la souveraineté et droits royaux es-dite Ville et » Baronnie et toutes les appartenances et dépendances que » nous voulons être sains-et-saufs pour Nous et tous nos » successeurs. » (*Arch. de Lestang*).

Ce fut en sa qualité de seigneur de Montpellier et d'Aumelas que le roi de Navarre reçut, en 1372, les reconnaissances des vassaux de la Vicomté. Le 7 mai, Arnaud de Roquefeuil lui fit hommage : 1° pour les lieux du Pouget, de Vendémian, de Saint-Bauzille, de Pouzols, de Plaissan et d'Adissan ; 2° pour la moitié de Montarnaud et la moitié de Saint-Amans-de-Teulet ; 3° pour Popian, Tressan, Carabottes, Journac, Cabrials et Aussargues (1). Raymond de Veyrac fit hommage pour le château de Paulhan, le 27 mai de la même année (2).

L'estimation des biens remis au roi de Navarre n'eut lieu que le 16 mai 1374 ; elle fut consignée dans le *Liber extime ville Monspeliensis et Baroniarum*..... On y lit que la baronnie de Montpellier est formée en partie de lieux qui sont en la sénéchaussée de Carcassonne, soit la Vicomté d'Aumelas presqu'en entier. Tels lieux font partie du domaine propre des seigneurs de Montpellier ; tels autres sont tenus en fief par des seigneurs vassaux. Les premiers sont administrés par des châtelains, vicaires ou baïles, et ont un juge commun pour tous ; les seconds ont des officiers particuliers, choisis par les feudataires. Auparavant les appels de toute la baronnie se faisaient aux sénéchaux ; à compter du jour de l'estimation, ils dûrent être portés devant le Gouverneur du Roi de France, en la Cour de Palais de Montpellier (*Arch. de Montpellier*).

(1) *App.* XLVII.
(2) *App.* XLVIII.

Vers 1379, le roi de Navarre fut fortement soupçonné de faire cause commune avec les Anglais ; c'est pourquoi la main royale fut mise par Charles V sur Montpellier et Aumelas ; mais deux ans après, dans la pensée de gagner à la cause du Roi Charles de Navarre, on rendit à ce dernier les terres qu'on lui avait enlevées (*H. G. L.*, t. VII, p. 309 et suiv.).

IV. — *Charles VI.*

La conduite du roi de Navarre devint plus que suspecte : il fut accusé formellement d'avoir voulu empoisonner le roi de France, Charles VI. Le 28 octobre 1382, tout ce qu'il possédait en France lui fut confisqué, et il fut obligé lui-même de sortir du royaume avec toute sa famille. Il mourut peu de temps après, à Pampelune, et ses enfants furent déclarés déchus de tout droit aux terres françaises qu'il leur donnait dans son testament, 1384.

Les Baronnies avaient été ramenées au domaine de la Couronne, en 1382; nous remarquons que leur administration avait été confiée par le Roi au sénéchal de Beaucaire, aux gages de 600 livres par an.

Cependant les droits de Charles VI, en tant que seigneur particulier de Montpellier et d'Aumelas, n'étaient pas hors de contestation, car il était encore dû aux descendants de Jacques de Majorque 80,000 écus sur le prix de la vente de Montpellier de 1349, et la Vicomté d'Aumelas ne se trouvait sous la main royale que pour le défaut de l'hommage non fait au Roi ou fait à un autre que lui. Aussi, à Aumelas et autres lieux de la Vicomté, on ne regardait comme seigneur légitime que les fils de Jacques. Isabelle, héritière de Jacques, son frère, était venue chez nous en 1380, pour régler certains arrérages qui lui étaient dus, et elle avait été reçue avec enthousiasme. En 1390, sachant que le Roi se trouvait à Montpellier, Isabelle se présenta pour lui adresser ses justes réclamations ; mais il fallut attendre que le Roi eût atteint l'âge de majorité pour y faire droit. Cinq ans après, la princesse alla à Paris pour terminer cette affaire. Le Roi, en son conseil, lui accorda, pour toutes ses prétentions, 5,000 francs d'or, une fois payés, et une rente viagère de 1200 liv. à prendre sur le château et châtellenie de Gallargues et divers domaines des environs ; elle renonça, de son côté, à tous ses droits par un acte daté de Paris, au prieuré de Ste-Catherine, paroisse de Saint-Paul, où elle logeait (*H. G. L.*, t. VII, p. 330).

Un des châtelains qui, sous la juridiction des gouverneurs de Montpellier, régirent Aumelas, pendant le XVe siècle, nous est indiqué par l'Histoire de Languedoc : c'est le sieur de la Filhole. Sa belle conduite nous amène à parler de ce qui se passa en Languedoc dans la première moitié du XVe siècle. Les Anglais avaient rompu la paix qui devait durer jusqu'en 1426, et à leur instigation, les Routiers s'étaient reconstitués en compagnies pour répandre partout sur leur passage la terreur et la désolation. Ces hordes sauvages prirent le château de Pézenas et ravagèrent les rives de l'Hérault. De nombreuses milices se préparèrent à marcher contre les barbares, et le Roi, après avoir demandé un *ayde* de 100,000 liv. aux pays de Languedoc, et imposé aux autres provinces une contribution de 500,000 livres, envoya le dauphin contre les Anglais et les Routiers. Les plus grandes calamités fondirent sur le royaume. La bataille d'Azincourt perdue, la démence subite du Roi et les intrigues de la reine furent autant de fléaux qui remplirent le pays de deuil et d'indignation. La Vicomté montra son affection et son dévouement pour le roi bien-aimé et le dauphin, son légitime héritier. Elle se déclara pour eux avec toutes les parties *de la Langue d'Oc*, quand elle vit les indignes manœuvres dont se servait Isabeau pour faire reconnaître Henry d'Angleterre comme régent et puis comme héritier de la Couronne de France. La reine et le duc de Bourgogne usèrent alors de représailles envers nos pays : Pézenas perdit ses quatre foires, et le gouverneur d'Aumelas, Guilhaume de la Filhole, fut pris et exécuté à Montpellier, 1418, (*H. G. L.* I. VIII. p. 7). Il est à regretter de n'en savoir pas davantage sur son compte, mais il n'en est pas moins une gloire pour Aumelas; et son nom, emblème du courage et de la fidélité, ne doit pas rester dans l'oubli. Le dauphin cependant devint Charles VII, pour le bonheur de la France : il était réservé à ce prince de chasser les Anglais, avec le concours de Jeanne d'Arc, et de faire disparaître, au moyen d'une sage administration, les maux qu'avait causés la guerre de cent ans.

François de Marsal, d'après M. Fabre de Roujan, était gouverneur d'Aumelas en 1486.

§ II

Les Engagistes.

I. *Fruits et profits cédés ; justice réservée*

Au XVIe siècle, nous trouvons la terre d'Aumelas entre les mains de possesseurs d'un genre particulier : ce sont les Engagistes. Le domaine leur est livré par acte de vente, mais avec pacte de rachat perpétuel. Les fruits et les profits appartiennent à l'acquéreur, mais le fonds inaliénable est au Roi, et le Roi reçoit les hommages du fief et des arrière-fiefs. Quoique détachée du Domaine, la terre est toujours à la veille d'y rentrer, moyennant le remboursement intégral des sommes payées.

En 1537, Aumelas et Cabrials furent vendus aux sieurs Gilbert Griffy et Sandre pour la somme de 1,000 livres. En 1540, Chaume et François Lasset s'en rendirent acquéreurs ; le prix de l'engagement se monta à 16,000 livres.

Le sieur Chaume, à qui échut Aumelas, s'intéressa fort

peu à la Tour, dans laquelle les habitants trouvaient un refuge, en temps de guerre. Ces derniers, ennuyés de le voir assister avec la plus grande indifférence à la chute du fort, et même s'emparer de ses débris pour en construire des bergeries pour ses troupeaux, se cotisèrent dans le but de réparer le vieil édifice. On vit ces braves gens consacrer à la restauration du château la somme de 800 livres. Ils s'imposèrent, en outre, le sacrifice de 400 liv., pour venir au secours du Roi, en 1555, pendant les troubles qu'excitèrent les protestants. Ils firent plus, ils défendirent ensuite le fort contre les assauts répétés des hérétiques. Aumelas, ramené bientôt au Domaine, fut vendu au seigneur de Poussan, aux mains duquel nous le trouvons en 1557. Une nouvelle revente eut lieu, en 1573, en vertu des ordres du Roi. Voici ce que Charles IX mandait à ses trésoriers-généraux ; « Comme pour subvenir aux dépenses » que Nous et notre pays de Languedoc sommes forcés de » faire pour l'entretènement de l'armée et gens de guerre, » qui y sont pour notre service, sous la charge et conduite » de notre cher et amé cousin, le seigneur de Dampville, » maréchal de France, gouverneur et notre lieutenant » général du dit pays, nous avons besoin d'être secouru » d'une certaine somme de deniers, par le moyen de » laquelle lesdits gens de guerre peuvent être satisfaits, à » la décharge de notre peuple, ne s'étant trouvé aucun » moyen, ni fonds en nos finances, Nous voulons nous » aider des moyens et des facultés de nos bons et loyaux » sujets dudit pāys, toutefois à constitution de rente au » denier doutze sur notre recette générale..... A ces causes, » Nous vous avons commis pour taxer et cotiser les per- » sonnes les plus aisées jusqu'à la somme de 60,000 liv. » tourn., pour laquelle vous leur ferez vente à rachat per- » pétuel de notredit Domaine, à raison du denier doutze, » ou bien vous leur constituerez rente......... »

» Donné à Fontainebleau, le 19 avril 1573 » (*Arch. de Lestang*).

Le sieur Montaigne, avocat général près la Cour de Montpellier, « voulant, pour son regard et suivant les moyens » que Dieu lui avait donnés, subvenir à Sa Majesté, offrit, » le 9 juillet, 2.000 liv. comptant, à raison de la vente qu'on » lui ferait de la Baronnie d'Aumelas et du lieu de Cabrials, » avec leurs appartenances, et sans autres réserves de la » part du Roi que la foi et l'hommage ».

Mais les gens d'Aumelas, encouragés par Jean Perdrier, gouverneur de Montpellier, résolurent de s'opposer à l'aliénation des susdites seigneuries. Ils se hâtèrent de rappeler au Roi qu'en 1555 ils avaient été heureux de lui offrir 400 livr., c'est-à-dire le quart du prix de l'engagement de 1550, à la condition que jamais ces places ne seraient mises hors sa main. Ils lui représentèrent que le sieur Montaigne n'était pas en fonds suffisants pour n'être pas, un jour ou l'autre, dans la nécessité d'engager les terres qu'il aurait acquises. Ils se firent, en outre, forts de démontrer que le dit Montaigne n'était pas de qualité à tenir ces seigneuries. Ils supplièrent enfin le Roi de se souvenir des frais qu'ils s'étaient imposés pour lui conserver la tour, et des promesses qu'il leur avait faites. Que si le souverain voulait bien les « préférer à autrui », ils étaient prêts, disaient-ils, à verser dans la caisse du Trésor les 2,000 livres qu'on avait déjà offertes ; et, de plus, à faire abandon des sommes qu'ils avaient employées à la restauration des constructions que le sieur Chaume avait laissé tomber en ruine.

Les commissaires, saisis de cette affaire, ayant constaté, le 18 juillet, que la tour, la seigneurie et la juridiction d'Aumelas et de Cabrials ne devaient pas être soustraites au Domaine, mais que les droits, revenus et émoluments pouvaient être aliénés en tout temps pour cause de nécessité, accordèrent, le 28 août, aux habitants « l'adjudication » de tous les fruits d'Aumelas et de Cabrials, fors les sei- » gneries, juridictions et exercices d'icelles, pour la somme

» de 1200 livres, encore que l'arrentement desdits droits » ne s'élevât qu'à 70 liv. 4 sols et 8 den., chacun an, à la » condition de bien garder la tour et d'empêcher qu'elle » fut prise par ceux de la religion nouvelle qui s'en sont » voulu jadis saisir, et d'y employer 250 liv. en réparations » nouvelles, lesquelles seront rendues lors du rachat de la » seigneurie déclarée inaliénable..... » La vente fut faite par les sieurs François de Chef-de-Bien et Raymond Viart, trésoriers généraux, commissaires de S. M. sur le fait de l'aliénation du Domaine royal.

Les gens d'Aumelas avaient voulu écarter le sieur Montaigne, pour pouvoir mettre à sa place M. de Montchal, « espérant les manans être mieux soulagés par lui que par » tout autre » ; et c'est ce qu'ils firent avec l'agrément des commissaires, 1573.

II. *Fruits, profits et droits de justice concédés*

.1577. Jusqu'à présent les engagements d'Aumelas n'ont eu pour objet que « tous et chacuns les droits, fruits et » profits quelconques de toute l'étendue de la juridiction » et mandement de la Baronnie d'Aumelas et de la seigneurie de Cabrials, avec l'usage de la Tour ». L'engagement du 26 février comprendra encore « les Baronnie et » seigneurie, ainsi que les droits de justice, qui sont de » l'ancien Domaine du Roi, et dont ont joui tous les précédents rois de France ».

Les commissaires députés pour la revente du Domaine livrèrent, en effet, sous la condition de rachat perpétuel, à Louis de Bucelly, seigneur de la Mousson, et à ses hoirs, la Baronnie d'Aumelas, la seigneurie de Cabrials, et avec elles les seigneuries de Saint-George d'Orques, de Valmale et de Saint-Paul de Montcamel, ainsi que leurs appartenances et dépendances, fours baniers, droits de justice, etc., avec puissance d'établir à nouveau tous officiers et de faire toutes réparations, sans rien réserver ni retenir pour le Roi, si ce n'est l'hommage de l'acquéreur (1).

Le sieur de la Mousson vendit, en 1580, son droit d'engagement pour la somme de 5,000 liv. tourn. à damoiselle Marguerite de Barrière, veuve de François de Montchal. Cette dame transmit ensuite tous ses droits et titres à son fils Timothée de Montchal, qui les céda à son tour, en 1585, au sieur de Fraisse pour le prix de 4,000 écus d'or. (*Arch. de Lestang*).

Henri IV ordonna, en sept^bre^ 1591, par Lettres-patentes en forme d'édit, datées du camp de Noyon, que « pour les » besoins de l'État, il serait fait de son Domaine, ci-devant » aliéné à faculté de rachat perpétuel, aliénation et revente » à perpétuité par tout le royaume de France jusques à la » somme de 120,000 écus de rentes ». C'est en vertu de cet édit que les commissaires mirent en revente la justice haute, moyenne et basse, mère, mixte, impaire de la Baronnie et de la seigneurie, engagées précedement au sieur de la Mousson. Mre de Bonnet offrit, en 1595, la somme de 4,319 écus d'or 17 sols, outre les loyaux-coûts. L'offre dépassant de beaucoup la raison du denier 20, au-dessous duquel les aliénations n'étaient pas autorisées par l'édit, les commissaires vendirent à perpétuité à Guillaume de Bonnet, pour lui et ses successeurs, la Baronnie avec toute la juridiction, ne retenant pour le Roi que l'hommage, le serment de fidélité et les droits seigneuriaux, « à chaque mutation » de main » (2). Le 1 x^b.^ 1599, le sieur de Bonnet paya au Trésor les lods et vente, soit la somme de 400 écus à 60 sols pièce.

Guillaume de Bonnet, établi dans la Vicomté d'Aumelas, s'empressa d'acheter Journac et la directe des moulins de

(1) *App.* LXXI.
(2) *Append.* LXXII.

Carabottes (nous verrons que cette directe ne pouvait lui être vendue par les héritiers de Jean de Chandos). Mais peu de temps après, croyant avoir fait une mauvaise acquisition, il voulut faire rescinder le contrat. Condamné par le gouverneur de Montpellier à tenir la transaction comme valide, il fit appel à la Cour de parlement de Toulouse. Il prétendit que le sieur de Portessan ne pouvait lui avoir légitimement vendu, parce que : 1° Jean de Chandos, aïeul de Marie, épouse de Portessan, de son vivant juge à Gignac et seigneur de Journac, avait déclaré dans son testament que sa terre devait rester à perpétuité dans sa famille ; 2° parce que Gaspard de Portessan, fils de François et de Marie de Chandos, avait sept ou huit frères qui pouvaient quereller l'acquéreur d'une terre ayant appartenu à la famille ; 3° parce que lui, de Bonnet, avait été lésé quant à la terre, qui avait été privée de culture pendant vingt-cinq années, et quant à la justice, que Gaspard lui avait transférée sans la posséder. Gaspard lui répondit que la prohibition ou défense de l'aïeul n'avait plus d'effet, vu que l'héritage, tombé en quenouille, était passé à une autre famille ; que sa mère, bien qu'en pouvoir de mari, avait pu lui faire donation de la terre, puisqu'elle avait agi avec le consentement de son époux ; qu'aucun mâle de la maison de Chandos ne paraîtrait pour attaquer la vente, car, avec le prix de la terre, il avait désintéressé ses frères et sœurs. Il dit encore que la propriété rurale avait été vendue par arpentage, à un prix de raison, soit 17 liv. et demie la sétérée, y compris la seigneurie d'icelle. Il déclara enfin qu'il avait cédé la seigneurie haute et basse, telle que ses ancêtres l'avaient acquise du monastère de Saint-Guillem depuis six vingts années. Pour arriver à une entente, il fallut retrancher 250 écus du prix de la vente, qui avait été de 1400 écus.

Le parlement ratifia ce traité, le 6 septembre 1605. Mre de Bonnet conserva Journac jusqu'en 1641. Journac passa, cette année-là, au pouvoir du sieur de Massane, trésorier-général de Montpellier ; mais la directe des moulins ne sortit pas des mains de Mre de Bonnet. Le château et les 25 pièces de terre de Journac appartenaient encore à la famille Massane, en 1727.

La vente de 1595, quoiqu'elle eût été faite à perpétuité, et comme donnant le droit de jouir de la Baronnie d'Aumelas sous la garantie expresse du Domaine royal, à l'instar d'un bien patrimonial, fut néanmoins réputée un simple engagement, et par suite résolue, en vertu d'un édit de 1610. C'est ce qui explique le nouvel engagement qui eut lieu, le 12 juin 1645. La terre d'Aumelas fut donc, à cette époque, l'objet d'une revente. La mise à prix fut couverte par Pierre Bosquier ; Antoine Breton surenchérit, mais l'avocat Antoine Cabout, comme dernier et plus offrant enchérisseur, se vit adjuger la Baronnie. Or, Cabout ayant déclaré qu'il avait agi au profit de messire Charles de Bonnet et d'Anne de Courtaud, sa dame, les commissaires passèrent acte de revente et d'engagement de la terre d'Aumelas aux de Bonnet, « pour en jouir comme de leur chose propre et » loyal acquêt, toutefois à faculté de rachat perpétuel, sans » qu'ils pussent être un jour dépossédés qu'après le rem- » boursement intégral et en un seul paiement de la somme » payée ».

L'engagement de 1645 fut annulé, en 1665, en vertu d'une ordonnance datée du 22 avril et donnée en vue d'un nouveau remaniement du Domaine. Catherine de Courtaud de Saint-Romans, veuve de Charles de Bonnet, trésorier général de France et baron d'Aumelas, fut obligée de remettre, avec sa terre, le contrat de la vente faite à Guillaume de Bonnet, en 1595, pour le prix de 11,000 écus, et celui de la vente de 1645, qui avait eu lieu en faveur de son mari, pour la somme de 23,300 livres ; elle eut, en outre, à fournir quelques explications. Elle affirma que, ni mariée, ni veuve, elle n'avait affermé à personne les droits de la Baronnie, tels que censives, lods et ventes, sauf un péage et quelques biens propres qu'elle céda de l'aveu de son mari, lesquels du reste ne lui avaient procuré aucun profit à cause des procès qu'elle avait eus avec les vassaux. D'après son dire, la Baronnie ne donnait pas plus de 400 liv. de revenu. Pour être entièrement renseigné sur la valeur de la terre et seigneurie d'Aumelas, on procéda à la confection du papier terrier. Les commissaires du Roi, assistés de François Bérard, docteur ès-droits, et des consuls modernes Louis Miéchamp, Pierre Pouzols et Marc Malet, firent le relevé des lieux dépendants de la Baronnie, des limites de sa juridiction, de ses fiefs, de sa forteresse, de la directe du Roi, etc. Il résulta de l'enquête que « le lieu d'Aumelas » était un chef-lieu de Baronnie, anciennement châtellenie, » et que le Roi était le seul seigneur haut, moyen et bas ; » que le Roi y avait un fort beau château et forteresse » quoique présentement en mauvais état ; qu'en fait de » seigneurs directes, on n'en connaissait pas d'autres que » l'abbé de Valmagne et le prieur de Montcamel ; et que le » Roi ne recevait d'autre hommage que celui du sieur » Vignoles pour le fief de Centon. » *(Arch. de Lest.)*.

La Baronnie fut baillée à ferme pour trois ans au prix de 300 liv. par an au sieur Tondut, capitaine, par le fermier-général des domaines, Claude Vialis (1670).

Une dernière fois, la terre et vicomté d'Aumelas fut mise aux enchères, en 1680 5 7bre, avec cette condition qu'elle serait vendue définitivement à perpétuité et par inféodation. Il était dû à la famille de Bonnet une forte somme provenant du prix de l'engagement de 1645, qui n'avait pas été liquidée. Comme cette somme était l'offre la plus avantageuse à laquelle le Roi pût prétendre, il fut décidé au Conseil que Charles de Bonnet serait mis en possession d'Aumelas, et qu'Aumelas lui appartiendrait à titre de propriété incommutable. Toutefois, comme nous le verrons plus loin, ce ne fut qu'en 1682 qu'eut lieu, en sa faveur, la vente définitive d'Aumelas et qu'il put prendre le titre de vicomte.

CHAPITRE II

Les Seigneurs du Pouget de 1349 à 1727

PENDANT la période de temps comprise entre 1349 et 1727, la Baronnie du Pouget fut possédée par deux grandes maisons, celle des de Roquefeuil et celle des de La Cassaigne.

§ I

Les de Roquefeuil

Ce n'est pas seulement à partir de la seconde moitié du XIVe siècle que l'on trouve les de Roquefeuil dans la vallée de l'Hérault. En 1032, Seguin de Roquefeuil donna à l'abbé de Saint-Guillem-le-Désert des terres situées dans le diocèse de Lodève. Raymond de Roquefeuil et ses fils Frédol et Arnaud cédèrent, en 1080, à l'autel de S. Sauveur de Gellone, la bastide qui était sur le mont Ozillon et portait le nom d'Espérou. L'héritière de la maison de Roquefeuil fut Adélaïde, qui épousa, en 1160, Bertrand d'Anduze, conseigneur d'Alais. Leur fils Raymond fit revivre le nom de Roquefeuil, et fut l'époux de Guillemette de Montpellier, 1169. Cette union explique la parenté que nous avons remarquée entre le roi de Majorque et le fils d'Arnaud, son page, comme aussi la substitution des frères Raymond et Arnaud de Roquefeuil à l'héritage de Marie de Montpellier, au cas où celle-ci n'aurait pas eu d'enfants légitimes. (*H. G. L.*, t. V, p. 209.)

Les de Roquefeuil prirent une large part aux événements qui intéressèrent le Languedoc pendant les XIIIe et XIVe siècles. Raymond suivit à Rome les barons de la province pour se plaindre avec eux, 1215, de la conduite de Simon de Montfort. Il se récria, au concile de Latran, contre la mort violente infligée à Trencavel de Béziers, qui n'était, disait-il, ni hérétique, ni fauteur d'hérétiques. Il embrassa le parti de Raymond, comte de Toulouse, et reçut de lui, en fief, les châteaux de Brissac et de Ganges, au diocèse de Maguelone, 1217; mais, le 16 mars 1226, il promit par serment d'obéir au Roi de France et au légat, « tant dans les » chefs pour lesquels il avait été excommunié que pour » avoir soutenu le comte, son fils, Trencavel et autres enne- » mis de Monfort, et remit comme gage son château de » Roquefeuil situé au diocèse de Nîmes, celui de Blanque- » fort situé au diocèse de Mende, etc., y compris le droit au » serment de ses vassaux ». Isabeau hérita de Raymond, son père, et laissa par testament la moitié de ses biens à Henri, qu'elle avait du comte de Rhodez, son mari, 1251. En 1262 et 1263, un Guillem de Roquefeuil est gouverneur de Montpellier; il est témoin au mariage du fils aîné de Jacques d'Aragon avec Constance, fille de Mainfroy, roi de Sicile; il négocie le mariage du fils de Jacques le Conquérant avec Béatrix de Savoie. Valburge, fille de Henri, hérita de la baronnie de Roquefeuil, et s'unit en mariage à Gaston d'Armagnac, 1298. (*H. G. L.*, t. VI et VII *passim*).

I

Arnaud de Roquefeuil

Arnaud était contor de Nant et seigneur de Roquefeuil : la gloire des armes rehaussait l'éclat de sa noblesse. En 1346, sous la conduite du duc de Bourbon, il avait combattu, en Agenois, contre les Anglais, ayant sous ses ordres deux chevaliers, 71 écuyers et 190 sergents. Nous le trouvons encore chargé de la défense du Rouergue, en 1369, pendant la guerre de Gascogne, concurremment avec Guillem de Roquefeuil, tous deux écuyers bannerets, ayant à leur solde l'un 28 écuyers, l'autre dix-neuf. (*H. G. L.*, t. VII, *passim*).

On sait la douloureuse circonstance qui amena Arnaud au Pouget. Le seigneur de Roquefeuil prit possession de sa nouvelle baronnie, en 1350 (1). Bernard de Saint-Privat, nanti de sa procuration, datée du 23 avril, présenta à Guy de Capluc, commis à la garde du Pouget, l'ordonnance royale en vertu de laquelle Arnaud devait recouvrer tous ses droits. Guy de Capluc *cassa tout ce qui existait*, donna congé à tous les officiers établis par lui au nom du Roi, reconnut Arnaud comme seul maître légitime de la Baronnie et lui restitua tous les fruits dont il avait été privé pendant le séquestre. Bernard de Saint-Privat se rendit alors dans la cour du château, déclarant qu'au nom du sieur Arnaud de Roquefeuil il prenait possession de toute la Baronnie du Pouget, et il attacha les armoiries de ce seigneur au mur, sous le portique. Il nomma ensuite baïle le sieur Jean Maurice Arnaud, sergent Jean Tamen et précon Bernard Blaquière. Le sergent et le précon eurent ordre de faire en six endroits de la ville la proclamation suivante : « manda la cour de Monseigneur de Roqueful, » seignour desta villa, que negun home, de qualqua con- » dicion que sia, no aude porter armas devidadas, sur pena » de perdra las armas, et de souassanta soous dounadous » au dit sieur ». La prise de possession de Saint-Bauzille et celle de Pouzols eurent lieu, le dernier jour du mois d'avril ; celle de Saint-Amans, le 1er mai ; celle de Vendémian quelques jours après, et partout avec le mêm ecérémonial. (*Arch. de Lestang*).

(1) *App.* XXXVIII.

Bientôt les habitants de ces divers lieux durent faire hommage et prêter serment de fidélité au nouveau seigneur. Ceux du Pouget se rendirent, le 10 septembre, dans l'église de Sainte-Catherine. Arnaud était assis sur un banc devant l'autel, tenant un missel ouvert entre ses mains. Les vassaux se mirent à genoux, l'un après l'autre, et, la main sur les saints évangiles, promirent d'être bons et fidèles envers leur maître, *sauf leur droit et celui d'autrui.* Il se trouva là, pour témoins, Arnald, archidiacre de Valence, Etienne Cardonet, prieur de Saint-Fèlix de Po..., Jean Taillan, archiprêtre du Pouget, Jacques de Saint-Germain.., et le notaire Herbert de Grenelle.

Le 16, le seigneur de Roquefeuil reçut le serment de fidélité des hommes de Pouzols dans le cimetière dudit lieu, en présence d'Arnald de Roquefeuil, archidiacre de Valence (le même que plus haut), de noble Jean de Roquefeuil, de Bernard de Saint-Privat et du notaire susdit. Le 18, les gens de Saint-Bauzille jurèrent fidélité au seigneur dans la cour de l'habitation de l'Évêque de Béziers. Le même jour, ceux de Vendémian offrirent leurs hommages sur la place publique : le sieur de Roquefeuil était assisté de Dalmace, seigneur de Montarnaud et d'Aussargues. Quelques habitants du Pouget, ayant terres au terroir de Rouvièges, rendirent honneur dans l'église de Sainte-Marie, en présence de Jean de Narbonne, seigneur de Puy-Lacher, et de Guillaume Alric. Le seigneur de Roquefeuil se transporta, le 11 décembre, au château de Montarnaud où se trouvèrent les conseigneurs Dalmace Dalmace, Bertrand de Mugolène, Brémond....., Raymond de Pradines, Rostaing de Montaut, Déodat Dalmace et Bertrand Azemar. Arnaud, comme seigneur principal, et Dalmace Dalmace, au nom des conseigneurs présents et absents, reçurent le serment des habitants, après leur avoir promis de respecter les libertés et franchises dont ils avaient joui jusqu'alors (1).

(1) *Appen.* XLII.

Du 17 septembre au 18 décembre, Arnaud eut à recevoir les hommages de Jean de Narbonne, époux de Catherine de Roquefeuil, et curateur de Guillaume, son père, tombé en démence, pour les terres de Plaissan et Adissan (1), de Guillaume Delpech ou du Puy pour la terre de Tressan (2), de Pierre de Montdardier pour le lieu de Lestang(3). Il reçut aussi les reconnaissances de Bérenger, sieur de Clermont et de Canet, pour la barque de ce dernier lieu, de Guillaume de Vernède, de Bérenger de Quatrecazes, d'Arnaud de Quatrecazes, de Philippe, veuve de Montdardier, tutrice des enfants de Bérenger, de Pierre Sarret, damoiseau, tuteur de son fils, d'Hugues de Gignac, tous seigneurs nobles du Pouget. (*Arch. de Lestang*).

Le lieu de Popian était, à ce moment, administré par Peautric ou Peltric, que Raymond Pierre de Ganges, dit-on, avait substitué par son testament de 1348 à sa femme, Guillaumette de Montpeyroux et à son fils, Guillaume. Il est probable que Peltric avait épousé Guillaumette après la mort de son mari, et que la veuve lui avait sacrifié les droits de son fils en même temps qu'elle lui avait cédé les siens Peltric était à la tête de Popian, puisque le sieur de Roque. feuil exigeait son hommage.

Peltric refusa de se reconnaître le vassal du sieur Arnaud- se fondant sur ce que dans l'accord fait entre le seigneur de Popian et le roi d'Aragon, en 1204, il avait été stipulé que le lieu de Popian ne serait jamais détaché du domaine des seigneurs de Montpellier. Le sieur de Roquefeuil fit saisir le château de Popian. Il y eut cependant une transaction ou compromis passé le 13 décembre 1352, en vue de soumettre la question de juridiction à deux experts qui furent noble Gilbert de Crussol pour Peltric, et Guy de Capluc pour

(1) *Append.* XLI.
(2) *Appen.* XXXIX.
(3) *App.* XL.

Arnaud, dont il était le régisseur ; Arnaud permit à la famille de Peltric de séjourner au château jusqu'à la décision des arbitres. Les armes du seigneur de Roquefeuil furent appliquées au manoir seigneurial ; elles y étaient encore en 1353. Peltric ayant obtenu alors des Lettres pour les faire disparaître, Arnaud l'attaqua au parlement de Paris. Raymond Bernard, procureur du *gendarme* Arnaud, et Peltric en personne se rendirent à Paris. Peltric fut condamné à replacer les penonceaux du sieur de Roquefeuil sur sa demeure jusqu'à la fin du procès. Cependant il parvint à faire accepter son hommage par le roi de France et à se faire rétablir dans sa terre de Popian. Arnaud fit opposition et put réclamer son droit de commise. Le parlement rendit son arrêt définitif en 1355 : il ordonna « que » Peltric resterait et serait l'homme et le vassal du chevalier » de Roquefeuil, à raison du château de Popian » (1).

Les hommages dus pour les moulins de Carabottes et le ténement de Journac nous échappent, mais ils n'en furent pas moins faits par le seigneur évêque de Lodève.

Raymond Bernairi, vicaire perpétuel de Saint-Amans-de-Teulet, avait reconnu, en 1351, les droits d'Arnaud de Roquefeuil sur ce lieu. Hugues de Vesinio, qui en était le prieur en 1355, s'appuyant sur un titre de 1286, s'inscrivit en faux contre le sieur Arnaud qui réclamait « un plein et entier » pouvoir et toute juridiction, le droit de fourches, piliers, » perches et prisons, le droit de domaine et de directe, avec » l'albergue de 10 hommes ou 20 sols, chaque année, et le » serment de fidélité du dit prieur », prétendant que ses prédécesseurs, les rois de Majorque, avaient joui de toutes ces facultés. Le prieur affirmait posséder l'entière juridiction en vertu du titre susdit. Tel fut l'accord qui mit un terme au différend qui divisait le seigneur Arnaud et le prieur de Vesinio :

(3) *App.* XLIII.

« Toutes les dépendances de la seigneurie de Saint-Amans » seront désormais communes entr'eux. La seigneurie » pure et mixte et l'entière juridiction dudit château de » Saint-Amans et de son territoire, fourches, piliers, » perches, condamnations, impositions, bans, inquants et » criées, connaissance et exécution des choses susdites » seront *d'hors en avant* communes et indivises, en sorte » que ledit de Roquefeuil et ses successeurs auront l'autre » moitié..... ; que la création, institution et ordination » des baïle, sergent et géolier appartiendront de plein droit » audit prieur, et que ceux-ci ne pourront exercer leurs » offices jusqu'à ce qu'ils aient prêté serment de fidélité » entre les mains dudit de Roquefeuil ou de ses délégués... ; » que les biens (des condamnés) qui seront vendus, sauf le » droit du seigneur directe, seront partagés...., les pour- » suites ayant été faites à frais communs ; s'il y a » appel, l'affaire sera jugée de plein droit par le juge » d'appeaux du sieur de Roquefeuil..... ; les emphytéotes » appartiendront à leurs seigneurs comme auparavant..... ; » ledit prieur ne sera pas tenu à payer l'albergue de dix » chevaliers et ne sera pas forcé de faire hommage ni de » prêter serment de fidélité..... ; le prieur et le sieur de » Roquefeuil bâtiront une prison commune dans le lieu » de Saint-Amans ou au faubourg ». Le prieur s'engagea à faire ratifier le traité par l'abbé d'Aniane et sa communauté dont il dépendait. L'acte d'accord fut passé à Saint-Bauzille-de-la-Sylve, devant nobles et vénérables hommes sieur de Vésinio, chevalier, Bernard de Villeneuve, licencié ès-droits, de Saint-Saturnin, Arnaud de Montdardier, moine de Saint-Guillem, Guigon de Capluc et autres. (*Archiv. de Lestang*).

Dans la transaction que nous venons de rapporter on a vu qu'il était réglé, que chacune des parties conserverait ses droits sur ses emphytéotes. Arrêtons-nous un moment sur le mode de transmission de la propriété qui eut nom bail à emphytéose. C'était une concession de la terre faite par les seigneurs à leurs sujets, moyennant un cens. La terre était cédée à perpétuité ; le cens ou redevance était perpétuel. La terre pouvait être ensuite l'objet de transactions, comme vente, donation, inféodation ; elle était toujours soumise au cens. Ces transactions devaient être approuvées par le seigneur qui, ayant droit de préférence, pouvait en être acquéreur au prix offert. A chaque mutation, le seigneur recevait, avec l'hommage du nouveau propriétaire, un droit désigné par le mot de lods, ordinairement le cinquième du prix de la vente. A défaut d'hommage, comme pour motif de félonie, le seigneur avait le droit de confisquer la terre jusqu'à résipiscence du vassal. L'acapte était le prix de la terre cédée, au moyen duquel l'acquéreur entrait en jouissance ; il était indépendant de la redevance annuelle. Cette redevance, est-il besoin de le dire, était aussi juste que nos rentes constituées et perpétuelles d'aujourd'hui. La Révolution elle-même a respecté toutes celles qui purent être justifiées par des titres certains et légitimes. Nous ajouterons que le droit féodal, qui réglait les rapports entre le seigneur suzerain et le seigneur vassal à raison du fief que le premier confiait au second, n'était qu'une forme de l'emphytéose; il en fut même l'exagération au profit du propriétaire, qui pouvait s'appeler seigneur, *dominus*, puisqu'il était le maître de la propriété. Donner une terre en fief n'était autre chose que l'affermer moyennant certaines redevances en argent, ou en nature, ou en obligations, telles que le service militaire ou autre, honneurs, etc. Qu'on ait bien fait d'abolir avec le temps tout ce qui sentait la servitude, on ne le conteste point ; mais toucher aux redevances eût été un vol, car c'était mettre les fermiers au lieu et place des propriétaires.

Le bail à emphytéose existait depuis un temps immémorial dans nos pays, a tanto tempore quid contrarium in memoria hominum non existat. Admis à la possession de la terre, les paysans se sentirent anoblis. Chacun avait son coin de terre, et l'on ne voyait plus de serfs, nous l'avons dit, longtemps avant que Philippe-le-Bel eût affranchi les serfs de ses domaines, en 1298, et que Louis-le-Hutin eût proclamé, en 1315, que selon les droits de la nature, tout homme, en France, devait naître franc et libre. Depuis leur affranchissement, les communautés avaient, elles aussi, fait des acquisitions. Elles possédaient des terres dont elles se montraient jalouses : les unes étaient affectées à la dépaissance des troupeaux ou à l'exercice de la chasse; les autres à la charité ; quelques-unes au culte. L'œuvre du Pouget avait sous sa directe trente pièces de terre.

Le lieu de Lestang attira l'attention d'Arnaud de Roquefeuil, en 1371. Déjà, en 1367, Pierre de Montdardier, qui tenait en fief Lestang, s'étant trouvé dans l'impossibilité absolue de payer 600 florins, qu'il devait à la communauté du Pouget à l'occasion des tailles, avait été autorisé par le Roi, le 9 août, à aliéner 60 sétérées de terrain sis, en partie, à la Condamine, près le Pouget, et en partie, à Lestang (1). La situation de Pierre n'était pas devenue meilleure. De nouveaux créanciers firent saisir le domaine entier de Lestang. Ce domaine fut vendu, aux enchères, au prix de 880 florins d'or, à l'un d'entr'eux, Imbert de Montijon. Mais quand ce dernier soumit son acquisition au seigneur du Pouget, Arnaud de Roquefeuil, en vertu de son droit de prélation ou de préférence, déclara retenir la terre pour son compte et remit à Imbert la somme qu'il avait déjà versée. La borie ou métairie de Lestang, composée de la maison d'habitation, de vignes, prés, terres et autres immeubles, avec les droits de tasque, d'usages et de cens dépendants du fief, fit retour à la seigneurie du Pouget, le 14 février 1371. Acte en fut dressé, ce jour, à Puy-Lacher, en présence de noble Guigon de Camprinton, Guillaume Ferrand, etc., par Raymond Atgier, notaire.

(1) *Append.* XLIV.

Le sieur Arnaud n'avait usé de son droit de prélation que dans le dessein de récompenser Pierre Guitard, seigneur de Lughanac, à raison des services qu'il en avait reçus, en Agenois, pendant la guerre : il lui donna, en effet, la terre de Lestang, en déclarant manifestement qu'il voulait reconnaître ainsi le dévouement de Guitard, et acquérir un nouveau droit aux bons offices des siens pour l'avenir. Il retint cependant toute juridiction sur le lieu de Lestang, et imposa à ses possesseurs, avec l'hommage et la foi, la redevance annuelle de deux quartiers de chevreau payables le jour de la fête de S. André. Il accorda encore au seigneur de Lestang l'autorisation de construire une tour ou château et de l'entourer de fossés. Pierre Guitard resta le fidèle vassal d'Arnaud, surveillant de près les intérêts de son suzerain dans la terre du Pouget, tandis que celui-ci faisait sa résidence habituelle dans le Quercy. Aussi reçut-il une nouvelle preuve de sa gratitude : le 31 mai 1378, Arnaud lui accorda l'entière juridiction dans l'étendue de la seigneurie de Lestang, en se réservant le droit de supériorité et de ressort. Et comme il existait, en 1381, quelques doutes sur les limites de cette juridiction, il les fit disparaître, le 21 avril, en voulant qu'elle s'exerçât jusqu'au chemin du Pouget à N.-D.-de-Rouvièges, à la condition cependant que les fourches du sieur Guitard ne fussent jamais placées de ce côté ; mais il lui permit de les installer partout ailleurs (1).

La terre de Tressan fut réunie au domaine du sieur de Roquefeuil, en 1384. Guillaume du Puy était mort depuis peu, faisant Adélaïde, sa sœur, son héritière, et lui substituant Guillaume Durban, seigneur d'Olonzac, son neveu. Adélaïde et son fils vendirent tous leurs droits sur le château de Tressan au seigneur du Pouget pour la somme de 800 liv. tourn., par acte passé à Myndoret, au diocèse

(1) *Append.* XLVI., XLIX., L.

de Narbonne, le 30 mai. Le château de Tressan était soumis à certaines charges, que l'acquéreur accepta pour lui et ses successeurs (1).

Les seigneurs de la vicomté d'Aumelas cherchèrent à se soustraire à la juridiction du gouverneur de Montpellier, sous prétexte qu'ils tenaient dans leurs châteaux des juges d'appel. Ils furent contraints à le reconnaître comme leur juge dans les cas de supériorité et de ressort, c'est-à-dire à contester devant lui, lorsqu'on faisait appel de la sentence de leurs juges ; le parlement de Paris était intervenu. Racontons les faits.

Le seigneur de Paulhan, Raymond de Veyrac, refusa, en 1388, de déférer à un appel interjeté contre lui devant la Justice de Montpellier. Il alla plus loin : il maltraita le sergent qui était venu pour l'ajourner à comparaître en la cour de palais, lui ôta sa commission et le fit jeter en prison. Il fit appel ensuite au parlement. Or, tant dans la Baronnie de Montpellier que dans la Vicomté d'Aumelas, il y avait d'autres seigneurs qui marchaient sur ses traces. Instruit de cette résistance par le procureur du Roi, et persuadé par lui que Paulhan, ainsi que les autres lieux, relevaient de Montpellier, comme faisant partie de la Vicomté d'Aumelas, le parlement donna ordre au sénéchal de Beaucaire de forcer le sieur de Veyrac et les autres seigneurs à se soumettre à la juridiction du gouverneur, aux mains duquel il mit toutes provisions pour les y contraindre, si besoin était, même par la force et nonobstant opposition, 17 novembre. Le château de Paulhan, en particulier, prétendait ne pas faire partie de la Vicomté, dont tous les lieux, on l'a vu dans l'Estimation de 1374, devaient reconnaître la supériorité du juge de Montpellier (2).

(1) *App.* LI.

(2) *Appen.* LII.

Le projet de la construction des murailles de Vendémian, qui fut autorisé par le seigneur Arnaud de Roquefeuil, en 1389, nous fournit l'occasion de nous rendre compte de ces fortifications, dont chaque localité aimait à s'entourer pendant le moyen-âge, et dont on attendait les plus grands services.

Les habitants, convoqués par le baïle sur la place publique, exposèrent à Messire Arnaud, leur seigneur, que « par diverses fois la communauté avait reçu plusieurs » graves mauvais traitements, par défaut d'avoir pu entourer le lieu de murailles; que même ledit lieu avait été souventes fois ruiné et saccagé par la guerre qui avait duré » longtemps dans la contrée, et que leurs meubles et leurs » bestiaux étaient souventes fois pillés par des attroupements de voleurs et d'autres vagabonds ». Ils supplièrent ensuite le seigneur « de leur permettre, de grâce spéciale, » de servir ledit lieu de murailles d'après la méthode suivante, à savoir, que 1° la terre qui se trouvera à l'entour des murailles et barbacanes, rue et fossés, sera » franche et libre de toutes tailles et censives, et que l'on » procèdera à la division des chazeaux, du carême prochain » en un an; lesquels chazeaux demeureront quittes et » exempts de tout paiement, remise et cens, etc.; 2° que » les maisons, qui sont dans l'ancienne forteresse, paieront » leurs cens et devoirs accoutumés; 3° que les syndics » pourront ordonner de nouvelles rues; 4° que, chaque année,... les nouveaux syndics commettront pour garder » les clés des portes deux personnes, qui seront tenues de » rendre compte au baïle; 5° que pourront les habitants » faire des fenêtres qui ne regardent que le dedans de la » forteresse; 6° que les syndics, après avoir achevé la muraille, pourront muer et changer la tour qui est dans la » place vieille et faire des barbacanes aux murs, ainsin que » bon leur semblera, établir des ponts-levis, et utiliser

» celui du portail de l'ancienne forteresse ; 7° que tout ce » qui sera trouvé et proviendra des anciens lieux, appar- » tiendra à la communauté ; 8° enfin, que les seigneurs ne » pourront imposer sur les caves aucun ban, ni demander » autre chose, si ce n'est que les syndics disposent de tout » pour l'intérêt de la communauté ». La demande ayant été favorablement accueillie, quatre habitants eurent tous les pouvoirs nécessaires pour « ceindre de murailles ladite » forteresse,... allouer et colloquer tous et chacuns des » habitants dans la forteresse, tant ancienne que nouvelle, » en des lieux convenables pour chaque chef de maison, » lesquels ils leur bailleraient avec ou sans paiement ;... » abattre les maisons qui sont hors de l'ancienne forteresse; » ... construire un four à la communauté... ; contraindre » les habitants à exécuter, payer et contribuer pour ladite » œuvre et imposer les tailles, etc. ».

Le sieur de Blanquefort Jean, écuyer, gendre d'Arnaud, figura dans cette circonstance comme lieutenant du seigneur de Vendémian, et Pierre Guitard, seigneur de Lestang, comme témoin. Un détail à signaler qui prouve jusqu'où allait le souci de l'intérêt commun, pour ne pas dire la méfiance des villageois : il avait été stipulé que, lorsque le seigneur se rendrait à Vendémian, on devait lui apporter les clés de la porte du lieu, sans ajouter qu'elles seraient rendues. Les syndics obligèrent le sieur de Blanquefort à déclarer par écrit que le seigneur ou son lieutenant les remettraient aux hommes chargés de les garder, sur la simple réquisition de ceux-ci.

La famille d'Arpajon, originaire de Rouergue, fit, vers ce temps, l'acquisition de Belarga, Plaissan et Adissan. Les d'Arpajon remontent pour le moins au XIIIe siècle. L'*Histoire de Languedoc* les mentionne comme possédant une seigneurie en Auvergne, en 1249 ; elle montre Hugues d'Arpajon à la suite du roi Philippe-le-Hardi contre le comte de Foix, en 1272; elle parle de Bérenger d'Arpajon adhérant, avec les États du Languedoc assemblés à Montpellier, à l'appel fait par Philippe-le-Bel contre l'excommunication prononcée à son endroit par le pape Boniface VIII, en 1303; elle parle aussi de noble Bernard d'Arpajon, qui prêta serment de fidélité au comte de Toulouse, en 1249, et fut jeté en prison, en 1260, par l'évêque Vivien de Rhodez.

Hugues d'Arpajon, vicomte de Lautrec, acheta, dans la seconde moitié du XIVe siècle, le lieu de Belarga à Bérenger de Clermont qui avait succédé à Pierre, son père. Pierre, fils d'Ayméry, possédait Belarga en 1301. En 1310, pour avoir fait violence à la damoiselle Fize, fille noble de Puy-Lacher qu'il avait emprisonnée dans son château, ce dernier fut condamné par le sénéchal de Carcassonne à des amendes envers le roi et envers sa victime, et sa terre fut saisie jusqu'à ce qu'il les eût entièrement payées (1). Les seigneuries de Plaissan et d'Adissan, fiefs de la Baronnie du Pouget, furent vendues au susdit Hugues d'Arpajon par Jean de Narbonne, en 1384. Aussi, dans son recensement de 1389, il déclarait posséder, « en la sénéchaussée de Carcassonne, le » lieu de Belesgards avec toute la juridiction, le passage » ou port de la barque dud. lieu qui valait, un an l'autre, » 10 francs d'or ou environ ; une rente annuelle sur les » habitants de quatre charges d'huile et un cens d'environ » 25 sétiers de blé chaque année ». Il reconnut encore qu'il retirait de Plaissan, où il avait pleine et entière juridiction, une rente annuelle d'environ 20 sétiers de blé, et qu'Adissan, joui dans les mêmes conditions, lui procurait un égal

(1) Cum significatum fuisset senescallo Carcassonensi, contrà Petrum de Claromonte militem, quod idem miles Fizam de Podio-Lacterio mandatam per ipsum militem ad ipsius militis domum, castri de Belesgario, nisus fuerat carnaliter cognoscere, eamque hoc pati nolentem, ligatam per manus, duci fecerat ad castrum de Belesgario et poni fecerat in carcere arcto et vili et per tres dies tenuerat ibidem. (Beugnot, t. III, p. 505. Martin, *Histoire de Clermont*).

revenu. Il fit, en même temps, hommage 1° pour un moulin situé à Lautrec, lui rapportant chaque année 40 sétiers de blé, 2° pour un bois de 200 sétérées sis au lieu de Montaut, et 3° pour 26 liv. tourn. de cens que lui faisait le consulat de Lautrec.

En ce moment, la Baronnie du Pouget était sous le séquestre : Arnaud de Roquefeuil avait négligé de faire au Roi son hommage. Les habitants du Pouget profitèrent de cette circonstance pour lui refuser le serment de fidélité. Un souffle d'indépendance était passé sur la Baronnie jusqu'alors calme et soumise. Arnaud de Roquefeuil eut à lutter contre ses vassaux pendant les dernières années de sa vie. Mais cela ne doit pas étonner, car partout les communautés rurales, éprouvant le besoin d'une plus grande liberté, faisaient des efforts pour se soustraire à la domination des seigneurs. Favorisées par la monarchie, qui n'avait qu'un but, abattre la féodalité pour tout ramener à soi, elles formaient des syndicats, réclamaient toujours de nouvelles franchises, contestaient le droit féodal ; et quand le juge du seigneur les avait condamnées, elles recouraient au gouverneur, toujours disposé à les soutenir. Pour n'avoir pas à obéir à son seigneur, Paulhan prétendait qu'il n'avait d'autre maître ou seigneur que le Roi.

Les gens du Pouget, de leur côté, refusèrent de faire les reconnaissances féodales depuis le moment de la saisie de la Baronnie, prétextant que « ni le Pouget, ni les autres » villes de la Baronnie ne devaient l'hommage au sieur de » Roquefeuil, parce que les descendants des rois de Majorque » sont nos seigneurs, étant leurs légitimes successeurs et » héritiers. Et même, ajoutaient-ils, il n'apparaît pas par » Lettres-patentes de Sa Majesté (le roi de France), qui a » mis sous sa main depuis quelque temps la Baronnie, » comme ledit seigneur de Roquefeuil est seigneur et baron » du Pouget, 1394 ». Cette façon de parler fait voir l'attachement que l'on conservait pour les princes espagnols dont l'administration aurait été, sinon plus paternelle, du moins plus tolérante que celle du sieur de Roquefeuil.

L'hommage qu'exigeaient les lois fut cependant rendu par le Baron du Pouget, qui déposa son recensement entre les mains du sénéchal de Carcassonne; mais ses sujets n'en persistèrent pas moins dans leur insubordination. Le baïle prononça contre eux diverses condamnations; ils firent appel auprès du gouverneur, qui se déclara pour eux et envoya ses officiers instrumenter au Pouget contre le seigneur. Arnaud porta l'affaire au parlement de Paris.

L'affaire était pendante en la Haute Cour depuis longtemps, et les tiraillements persistaient au Pouget. Tout-à-coup, sous le prétexte qu'un jour, *quondam*, le baïle du Seigneur aurait eu l'audace de fermer les portes du lieu à ses officiers, se serait rebellé contre l'avocat Clavel et aurait commis d'autres excès, le gouverneur fit saisir le Pouget, sa juridiction et ses revenus, pour les placer sous la main du Roi. Il destitua les officiers du sieur de Roquefeuil pour en établir d'autres, et il occasionna à ce seigneur les plus grands chagrins en le molestant d'une infinité de manières. Devant ces indignes traitements, le Baron insista auprès du Prince et de sa cour de parlement. Bientôt le juge de Gignac reçut l'ordre de remettre le sieur Baron en possession du Pouget; mais voilà qu'il se heurta au mauvais vouloir du gouverneur, qui par ses discours et par ses menaces l'empêcha de remplir son devoir.

Pendant ce temps, il se forma, sous l'inspiration du gouverneur, un syndicat, qui avait pour mission de défendre les habitants devant le parlement, mais dont le but était de prendre lui-même la direction des affaires du lieu. Analysons les pouvoirs qui furent conférés aux syndics.

Les syndics eurent le mandat de forcer le seigneur de Lestang à payer les tailles pour ses biens situés dans le terroir du Pouget et à conserver à la communauté les franchises dont elle jouissait à Lestang et autres lieux. Ils pouvaient, pour l'avantage de la population, vendre une partie des revenus du pays. Ils avaient mission pour nommer les caritadiers (directeurs de la Charité), les ouvriers (marguilliers), les bandiers, les visiteurs du poisson, de la viande et du pain livrés à la consommation. Sauf les ouvriers, tous les autres officiers devaient prêter, devant le baïle, le serment de bien remplir leurs charges. Les mesures des courtiers en vin, huile, etc., étaient soumises au contrôle des syndics. Le soin des murailles, qui avaient été cédées aux habitants par le seigneur, en 1387, des chemins publics, des fontaines, des puits, des *cymbales* et cloches de l'église leur était également confié. C'est à eux qu'il incombait de soutenir les procès de la communauté et de choisir ses procureurs. Quant aux tailles, ils devaient en fixer le montant, avec le concours du conseil politique et celui de quinze contribuables des plus imposés, tant de la localité qu'étrangers au lieu. Ils étaient chargés de fournir les rôles aux collecteurs des tailles qui étaient imposées sur les biens, même sur ceux du clergé. Les syndics devaient aussi prêter la main à ce que les usages fussent remis au seigneur, et veiller à ce que le clergé ne pût actionner personne en dehors de la juridiction du lieu. Enfin ils étaient investis de tout pouvoir et de toute faculté pour défendre le village en la cour de parlement contre le sieur de Roquefeuil. Le susdit syndicat fut formé, en 1395, par devant M. Pierre de Craizines, notaire royal (1).

Arnaud de Roquefeuil mourut, la même année, sans avoir recouvré ni ses biens, ni ses droits, dans la Baronnie du Pouget. Il avait institué pour lui succéder, à titre d'héritière, sa fille Catherine, épouse de Blanquefort.

Pour compléter l'histoire de ce vaillant homme, nous devons rapporter certains détails qui tournent à sa gloire.

(1) *Appen.* LIII.

Arnaud fut choisi par le roi Jean, comme ambassadeur à la cour du roi d'Aragon, pour paralyser les efforts que le roi de Navarre faisait auprès de ce prince afin de l'engager dans la guerre contre la France, 1351. On comptait sur lui, en 1356, pour former une somme importante en vue du mariage du comte d'Anjou avec l'infante Jeanne d'Aragon ; il se trouvait, en ce moment, occupé à combattre les Anglais dans le Rouergue. En 1361, le sénéchal de Carcassonne le nomma, à la demande des consuls de Montpellier, « capi-
» taine de cette ville, pour la gouverner, défendre et forti-
» fier contre les compagnies qui couraient à travers le Lan-
» guedoc. (*H. G. L.*, t. VII *passim*). »

Arnaud de Roquefeuil a donné les plus grandes preuves de sa valeur sur les champs de bataille, comme aussi de sa sagesse dans des affaires importantes. Ce noble chevalier est une des gloires de la terre de Pouget ; son image devrait orner une des places du chef-lieu de cette ancienne Baronnie.

II

Catherine de Roquefeuil.

Le gouverneur de Montpellier crut que la circonstance était favorable pour satisfaire sa passion à l'égard des de Roquefeuil. Il entreprit une nouvelle campagne contre eux et commit injustices sur injustices, *mala malis cumulando*. Quand le deuil couvrait le château du Pouget, il n'eut pas honte d'envoyer le procureur du Roi, Jean Roget, pour réitérer la saisie sur les lieux et les biens de cette illustre maison, qui avait rendu tant de services au Roi et à la France.

Le procureur vint donc frapper à la porte du manoir attristé, et il exhiba, pour justifier les manœuvres, auxquelles il prêtait sa main, des lettres que l'homme dont il était le mandataire avait jadis obtenues contre le seigneur de Paulhan, dans une affaire qu'il disait ressembler à celle du sieur du Pouget. On eut beau lui démontrer que ces deux affaires n'avaient aucun rapport entr'elles; on lui prouva, en vain, qu'en tout cas nulle exécution ne devait avoir lieu, à raison des frais funéraires qui restaient à payer; la malheureuse héritière eut à déguerpir de la maison seigneuriale, sur laquelle les scellés furent appliqués sans retard. Quelques jours après, avec le sergent Jacques Vitalis, Roget vint imposer au Pouget des officiers de son choix à la place de ceux du seigneur. Il fit bien plus : il se transporta de nuit au château de Saint-Bauzille, où s'était retirée la fille d'Arnaud, et, prétextant qu'il était spécialement chargé des appels qu'on portait au parlement, il brisa à grands fracas les coffres qui contenaient les titres, lettres et documents originaux, concernant l'affaire soumise au parlement. La seigneuresse, irritée de ces procédés inqualifiables, se plaignait amèrement ; elle fut accablée d'injures et menacée. Le procureur, ayant accompli sa besogne, s'éloigna en emportant, on ne sait où, les nombreux papiers qu'il avait volés dans le but de rendre impossibles les appellations des maitres du Pouget (1).

Catherine de Roquefeuil s'empressa de faire parvenir ses plaintes au Roi. Il était de toute évidence que le gouverneur avait dépassé ses droits, car le parlement, qui était saisi du procès, devait seul le juger. Donc, le gouverneur avait attenté au pouvoir du Roi ; aussi bien le Prince écrivit au juge-mage de Saint-Affrique d'avoir à ajourner devant son tribunal le gouverneur et de convoquer le procureur et les parties devant lui.

En attendant l'arrêt de la Haute Cour, Gilbert Durand devait, au nom du Roi, casser tous actes attentatoires aux

(1) *App.* LIV.

privilèges du parlement, rétablir les choses dans leur état primitif, rendre par conséquent à la plaignante ses terres, lieux et juridictions, et lui faire restituer les pièces et documents dont on l'avait violemment dépouillée. Il avait l'ordre, en outre, d'informer avec soin et secrètement à l'occasion des abus qui avaient été signalés et de faire punir avec sévérité les personnes qui auraient été reconnues coupables.

Le juge Durand se rendit au lieu du Pouget, où il fit arriver le procureur du Roi et lui communiqua les Lettres-royaux. Il le mit ensuite en présence de la seigneuresse, et après les avoir entendus, il rendit son jugement, d'abord sur la première saisie qui avait eu pour résultat de dépouiller Arnaud du lieu de Pouget, à cause des actes de rébellion attribués à ce seigneur. Le procureur, n'ayant pu fournir les pièces originales de l'information qui avait été faite, affirma néanmoins ne pas s'être écarté du droit suivi dans les parties du Languedoc. Cependant les informations du juge de Gignac et les dires de Catherine de Roquefeuil étaient formellement contraires à ses allégations. C'est pourquoi le juge restitua à la demanderesse le lieu du Pouget, sa juridiction et ses revenus, et l'autorisa à gouverner par elle-même ou par les siens, son domaine, duquel il donna main levée jusqu'au jour où l'affaire, pendante en la *redoutable* cour du parlement, serait réglée par le Roi. Quant à la deuxième saisie, qui avait eu pour objet tout le reste de la Baronnie, et qui avait été faite après les appellations, elle eut le même sort que la première : « Attendu, dit le juge, » que le procureur du Roi de Montpellier ne nous a donné » aucune raison suffisante pour justifier une semblable sai- » sie, et vu le titre de la donation du roi de Majorque, la » confirmation ou approbation du roi de France, la pres- » tation du serment de fidélité et l'hommage faits par ordre » du Roi devant le sénéchal de Carcassonne; considérant » que tout ce qui a été fait, saisie et autres choses, n'a été » accompli qu'après l'appel et malgré l'appel du seigneur

» Arnaud, par innovation et attentat *per modum innovato-*
» *rium et attemptorium,* nous révoquons tout et rétablissons
» les choses en l'état premier; ordonnant à tous et à cha-
» cun des habitants du Pouget et autres lieux de reconnaî-
» tre la juridiction et les droits de Catherine de Roquefeuil
» et de lui être soumis comme ils l'étaient à son prédéces-
» seur, avant la saisie; défendant, au nom du Roi, à tous
» baïles, collecteurs et autres officiers de troubler les offi-
» ciers de la Seigneuresse, tant que la Cour de Parlement
» n'aura pas statué, sous peine d'une amende de 100 marcs
» d'argent. Et pour que personne ne prétexte ignorance,
» l'ordonnance présente sera publiée à son de trompe dans
» les lieux du Pouget, de Vendémian, de Saint-Bauzille et
» dans tous ceux dont il est fait mention dans notre Lettre
» de Commission, 6 fév. 1395 (1). »

L'ordonnance du juge-mage fut mise à exécution, et Catherine de Roquefeuil, étant reconnue comme l'héritière de tous les droits de son père, fut proclamée seigneuresse de toute la Baronnie. Or, Catherine conserva les lieux, terres et juridictions que lui avait légués Arnaud de Roquefeuil, pour les transmettre, à sa mort, 1409, au fils qu'elle avait de Jean de Blanquefort : on voit par là que l'arrêt du parlement ne fut pas en faveur des gens du Pouget.

Guillem de Roquefeuil, que nous avons vu combattre contre les Anglais, à côté d'Arnaud de Roquefeuil, en Agenois, possédait, en 1396, des terres dans les Baronnies de Montpellier et d'Aumelas, qu'il tenait sans doute du seigneur du Pouget, comme il tenait de lui la seigneurie de Bersouls (*de Verseriis*). Ayant eu à rendre au Roi l'hommage pour ses terres, il avait fait valoir les rigueurs de la saison de l'hiver, son grand âge et autres raisons, afin d'obtenir l'ajournement de son serment de fidélité (Lettre du sénéchal de Carcassonne-Lestang).

(1) *Appen.* LIV.

Cette même année, Hugues d'Arpajon, qui s'était vu saisir Plaissan et Adissan pour motif d'hommage non fait, put recouvrer ces terres. Jean de Faya, trésorier-général des Baronnies de Montpellier et d'Aumelas, le rétablit dans ses droits, dès qu'il lui eut remis son dénombrement (*Arch. de Lestang*).

Il est difficile de comprendre la conduite de ces seigneurs qui, feudataires du Baron du Pouget, reconnaissent néanmoins tenir leurs biens directement du Roi. Ce fait se renouvellera pour Plaissan et Adissan en 1483, en 1539 et en 1680; pour Tressan, en 1540 et en 1564; pour Popian, en 1634; pour Jourmac et Carobettes, en 1624. Dans le procès qu'ils feront au XVIIIe siècle aux Barons du Pouget, pour leur contester la mouvance de tous les lieux de la Baronnie, les Vicomtes d'Aumelas tireront parti de ces circonstances, à l'effet de s'attribuer les fruits de ces lieux, comme ayant droit du Roi par la vertu de leur engagement. Mais outre que les sieurs du Pouget pourront présenter certains hommages qu'ils auront reçus, il ne paraîtra pas que les Vicomtes soient bien convaincus de la justice de leurs prétentions puisqu'ils en arriveront à invoquer la prescription en faveur du Roi. Nous n'avons d'autres moyens d'expliquer cette confusion de mouvances que le trouble qui régna longtemps dans le Royaume et l'indifférence des de Roquefeuil, qui résidaient le plus souvent hors de leur Baronnie.

Pierre Guitard posséda le château de Lestang jusqu'à sa mort, 1398. En 1381, il était sénéchal d'Agenois. La *France pontificale* signale à cette date un Bernard Guitard, viguier à la cour épiscopale de Béziers, et l'*Histoire de Languedoc* parle d'un Jean Guitard, *conseiller de la Langue d'Oc*, à Montpellier, concurremment avec Jean de Roquefeuil et Jean de Narbonne, en 1359. Pierre avait désigné, dans son testament du 1er août 1397, comme ses héritiers, Étienne et Pons, fils d'Aymeric Guitard, ses neveux, dont l'un était mineur,

Comme la succession était grevée de dettes, Lestang, l'une des terres de Pierre, fut mis en vente et acheté par Leudegaire ou Léger Saporis, docteur ès-lettres, et Pons Saporis, damoiseau, tous deux fils de Saporis, conseigneur de Pignan, au prix ds 1200 francs d'or. Le contrat de vente fut passé à Tressan par devant La Fare, délégué de Guillaume Saquet, gouverneur de Montpellier, et avec son autorisation : « Nous » Étienne et Pierre Guitard, et Donat Rotbald, curateur de » Pierre, vendons et délaissons à vous, Leudegaire et Pons » Saporis, tout le château de Lestang que confrontent qua- » tre voies publiques..., où nous avons haute et basse jus- » tice,.... pour la somme de 800 francs d'or en ce qui con- » cerne le château et ses dépendances, et 400 francs d'or » pour ce qui est tenu en fief du prieur de Saint-Amans-de- » Teulet, de Pierre de Montdardier et de Pataut, et aussi » pour la vaisselle vinaire..... » (1).

Assis sur un banc de bois *en guise de tribunal*, dans la maison du prieur Hugues Martel, La Fare, dit l'acte, accueillit la demande des Guitard relative à la permission de vendre, et, « la cause entendue, il approuva la transaction » et perçut le lods. » Les créanciers touchèrent 800 liv. tourn., 1398.

Il y eut sans doute des difficultés, au Pouget, à l'occasion des mesures dont se servaient les courtiers, puisque ces mesures durent être saisies au nom du Roi. Les principales mesures de l'époque étaient l'émine, la quarte, la punière; le sétier et le muid étaient formées par elles. Un certain Pierre Guiraud, député pour faire la vérification des mesures du Pouget, fit appeler les plus anciens du lieu; ils déclarèrent qu'il n'y avait pas dans le village de mesures modèles. On trouva cependant deux mesures portant la marque de la communauté, l'une chez Bernard Portier, et l'autre chez

(1) *Appen.* LV.

Guillaumette Alsonne. Comme elles paraissaient plus avantageuses que toutes les autres, et aussi plus légales, on les adopta pour types, et on régla qu'on ne pourrait user de celles qui ne leur seraient pas conformes, sous peine d'une amende de 100 liv. tourn. Les nouvelles mesures devaient porter l'empreinte d'une fleur de lys, et au-dessous celle du sceau consulaire, appliquées, au moyen d'un fer rougi, en présence du baïle. Les étalons devaient rester dans la maison commune. (1)

Le XIVe siècle touchait à sa fin. Il avait amené dans nos pays de grands changements et de vrais progrès, mais aussi de graves malheurs et des épreuves de toute espèce. La guerre, la peste, la famine avaient, à plusieurs reprises, rempli de désolation les villages et les campagnes. La vérification des feux, faite en 1399 dans les sénéchaussées de Carcassonne, Beaucaire et Toulouse, établit qu'au Pouget il n'y avait que onze hommes capables de payer les tailles ; à Pouzols on n'en trouva qu'un seul ; à Popian on en compta trois ; à Saint-Bauzille, trois ; à Paulhan, six ; à Vendémian, huit ; à Saint-Amans, un ; à Aumelas, cinq ; à Plaissan, deux. Depuis la peste de 1390 les temps étaient devenus si durs que la plus grande partie des habitants avaient émigré en Aragon. Pour les faire rentrer dans leurs villages, le roi de France leur offrit des conditions avantageuses. (*Arch. de Lest.*)

L'on put prévoir, dès les premières années du XVe siècle, qu'il y aurait de grandes luttes entre les seigneurs et les communautés. Le village de Paulhan osa contester au sieur de Veyrac le droit d'introduire ses troupeaux dans les terres des particuliers et entreprit un procès qui, après des

(1) *Appen.* LVI.

péripéties sans nombre, ne se termina qu'au XVIIe siècle, mais tout à son avantage. Partout les communautés maintinrent avec une énergie remarquable les franchises qu'elles possédaient déjà, et travaillèrent à en conquérir de nouvelles par tous les moyens, et quelquefois d'une manière violente. Les habitants du Pouget affirmèrent leur droit sur les murailles du lieu qui leur avaient été cédées en 1387, et comme elles menaçaient ruine, ils voulurent les réparer, malgré la Baronne. Le syndicat de 1395 confiait cette charge aux syndics; ceux-ci obtinrent du roi Charles des Lettres-royaux qui les autorisèrent à rebâtir, et leur permirent en même temps d'employer les matériaux de maisons champêtres inhabitées, 1408. Cette même année, la seigneuresse ayant prohibé la chasse aux pigeons, les syndics firent appel au parlement de Paris. (*Arch. de Lestang*).

III

Antoine de Roquefeuil et de Blanquefort.

Antoine de Roquefeuil succéda à Catherine, sa mère, vers 1409. Quoique né de Blanquefort, il prit le nom de Roquefeuil. Il vint, en 1409, de ses terres du Quercy et du Rouergue pour prendre possession de la Baronnie du Pouget. Les habitants saisirent ce moment pour lui demander la faculté d'avoir des consuls, honneur dont ils se disaient privés depuis la disparition des rois de Majorque. Ils représentèrent, à cet effet, que la ville du Pouget avait toujours été une des plus importantes de celles de la Baronnie d'Aumelas, et que, dans le passé, mais surtout pendant la période des rois espagnols, elle avait eu trois consuls, avec les attributions du consulat. Ils sollicitèrent, en outre, la garde des clés du lieu et le maintien de leurs franchises. Antoine, comme don de joyeux avènement, leur accorda ce qu'ils demandaient. La concession fut faite, *de grâce spéciale*, avec le conseil et en présence du seigneur d'Arpajon, oncle et beau-père d'Antoine, dans l'église de Sainte-Catherine, au lieu du Pouget. Parmi les témoins se trouvaient nobles hommes Jean Delfers, Amblard de Bar, Guill. Fraisse, Hugues Prunet, Sicard de Cantobre, écuyers des seigneurs d'Arpajon et de Roquefeuil, Guillaume Boulegou, prêtre de Saint-Jean-de-la-Blaquière, et Pierre du Puy, prêtre de Puy-Lacher. Le Roi confirma aux consuls et habitants les concessions faites par le seigneur Antoine, et leur promit sa protection, tant que le village reconnaîtrait ses propres officiers, les menaçant, dans le cas contraire, de les replacer dans les conditions d'où ils étaient sortis (1).

A peine installé au Pouget, Antoine de Roquefeuil songea à se libérer vis-à-vis de sa tante, Isabeau de Roquefeuil, veuve de Guillaume, seigneur de Clermont-Lodève : le parlement de Paris, l'avait condamné à lui payer sa dot qui était de 7,000 liv. tourn. Dans ce but, il obtint du Roi la permission d'aliéner quelques-uns de ses châteaux de la Baronnie du Pouget, attendu qu'il n'aurait pu traiter convenablement pour ses terres du Quercy, envahi par les Anglais. Le Roi, en considération, disait-il, des bons et gracieux services que ses ancêtres avaient rendus à la France, consentit à la vente du château de Tressan et autres (2).

Le nouvel acquéreur de Tressan fut Jean de La Vergne, évêque de Lodève. Pour le prix de 2,000 liv. tourn., il entra en jouissance de la terre et de la juridiction de Tressan, libre de toutes servitudes et pensions, si ce n'est de celle d'une chapellenie, sous l'obligation de faire hommage au vendeur et à ses successeurs, à raison du fief franc et honoré du château de Tressan.

(1) *Appen.* LVII.
(2) *Appen.* LVIII.

L'acte de vente fut passé, le 21 janvier 1410, dans le palais épiscopal de Lodève, en présence du Rév. Père d'Arpajon, abbé du monastère de *Ville-Montis*, au diocèse de Vabres, du chevalier Hugues, seigneur du lieu *de Ponte-Lapideo*, de Charles de Frontignan et de Marquis de Mandagout, qui formaient le conseil d'Antoine, et encore du vén. Jean Solent, chanoine, et de plusieurs bénéficiers de l'église de Lodève (1).

Nous donnerons ici quelques détails sur le seigneur de Tressan. Jean de la Vergne avait succédé en 1398, à l'évêque Guillaume de Grimoard. Il promit obéissance à François de Conzié, archevêque de Narbonne, en 1399; et, le 3 juillet 1400, il prêta serment au Roi entre les mains de Mornay, chevalier, sénéchal de Carcassonne et de Béziers. Le lieutenant du Roi voulut le contraindre à se présenter devant lui, en sa qualité de comte de Montbrun, une jambe vêtue de blanc et l'autre de rouge; il refusait même de recevoir son serment s'il ne reconnaissait pas le droit de régale que le Roi revendiquait sur les biens de l'évêché de Lodève. L'Évêque protesta qu'il ne ferait son serment que de la manière pratiquée par ses prédécesseurs. Jean de La Vergne fonda, en 1403, la chapelle de Saint-Jean-Baptiste de Pégairolles. A sa considération, le pape Alexandre V unit l'église paroissiale de Saint-Jean de la Blaquière à la mense épiscopale, sous la condition qu'il y instituerait un vicaire-perpétuel ayant droit à une partie des revenus de l'église, 1410. Le 9 mai 1411, Jean de La Vergne obtint un décret contre Guillaume de la Filhole, viguier-royal de Gignac, et ses adhérents qui avaient ensemble maltraité les gens de sa maison, peut-être les officiers de Tressan. Le décret fut adressé au gouverneur de Montpellier pour être mis à exécution. (*Fr. Pont.* p. 400). Jean de La Vergne céda Tressan à son frère Rigaud, en 1413. Les de La Vergne possédèrent ce

(1) *Appen.* LIX.

lieu jusqu'en 1742. Leurs armoiries étaient: de gueules, au chef d'argent, chargé de trois coquilles de sable.

Le seigneur Antoine de Roquefeuil céda aussi, le 24 janvier 1410, tous les droits qu'il avait sur le château de Montarnaud et sur les hommes non nobles de ce lieu à Jean de Montlaur, seigneur de Murles, au diocèse de Maguelone; il lui accorda encore les usages qu'il pouvait prétendre sur le village de Saint-George, près Pignan; le tout en fief franc et honoré, l'hommage réservé au Roi. Il fut stipulé que Jean de Montlaur pourrait disposer de ces biens, à son gré, pourvu qu'il eût pris conseil du Roi, et qu'il fût disposé à lui payer les lods. Le prix de la vente étant fixé à 350 liv. tourn., le quint denier ou lods se montait à 70 liv.; mais, de grâce spéciale, et à cause des services jadis rendus par l'acquéreur, le lauzime ne fut pas exigé. Philippe de Prades, receveur du Roi à Montpellier, eut ordre d'en faire la remise (1).

Les Consuls du Pouget élevèrent leurs prétentions jusqu'à vouloir soustraire le lieu de Lestang à la juridiction de son juge, contestant à Leudegaire Saporis ses droits de Haut-Justicier. Le seigneur de Lestang s'adressa, en 1414, au Roi qui délégua le gouverneur de Montpellier pour vérifier ses droits et, s'il y avait lieu, le confirmer dans la juridiction qu'on lui refusait. Les titres de 1371, 1378 et 1381 démontrèrent victorieusement que le seigneur de Lestang tenait du sieur Arnaud de Roquefeuil, Baron du Pouget, la pleine et entière juridiction, et sur la réquisition de Saporis les insignes de son pouvoir furent établis dans sa terre. Le gouverneur de Montpellier commit un certain Sadet, chargé de l'entretien des routes, pour bâtir un pilier et y planter le bois, percé de trois trous, où l'on devait attacher les criminels. Le pilori fut dressé en présence du procureur du Roi et des nobles Pierre de Montdardier et Hugues de Murasson, damoiseaux, de Jean Borghèse, chanoine de Gap, de Bernard

(1) *Appen.* LX.

Pastre, clerc de Saint-Pons-de-Thomières, et autres (1). La juridiction de Lestang était désormais assurée, mais la rivalité entre le Pouget et Lestang n'était pas éteinte. Le Pouget, en effet, suscita, en 1425 et 1429, des querelles à Lestang, soit à l'occasion des tailles, soit à l'occasion de la dépaissance des troupeaux; mais il n'eut pas toujours un parfait gain de cause. (*Arch. de Lestang*).

La *France pontificale* donne les détails biographiques suivants sur Leudegaire. Né à Montpellier, d'une famille illustre dans les fastes consulaires de cette ville. Saporis, après d'excellentes études en droit, reçut le bonnet de docteur, et acquit de la réputation. Le 27 août 1411, le Pape Jean XXII l'appela au siège épiscopal de Gap. Leudegaire était chancelier de Louis III, roi de Sicile et conseiller de Charles VI et du Dauphin; il touchait une pension de 1,000 liv. tourn.; Yolande, reine de Sicile, comtesse de Provence et duchesse d'Anjou, lui donna la Seigneurie d'Eyrargues..... Les Gapençais ne voulurent pas, en 1425, reconnaître la suzeraineté du roi Louis, et Leudegaire fut accusé d'être de connivence avec eux. Le roi avait imposé à ces derniers une taxe de guerre; sur l'avis de leur évêque, ils opposèrent de la résistance. C'est pourquoi ils furent condamnés à envoyer à leurs frais cent hommes d'armes à Marseille contre les Catalans, et l'évêque fut exilé après avoir été dépouillé de sa seigneurie, qui fut confisquée au profit de Châtillon. César de Nostradamus pense que les habitants de Gap obtinrent leur pardon et l'évêque sa grâce. En 1429, Martin V pape autorisa Léger à permuter de siège avec Guill. Forestier, évêque de Maguelone. Leudegaire Saporis mourut et fut enseveli dans la ville de Montpellier, le 10 mars 1430 (2). Avait-il pris possession de son nouveau siège? Nous ne le croyons pas, car Jacques Saporis, son neveu, se présenta au Pouget pour

(1) *Appen.* LXI.

(2) *Appen.* LXII.

recueillir la succession de Leudegaire, évêque de Gap. L'évêque Saporis avait pour armoiries : de gueules, à un lys au naturel d'argent, tigé et feuillé de sinople, accosté de deux étoiles d'or (*Fr. P.*, p. 200).

IV

Jean de Roquefeuil.

Jean de Roquefeuil était seigneur du Pouget en 1430. Le 31 mars, Jacques Saporis, ou d'Aramon, lui notifia en parlant à la personne de Jean André, son baïle, la mort du seigneur Leudegaire Saporis et le testament par lequel il était lui-même institué son héritier; cela, à l'effet d'obtenir l'investiture du fief de Lestang. André, sous prétexte que le Baron n'était pas dans le pays, renvoya Jacques à un jour déterminé pour pouvoir lui donner une réponse. Au jour indiqué, celui-ci fut bien reçu par le procureur de Jean de Roquefeuil, mais la décision du seigneur fut ajournée. L'héritier de Leudegaire ne se rebuta point; seulement au lieu de reparaître lui-même, il envoya, en son lieu et place, un fondé de pouvoirs. Le lieutenant du baïle parût étonné de ne pas voir Jacques en personne. Jacques vint lui-même quelques jours après, mais il fut renvoyé au Baron.

Le sieur de Roquefeuil était dans le Rouergue, pays distant du Pouget de six à sept jours de marche, situé en dehors de la sénéchaussée de Carcassonne et éloigné de la Cour de Montpellier, dont relevait le lieu de Lestang; circonstances qui dispensaient légalement le vassal de courir à la poursuite du suzerain. On imposait ainsi à Jacques l'obligation de faire un voyage pénible, et même dangereux, car il lui fallait traverser des lieux maltraités par les hostilités des Anglais. L'héritier de Leudegaire donna au sieur de Saint-Privat commission d'aller offrir son hommage au seigneur de

Roquefeuil ; Jean répondit que, sous peu de jours, il devait se rendre au Pouget, et qu'il admettrait Jacques au serment de fidélité.

Cependant l'an et le jour fixés par les lois pour obtenir l'investiture de tout fief touchaient à leur terme, et le seigneur du Pouget n'était point dans le chef-lieu de la Baronnie. Le malheureux Saporis voulait à tout prix éviter le reproche de n'avoir pas fait preuve d'une soumission entière et aussi se garantir contre le caprice du suzerain. Il chargea le sieur Raymond de Saint-Martin de réclamer pour lui l'investiture de sa terre, à titre de fief franc et honoré, ou autrement, selon les anciennes reconnaissances, et de faire dresser procès-verbal de l'accueil bon ou mauvais que le sieur de Roquefeuil ferait à sa démarche. Raymond de Saint-Martin prit la route de Rhodez, pénétra jusqu'auprès du Baron, mais ne parvint pas à lui persuader de faire son devoir ; ce dont il fit prendre note (1).

Trois ans après, le seigneur Jean se trouvant un jour à Saint-Amans-de-Teulet, Jacques se présenta pour faire son hommage ; il fut renvoyé à quinzaine, et quand, les quinze jours expirés, il vint de rechef vers le Baron, les gens du sieur de Roquefeuil eurent ordre de lui faire savoir que leur maître n'avait pas encore pris conseil (2). Après cela, il n'est plus question, dans les papiers, ni de Jacques Saporis, ni du lieu de Lestang, jusqu'en 1463. Lestang était passé, à cette date, nous ne savons de quelle manière, aux mains des sieurs de Castelnau de Guers.

L'hommage, que Jean de Roquefeuil rendit au roi en 1436, est relaté dans la pièce suivante, que nous rapportons en entier à cause des détails qu'elle renferme sur le compte du seigneur du Pouget. « Charles, par la grâce de Dieu, Roy de » France, à nos amés et féaulz gens de nos Comptes, Tré-

(1) *Append.* LXII.
(2) *Appen.* LXIII.

» soriers, Procureurs et Clercs des fiefs en nos sénéchaussées » d'Agenois, de Rouergue, de Beaucaire et de Carcassonne, » salut et dilection. Sçavoir vous faisons que notre amé » de Roquefeuil, Seigneur desdits lieux, nous a fait au- » jourd'hui foy et hommage, que tenu nous estait faire, à » cause de ses Baronnies de Blanquefort et de Combret, » avecque leurs appartenances et dépendances, et géné- » ralement de tout ce qu'il peut tenir de nous, esdites » sénéchaussées d'Agenois et de Rouergue ; et semblable- » ment nous a fait les foy et hommage, que tenu nous » estait faire, à cause des villes et chasteaux de Valgarnine, » Holmessas, Treuc, le Pouget, Saint-Bauzille, Pouzols, » et de la moitié de Saint-Amans, et de leurs appartenances » et dépendances, et généralement de tout ce qu'il peut » tenir de nous, esdites sénéchaussées de Beaucaire et de » Carcassonne, tenu nuement de nous ; auxquels foy et » hommages nous l'avons reçu, sauf notre droit et l'aultruy. » Si vous mandons et à chacun de vous, comme à luy » appartiendra, que, pour cause desdits hommages non » faits, vous ne faites, ne donniez, ne souffriez estre fait » audit Jehan de Roquefeuil aucun empêchement..., » pourvu qu'il baille par escript et dans temps deub son » dénombrement et adveu, et qu'il fasse et paie les autres » devoirs... Donné à Montpellier, le 23 mars de l'an de » grâce 1436, et de notre règne le 15e, soubs notre scel, » ordonné en l'absence du grand. De par le Roy, l'arche- » vêque de Toulouse. » (*Arch. de Lestang*).

Saint-Amans de Teulet avait en ce temps-là pour prieur un homme distingué : c'était Bertrand de Brisson, moine d'Aniane. Il fut élu abbé d'Aniane, en octobre 1443. Son élection fut confirmée par Robert de Rouvres, évêque de Maguelone, et par Jean de Harcourt, archevêque de Narbonne, sur la demande des religieux. Bertrand fut préconisé par le souverain pontife.

Mais Jean Armandi avait été nommé par le Roi à l'abbaye.

Le prieur de St-Amans eut beau envoyer des procureurs pour soutenir ses droits en cour romaine; les religieux en appelèrent en vain des Lettres-royaux, adressées à Jean, au conseil du Roi et au parlement de Paris, Bertrand dut céder l'abbaye à son concurrent. (*Fr. Pont.* 365, dioc. de Montp.). Jean Armandi avait été abbé de St-Thibéry. Il se démit de sa nouvelle dignité en 1452, en se réservant les lieux d'Aspiran et de Saussan. (Id., p. 366).

Déodat *de Avento*, prieur de Saint Amans de Teulet, fit hommage à Remy de Marimond, gouverneur de Montpellier et d'Aumelas « ad causam temporalitatis d. sui prioratus, necnon medietatis justitie medie et basse d. loci de Sancto Amantio., 17 feb. 1463 ».

On contesta au seigneur du Pouget les droits de péage qu'il prélevait dans les divers lieux de sa juridiction. Pour les maintenir, il eut recours au Roi, qui donna ordre à ses sénéchaux de se faire présenter les titres que le seigneur pouvait avoir, et voulut même que, à défaut des titres détruits ou égarés, ils prissent en considération la durée de la possession; de telle sorte que si, depuis un temps immémorial, les ancêtres dudit seigneur avaient joui des péages, ce dernier fût maintenu dans la même faculté que ses devanciers. (Lettres du 1er avril 1457. *Arch. de Lest.*) (1).

Jean de Roquefeuil était encore maître de la Baronnie en 1463. Le 25 février de cette année, il fit acte de prestation de serment de fidélité au gouverneur de Montpellier. Nous n'avons à enregistrer aucun fait saillant accompli dans la Baronnie du Pouget pendant l'administration de ce seigneur, ce qui semble indiquer que le Pouget fut tranquille.

A Paulhan, au contraire, la lutte continuait entre manants

(1) *Append.* LXVI.

et seigneurs. Raymond de Veyrac avait voulu, en 1398, forcer plusieurs de ses sujets à lui fournir, comme droit de corvée, leurs bêtes de somme pour transporter ses bagages au pays de Foix; mais les vassaux s'y étaient obstinément refusés. Et parce que le seigneur leur avait saisi de force leurs montures, ils s'étaient adressés au gouverneur de Montpellier, en déclarant qu'ils ne reconnaissaient d'autre maître que le Roi. Des tiraillements eurent lieu, en 1404, entre le sieur de Veyrac et les emphytéotes à l'occasion des usages. Puis, commença le fameux procès que les habitants intentèrent aux seigneurs pour écarter de leurs terres les troupeaux des bergeries seigneuriales. Ils demandaient qu'il fût interdit aux maîtres de céans d'introduire leurs bêtes à laine et à cornes dans leurs champs, vignes et prés, en aucune saison de l'année. Les seigneurs, de leur côté, soutenaient que l'usage et le droit leur accordaient la faculté de paître leurs troupeaux dans les terres sujettes aux censives. La lutte tourna à l'avantage des manants, grâce aux règlements de la monarchie, qui s'efforçait de faire prévaloir le droit de la propriété. Une première fois, le parlement réduisit le nombre des bêtes auxquelles la dépaissance était permise; une seconde fois une transaction, passée entre les belligérants, fixa l'époque où les terres devaient être accessibles aux bestiaux. Il y eut encore d'autres compromis et d'autres accords pendant le cours du procès, et toujours les paysans gagnaient du terrain en combattant. Il se forma plusieurs syndicats hostiles aux maîtres; il y eut des représailles du côté des seigneurs. Deux cents ans se passèrent dans des troubles continuels. La victoire, nous l'avons fait prévoir, devait rester aux habitants. *(Arch. de Paulhan).*

Raymond de Veyrac eut pour successeur Antoine de Veyrac, *aliàs* de Roquefixe, qui eut sur le lieu de Paulhan toute juridiction, haute, moyenne et basse, avec mère et mixte empire (*Notes d'Aspiran*). Sous Antoine de Veyrac, le territoire de Paulhan fut souvent visité par des gens armés qui le ravageaient. Les habitants, qui avaient beaucoup à souffrir, voulurent absolument se réfugier dans l'enclos, malgré l'étroitesse de l'enceinte comprise dans les murailles ; et de plus, pour ne pas fournir aux ennemis le moyen de séjourner dans le pays, ils prirent l'héroïque résolution d'abattre entièrement leurs maisons des faubourgs. Mais le seigneur y mettait empêchement. Les consuls, redoutant pour la population le voisinage des brigands de grand chemin campés aux portes de la ville, se tournèrent vers le gouverneur de Montpellier, qui leur prêta son concours pour triompher de l'opposition du baron. Lorsque les huissiers de Montpellier se présentèrent au château pour faire leur sommation, Antoine les fit arrêter, leur saisit les lettres de commission dont ils étaient porteurs, et les enferma eux-mêmes dans la prison du château. Le gouverneur et les consuls dénoncèrent au roi les procédés du seigneur. Le parlement, saisi de cette affaire, autorisa les habitants à démolir toutes les habitations qui se trouveraient en dehors des remparts, pendant que le gouverneur appellerait à sa barre le seigneur qui avait maltraité les officiers du roi, 1411.

La population se renferma donc dans l'ancienne ville; mais il est probable qu'elle en sortit bientôt, et qu'on se mit à construire de nouveau en dehors des murailles. Le séjour qu'on avait fait dans la forteresse avait montré, en outre, que la chapelle de Sainte-Croix était trop étroite pour contenir les habitants, en temps de guerre. Comme ils étaient toujours à la veille de rentrer dans la ville, on résolut d'agrandir la petite église. Le prieur, les syndics et les habitants furent autorisés par l'évêque d'Agde, grand vicaire de l'évêque de Béziers, à lui donner des proportions plus considérables, « attendu que ladite chapelle estait » trop petite en temps de guerre et autres nécessités, et » que l'esglise principale estait trop éloignée du lieu, 1460 ».

(Inventaire des pièces de la Communauté fait en 1623. *Arch. de Paulhan*).

Antoine II de Veyrac était seigneur de Paulhan en 1483. Il reçut, cette année, des reconnaissances féodales.

V

BRINGUIER DE ROQUEFEUIL

Bringuier ou Bringon de Roquefeuil rendit hommage, en 1483, pour toutes ses terres des sénéchaussées de Beaucaire, de Carcassonne, du Rouergue, du Quercy, d'Agenois et de Bazaden. Tel fut son dénombrement en ce qui concernait la Baronnie du Pouget. On nous permettra de le citer textuellement à cause de sa forme et des renseignements qu'il nous donne : « Jeu Bringon, seignour de Roquefual et de » Blancafort, contor de Nant, denoumé et avoï a tenir » del Rey, mon soberan senhour, en la Baronia de Monspeler et vicomtat d'Homellas, rendas, vendas, peatgés, » tasqués, quartz-quintz, ochenas et autres drechs a me » appartenans, am senhoria hauta, moyena et bassa, meri » et misti imperi, am Jutché ordinari et Jutché de appels » et...., en la forma et manyera que après s'ensuit :

» Et 1° confessi a tenir del Rey lo loc del Pouget, am » tota senhoria hauta, moyena et bassa et meri et misti » imperi, am Jutchés ordinari et de appels, en loqual loc » levi et preni las causas, que après s'en segon. Et 1° 36 cestiers de fromen, ho entorn (ou environ) ; item de mescla, » un cestier, ho entorn; et d'ordi; 11 cestiers; et d'argen, » 4 lieuras; et de pebre, 1 lieura ; et de cira, 1 lieura. Et » preni et levi, tout l'an, la leuda al dit loc, lo Jorn de san » Miguel, que es fieyra, et pareillement de totas causas, » que sé vendon aqui, qualqua marchandisa que sia ; levi

» et preni taulatgés, terratgés de toutas marchandisas, que » aqui se descargon, et, en outra, levi leuda de tout bestial, » sia gros ou menut ».

« Et 2° it. couma dessus confessi et avoï a tenir del Rey... » en lo loc de Vendemia, am touta senhoria, etc.... en » loqual loc levi et preni... 1° 30 cestiers de fromen, ho » entorn, et de mescla, 26 cestiers; et d'ordi, 16 cestiers.; et » d'argen, 40 lieuras et 15 sols; it. de pebre, 1 lieura;... it. de » poletz ou de galinas, 3 piéças, it. de cira, 3 lieuras; et de » vi, ung muech; it. de peatgé, tot l'an, de toutas causas » que passon ny se vendon aqui; it. preni... de blat et de » vi et d'autrés fruitz qualque sian »..... »

« Et 3° it. couma dessus confessi ... a tenir ... tot lo loc » de Sant-Bauzely, am tota senhoria, etc, en loqual loc » levi et preni 17 cestiers de fromen; it. de mescla, ung » cestier et miech ; d'ordi, 2 cestiers ; it. d'argen, 2 lieuras, » it. de cira, 3 lieuras; it. de poletz et galinas, 6 piéças, et » de vi, 6 cestiers ».

« Et 4° it. confessi et avoï tenir... al loc de Pozols, am » tota senhoria, etc, 11 cestiers de fromen; it. de mescla, » 1 cestier; it. d'ordi, 1 cestier; it. de siguial (seigle), » 1 cest.; it. d'argen, 11 lieuras; it. 1 perdris. »

« Et 5° it. confessi et avoï tenir... la mitat del loc de » Sant-Amans, am tota senhoria... et Jutchès ordinari et » d'appels; et preñi et levi 3 cest. de fromen; it de mescla, » 6 punieyras; et d'argen, 5 lieuras ».

« Item confessi et avoï aver a causa desdits locs et sen- » horias los homatgés et sagramens de fidelitat dels » seignours et personnatgés que son ayssi après nominadas. » Et 1° mousseu d'Arpajo, per lou loc de Playssan et » Adissan; — it. m. de Clarmont, par la naou et apialamen » del ribatge de la naou de Canet; — it. m. l'abesquc de » Lodeva, per la terra de Carabottes; — it. l'abbat de » Saint-Guilhem, per la terra Journac; — it. l'abbat » d'Aniana, per las rendas et cessas que leva en mousdits

» locs; — it. lo Seignour de Tressa, per lou loc de Tressa; » — it. lo seignour de Castelnau, per lo castel et l'estang » de Mondardier; — it. le seignour de Poupia, per lo » castel de Popia et las rendas... que leva en mia terra; » it. Paulo... de Monpesler, per los molis de Carabottes; » it. Rigau Pataut de Castelnau de Guers, per las rendas... » que leva en mousdits locs; — it. Salomo de Vezes, per » las rendas, etc; — it. lo seign. de Germa, per las rendas, » etc; — it. Pierre Sanier del Poget, per las rendas, etc.; — » it. lo seig. de Jonquièras, per las rendas, etc.; — it. lo mo- » nastère de Cassan per las rendas, etc; — it. la cappel- » lania de Albaya.....; it. Sanier et Augier de Pozols...; » — it. lo prior de Saint-Amans...; — it. lo prior de » Pozols...; — it. lo camérier d'Aniana...; it. — Peyra de » Valechup; — it. la gleiza de Vendemia....; — it. Lam- » pestris del Poget; — it. la confrayria de santa Catharina » del Poget. » (*Arch. de Lest.*).

Les terres d'Adissan et de Plaissan, ainsi que le lieu de Belarga, passèrent de la maison d'Arpajon dans celle de Lasset. Le lods fut remis à Hugonin Lasset jusqu'à concurrence de 290 livres. Le motif de cette faveur se trouve exprimé dans la lettre que le roi adressa aux trésoriers-généraux le 22 mai 1483 : « Sçavoir vous faisons que Nous, » inclinant libéralement à la supplication et requête de » notre amé Hugonin Lasset, serviteur de notre très cher » oncle et cousin, qui de ce nous a supplié et requis, nous » a icelui Hugonin avons donné et quitté, par ces présentes, » les lods et ventes qui peuvent nous être dus à cause de » l'acquisition par lui faite de Belarga, Pleyssan et Adissan, » jusques à la valeur de 290 liv. tourn. Charles (VIII) roi » de France. » (*Arch. de Lest.*).

Bringuier de Roquefeuil réclama, à son entrée dans la Baronnie, l'hommage des vassaux; mais tout d'abord il ne put l'obtenir, car la plupart des feudataires l'adressaient au

Roi dans la personne du gouverneur de Montpellier ou dans celles des sénéchaux. Bringuier se retira au sénéchal de Carcassonne, qui contraignit les vassaux à reconnaître sa suzeraineté. (*Sentence de 1484. Arch. de Lest.*).

Dans l'année 1485, le monastère de Saint-Guilhem inféoda à Jean de Chandos, licencié en droit, habitant de Gignac, la maison et la terre de Jourmac, dans laquelle se trouvaient les moulins de Carabottes, qui dépendaient de l'évêque de Lodève. Ces immeubles avaient été livrés, une première fois, au frère Pons Puel pour une rente annuelle de 50 sous de Tours; mais, outre que cette cession n'avait été faite que par un petit nombre de religieux, on avait réservé le bon plaisir et l'approbation de l'abbé commendataire. Le 5 janvier, le chapitre conventuel se réunit sous la présidence de Jean Corguilleray, évêque de Lodève et abbé de Saint-Guilhem et de Saint-Thibéry. Parmi les religieux on remarquait frère Raymond Momiton, grand-prieur du monastère; fr. Laurent Coste, aumônier; fr. Amblard de Montvallat; fr. Pierre de Capluc, prieur de l'église Saint-Barthélemy de Gellone; fr. de Mandagout, prieur de Saint-Pargoire; fr. Arnaud de Cambous; fr. Philibert de Rochefort. L'abbé commendataire ayant déclaré refuser son consentement à la concession faite au frère Puel, la maison et la terre de Journac, avec toute la juridiction de ce lieu, furent données en acapte et emphytéose perpétuelle à Jean de Chandos, sous le cens annuel de 60 sous tourn. Cette inféodation est mentionnée dans la *Fr. Pont.*, p. 504 (1).

Les de Guers de Castelnau (près Pézénas) eurent de tout temps des possessions dans la vicomté d'Aumelas : en 1349, un sieur de Castelnau recevait des reconnaissances des

(1) *App.* LXVII.

habitants de Saint-Bauzille, de Popian, de Plaissan et de Belarga. La famille des de Guers fit l'acquisition de Lestang, entre 1433 et et 1463. A cette dernière date, Jean de Roquefeuil désignait dans son dénombrement, comme on l'a vu, le seigneur de Guers comme son vassal pour ce lieu. En ce moment, l'abbaye de Valmagne avait pour abbé Jean de Guers, qui donna son recensement en 1464. Lestang lui aurait-il appartenu ?

Eustache de Guers reçut, en 1490, des reconnaissances féodales dans les lieux de Saint-Bauzille et de Popian. En 1503, il plaça dans son dénombrement la seigneurie de Lestang et les biens de Rigaud Pataut de Castelnau dont il avait hérité : « Item plus dénombre qu'il tient et possède le » château de Lestang de Mondardier, et seigneurie haute, » impère et basse, et prend au territoire de l'Estang un » usage de blé de 50 cestiers; lesquels tient à hommage de » Mr de Roquefeuil. Item dénombre qu'il possède un héri- » tage, lequel lui a donné noble Rigaud Pataut, pour » lequel il prend au lieu de Château-Neuf (*Castelnau*) et à » Saint-Bauzille-de-la-Sylve, un usage de blé qui monte, » une année portant l'autre, en froment et orge, 25 ces- » tiers. » Eustache avait encore la moitié de la baronnie d'Olargues, la quarte-part de la Voulte (Mons), des droits et usages en *la chastellenie* de Cessenon, la Tende (Tandon) et Pierrerue, à Alignan-du-Vent, à Vieusse (Vieussan), etc. (*Arch. de Lest.*).

Le respect des droits de la propriété était regardé en tout lieu comme une question majeure. Admis à la possession de la terre, le paysan était jaloux du champ qu'il avait eu tant de peine à acquérir. Quiconque se permettait d'y pénétrer provoquait son profond ressentiment. Ce n'était partout que procès entre les habitants et les maraudeurs, mais surtout entre les manants et les riches propriétaires, à l'occasion de la dépaissance des troupeaux de ces derniers.

Au Pouget, le sieur Requirand, ayant *impétré* des lettres

de la cour présidiale de Montpellier, enjoignit aux consuls de mettre à la taille royale tout le bétail à laine et de défendre aux *tropeliers* du pays de ne faire entrer en aucun temps leurs troupeaux dans les *olivettes*. Les consuls firent opposition, se fondant sur l'usage établi de conduire les bêtes à laine dans les champs, sauf pendant l'époque de la récolte des olives. Mais, sur des ordres plus pressants, ils se réuirent pour trouver le moyen de concilier tous les intérêts. « Les Consuls et Conseillers, de la volonté des habi» tants, étant assemblés dans le four dudit lieu, et y tenant » conseil, » réglèrent que la dépaissance des troupeaux serait interdite depuis fin mai jusqu'après la cueillette des olives ; que pour le bétail, passé l'âge d'un an, on paierait chaque année la valeur d'un florin par centaine de têtes; que les bêtes de somme ne pâtureraient qu'enchaînées par le pied de derrière; que les bœufs ni les vaches ne participeraient nullement à la dépaissance ; qu'on ne pourrait glaner les amandes qu'après la fête de Saint-Michel, et les épis de blé qu'après la moisson, en se tenant à six pas des tas de gerbes ; enfin qu'on ne pourrait couper du bois dans les terres ; le tout sous des peines et des amendes fixées d'avance (1).

Antoine de Veyrac, III° du nom, succéda, en 1503, à Antoine II, seigneur de Paulhan, que l'Armorial du Languedoc dit avoir été tué. C'est sans doute à ce dernier que se rapporte une vieille tradition du lieu, d'après laquelle deux conseigneurs s'entr'égorgèrent dans une rue du faubourg, qui porte encore le nom de *rue de la chicane*. En 1507, Antoine III° épousa une dame nommée Anticamerata. Il figura à la Revue de Caunes, en 1529, avec les seigneurs de Tressan, de Belarga, et l'évêque de Lodève, représenté par six hommes d'armes. Seigneurs et fiévatiers (ban et arrière-

(1) *App.* LXVIII.

ban) étaient convoqués à la sénéchaussée de Carcassonne par ordre de François Ier, qui venait de signer le traité de paix avec Charles-Quint, et qui songeait peut-être à reprendre la guerre. (*H. G. L.*, T. VIII, p. 537.).

Nos documents nous offrent, à cette heure, l'indication d'un dénombrement que fit Barthélemy Jouffre, viguier de Gignac et seigneur de Bouzigues, à titre de possesseur d'un fief sis à Saint-Jean-de-la-Blaquière, et d'une propriété qu'il avait dans le terroir de Pouzols, tenu le tout nuement du Roi, 1503. Nous avons aussi le dénombrement d'Antoine Peltric, seigneur de Popian, qui fut déposé entre les mains du sénéchal de Carcassonne, 1503; on voit dans ce dernier que Peltric avait à Popian un château où il faisait sa résidence habituelle; qu'il levait dans sa terre des censives en blé, orge, poivre; qu'il possédait des prés, des champs, etc., un moulin à huile, et un moulin à blé sur la rivière de la Lergue; qu'il avait, en outre, toute juridiction sur le village de Celles, dont il était seigneur. Ce même Peltric fournit 19 liv. pour la rançon du Roi, lorsqu'il était prisonnier en Espagne.

Les mêmes documents nous apprennent que l'archiprêtre du Pouget prêtait, le jour de son installation, le serment de maintenir les habitants dans les coutumes et privilèges dont ils jouissaient, eu égard aux biens du clergé, et que Guillaume de Guers était seigneur de Lestang en 1514, et reçut des reconnaissances féodales, en 1518.

Ondinet Lullier, prieur de Saint-Amans-de-Teulet, reçut des reconnaissances féodales, en 1520.

VI

CHARLES I DE ROQUEFEUIL

Bringuier de Roquefeuil mourut en 1530. Il avait trois fils, Charles, Antoine et un autre qui fut commandeur de Saint-Jean-de-Jérusalem, et de plus, huit filles, dont quatre se firent religieuses. Antoine, protonotaire apostolique, ne toucha pas sa légitime. Charles succéda à son père, Bringuier, en 1530, et fit hommage au Roi en 1531.

Noble Girard de Popian, seigneur des lieux de Popian, Celles et Rabieux, prêta serment de fidélité, en 1535, dans la ville de Carcassonne, en déclarant que « les Terres et » Seigneuries escriptes dans son recensement, il les tenait » à foyet hommage du Roi, à la charge de le servir en ses » ban et arrière-ban, en habillement d'archer à deux che- » vaux ». (*Arch. de Lestang*).

Jean Lasset fit aussi la reconnaissance de ses terres d'Adissan et de Plaissan, ainsi que de certains usages qu'il avait à Cournonsec, et avoua devoir au Roi, en cas de nécessité, le service d'*un brigantinier*, 1539.

Antoine de La Vergne présenta son dénombrement en 1540, et fit hommage pour les châteaux de Tressan et de Puy-Lacher et pour la 4e partie de celui de Lavalette.

Charles de Roquefeuil dénombra, la même année, tout son avoir en châteaux, terres, revenus et vassaux. Il observa que ses prédécesseurs avaient aliéné les lieux de Lestang, de Tressan, de Puy-Lacher, de Plaissan, d'Adissan, de Montarnaud et de Paulhan. Il fit remarquer que, tant lui que ses prédécesseurs, seigneurs et Barons du Pouget, s'étaient toujours tenus en pays de Quercy, « servant le Roi, quand

» il lui plaisait mander le ban et l'arrière-ban, pour la » conservation du Royaume et de l'Autorité souveraine, en » l'état d'un homme d'armes et de trois *archiers,* tant à » cause du bien que lui, de Roquefeuil, tient au Quercy » qu'en Languedoc ». (*Arch. de Lest.*).

VII

Charles II de Roquefeuil

Charles I de Roquefeuil laissa, à sa mort, dont nous ne pouvons préciser la date, la Baronnie du Pouget à son fils autre Charles, qu'il mit sous la protection d'Antoine de Roquefeuil, dont nous avons déjà parlé. A la majorité de son neveu, Antoine réclama la moitié des biens ayant appartenu à Bringuier, son père, et à la dame de Fornel, sa mère, aux jours de leur décès, et les intérêts échus depuis l'heure de leur trépas. Le jeune seigneur du Pouget soutint que son oncle n'avait rien à exiger, ayant eu, comme tuteur de sa personne, dans le maniement des biens et documents de la maison, un bénéfice certain et assez considérable pour qu'il se regardât comme suffisamment dédommagé vis-à-vis de sa légitime ; en outre, il invoqua la prescription. Mais Antoine nia fortement avoir manipulé les revenus de son neveu et reçu aucuns deniers pour prix de ses soins, et il réduisit à néant le titre de la prescription qu'on invoquait, en établissant que Bringuier de Roquefeuil était mort seulement en 1530. Charles II offrit de céder le Pouget à Antoine.

VIII

Antoine II de Roquefeuil

Il avait fallu en arriver à un accommodement, et le sieur Antoine avait consenti à accepter « pour ses droits de légi-
» time et pour la restitution des fruits d'iceux la place et
» Baronnie du Pouget, avecque toute justice, en la manière
» accoutumée de la maison de Roquefeuil, et de plus, la
» place de Sauveterre en Quercy. » Le traité d'accord fut sanctionné par le parlement de Toulouse, le 27 nov. 1555 (1).

Il n'est plus question d'Antoine II, dans les papiers de Lestang, jusqu'en 1564. A cette date, Antoine, « protono-
» taire du S. Siège apostolique, envoya au Pouget, à titre
» de procureurs, noble Jean de Guilhamini, escuyer de
» Gravejols et mestre d'hôtel, et Jean Cartiade, recteur de
» l'Hospitâlet, en Quercy, pour affermer à sire Guillaume
» Tholoze, baïle du Pouget, et à Jacques Portal, de Saint-
» Bauzille, la place et Baronnie du Pouget et ses dépen-
» dances, ainsi que les usages du devois de Pierre Bonniol,
» de Paulhan, et de Foucilhon, de Vendémian, pour trois
» années, au prix de 430 liv. tourn., une charge d'huile
» d'olive, un quintal de *panse*, un quintal d'amandes
» douces, six *cabasses* de figues de Marseille, une barrique
» d'anchois... et seize poulets gras. » (*Arch. de Lest.*)

Antoine II afferma encore la Baronnie, en 1579 1er février, à Jean Pons. Il mourut bientôt après dans le pays de Quercy, où le retenait son grand âge.

(1) *Append.* LXIX.

IX

ANTOINE III DE ROQUEFEUIL

La maison de Roquefeuil sera représentée au Pouget, jusqu'en 1618, par autre Antoine, IIIe du nom, qui vendra la Baronnie au sieur de La Cassaigne. Nous avons peu de détails sur l'administration du dernier des Roquefeuil de nos pays. Comme ses prédécesseurs, il séjourna dans ses terres du Rouergue et du Quercy, ne venant que de loin en loin demander compte de leur gestion à ses officiers. Du reste, les rapports de la communauté avec les seigneurs diminuaient chaque jour pour augmenter avec les représentants de la monarchie.

Nous ne pouvons mentionner que quelques inféodations qui eurent lieu dans la Baronnie, de 1610 à 1618. Le sieur de Roquefeuil bailla en emphytéose aux habitants le devois du Pouget, situé dans le terroir de Saint-Bauzille et sur le chemin du Pouget à Montpellier, « se réservant les droits » de directe et de justice, et l'usage de 20 sols de Tours » payables chaque année à la Saint-Michel et portables au » château du Pouget, 1610 ». Il autorisa noble Boyer de Camprian, habitant de Castel-Rey, paroisse de Majencoules, à construire des moulins *bladiers* sur l'Hérault, moyennant la mouture gratuite de ses grains, et des moulins à huile dans les villages de Vendémian et de Pouzols, 1610, 1618. Il vendit à Arnaud, notaire à Vendémian, deux pièces de terre sous la censive d'un quart de punière de froment, et lui permit d'élever un pigeonnier sous l'usage d'une paire de pigeons, 1617. La plus intéressante pour nous d'autres inféodations est celle qui eut pour objet le vieux château féodal de Vendémian. Ce n'était plus qu'une ruine. Antoine voulut tout d'abord le relever et en faire une habitation convenable. Il traita, en 1610, avec un certain Nicolas Bénézeth. Celui-ci devait réparer les murs et leur donner une hauteur de quatre cannes; il s'était encore chargé de faire un troisième étage et de construire en voûte le rez-de-chaussée; il avait un délai de trois ans.

L'habitation mise en état, Bénézeth devait en jouir tant que le sieur Antoine ne lui aurait pas remboursé le prix des réparations. Trois années s'écoulèrent sans qu'aucun travail fût fait au château. Antoine cassa le traité fait avec Bénézeth, et offrit à Jean Gras, vicaire perpétuel de Vendémian, le bail à emphytéose du vieil édifice, qui fut accepté le 24 août 1618. Le château fut remis au sieur Gras « pour » y faire et construire un pigeonnier, terrasse et créneaux, » ouvertures, portes, entrées, machicoulis, meurtrières, » fenêtres, croisières, et autres choses que plaira aud. mes- » sire Gras et qu'il jugera être nécessaires : ce que ledit » seigneur lui a permis, le tout franc et quitte de toutes » charges, pour icelle maison unir et incorporer à l'église » des Saints Marcellin et Pierre, paroissiale de Vendémian, » sans aulcune réservation, sauf le droit de directe et sei- » gneurie, sous l'usage annuel et perpétuel de ung soul » (sol), que le sieur *viquaire* et ses successeurs seront tenus » de lui payer chaque jour de la feste de N.-D. d'août. Et » pour l'entrée, le seigneur a confessé avoir heu et receu » deux paires de poulets, et s'en est contenté; le sieur *vi-* » *quaire* promettant ladite maison augmenter et non dété- » riorer à l'union de ladite église, et d'estre bon et loyal » emphytéote à lui et à ses successeurs.., avec pacte néan- » moins que led. sieur *Viquaire* et ses hoirs jouissent d'i- » celle maison sans pouvoir en estre dépossédés jusques au » préalable estre payés et remboursés par ses successeurs, » *viquaires,* de toutes réparations et améliorations qu'il y » aura fait faire. » Cette maison, appelée *lo castel*, confrontait « du marin, la muraille de l'église; du vent droit, la

» rue de l'église; du grec, le clocher; du narbonnais, autre » rue de l'église tournoyant le château ». Antoine fut présent à cette transaction. (*Arch. de Lestang*).

Pierre de Guers remplaça, à Lestang, Guillaume de Guers; il était chevalier, baron de Castelnau, seigneur de Laval et conseigneur d'Olargues. En 1573, il fit son testament. Après avoir désigné pour lieu de sa sépulture l'église de *Saint-Supplice* de *Châteauneuf* et le *bout de l'autel* de Notre-Dame, il donnait à chacun de ses fils la somme de 4,000 liv. tourn. Son fils aîné, Jean de Guers, était institué son héritier universel, et ses frères lui étaient substitués par ordre de naissance. La place de Lestang et celle de Laval furent assignées à Jeanne de Grasselles, épouse de Pierre de Guers, sa vie durant, à la condition qu'elle resterait en état de viduité. (*Arch. de Lest.*).

Jean de Guers fut fiancé, le 12 avril 1587, à damoiselle Clarisse d'Adhémar de Monteil, fille de Louis d'Adhémar, comte de Grignan, chevalier, conseiller du roi, sénéchal de *Vallantinoye*, capitaine de 50 hommes d'armes, et de dame Izabel de.... Jean, baron de Castelnau donna, dans son contrat de mariage, à Clarisse d'Adhemar, son épouse, pour en jouir, après sa mort, « tant et si longuement que devait » durer son veuvage », 5,000 écus d'or par an et « oultre ce, » pour sa demeure d'habitation, l'une de ses maisons ou » chasteaux de Castelnau, ou de Lestang, ou d'Olargues », voulant que ses héritiers fussent chargés de mettre en état la maison qu'elle aurait choisie, et lui comptassent immédiatement 2,000 écus d'or, dont elle aurait la libre disposition. Jean désigna, pour son héritier et successeur, le premier enfant, mâle ou fille, que lui donnerait son épouse. Il mourut en 1602; Henry, son fils, naquit quelques mois après son décès.

Après Antoine, sieur de Popian et de Tavaux, le village

de Popian eut pour seigneur François de Tuffet, qui fut chanoine de l'église cathédrale de Saint-Nazaire de Béziers, et aussi archiprêtre du Pouget.

François se dessaisit de la moitié de ses biens, à l'occasion et en faveur du mariage de son frère Gaspard, 1586. Il aida aussi à l'établissement de son neveu François, 1606, en promettant à ce dernier la terre de Popian, pour en jouir après son trépas; il ratifia, en cette circonstance, la donation qu'il avait faite au père de François. Le seigneur de Popian rendit hommage, en 1610, à Antoine de Roquefeuil, « comme ayant droit ce dernier des rois de Majorque, » selon que les sieurs de Popian avaient accoutumé de se » reconnaître les hommes du Baron du Pouget, et confor- » mément à l'hommage rendu par Peltric à Arnaud de » Roquefeuil, en 1353. » (Hommage de François de Tuffet. *Arch. Lest.*).

Si nous en croyons le vieux chanoine, le futur seigneur de Popian n'avait pas les égards et le respect qu'il devait à son oncle et bienfaiteur. Prêtons un instant l'oreille aux plaintes du vieillard : « Au lieu de reconnaître ses bienfaits, » peu apres la donation, led. de Tavaux, sa femme, ses » serviteurs et domestiques s'étaient rendus maîtres de tous » ses biens et avaient de plus ouvert et rompeu avec force » tant les coffres du sieur de Poupian que la porte de son » cabinet, ayant prins et enlevé tous les papiers, titres et » documents, habits et autres choses plus précieuses qu'il » avait. Non content de ce, étant led. sieur de Poupian en » sa chambre, led. sieur de Tavaux le serait veneu attaquer » et menacer, tenant ung poignard hors de son fourreau, et » le tuer, s'il ne lui faisait entière et pure donation de tous » ses biens, duquel poignard il blessa led. sieur de Pou- » pian en la main droite, d'où sortit effusion de sang. Pour » de tant plus l'affliger et travailler, il lui envoyait, la nuit, » en sa chambre, d'hommes déguisés, qui se disaient, les » aulcungs, estre diables, les autres estre des morts, trai-

» nant les chaînes de fer des ponts-levis de Poupian, *urlant*
» et faisant graud bruit, lui demandant du poil de sa barbe.
» D'autre cousté, ledit de Tavaux battait et faisait battre ung
» tambour de guerre, alentour de sa chambre, pour effrayer
» led. sieur et le faire tomber en fièvre. Sy que se voyant
» ainsi tourmenté, mesme en ses vieux ans, par iceux
» desquels il devait estre solagé, pour conserver sa vie, il
» fut constraint, contre sa volonté, accorder aud. de Tavaux
» ce qu'il demandait et signer une donation, qu'il portait
« escripte, de tous ses biens meubles et immeubles, droits,
» voix, noms et actions, présens et advenir dud. sieur de
» Poupian. Nonobstant laquelle, au lieu de laisser led.
» sieur jouir en repos du reste de ses jours..., led. de
» Tavaux et les siens avaient continué plus qu'auparavant
» leurs indignités, menaces et mauvais traitements contre
» led. sieur, l'ayant injustement tiré du château de Poupian;
» tellement qu'il fut constraint se retirer dans la maison
» du baïle dud. lieu, et de là à Gignac, où il se rendit à
» cheval avec incommodité de sa personne, à cause de sa
» vieillesse, pour lui avoir led. sieur de Tavaux rompeu le
» bras du brancart de sa litière, croiant par ce moyen
» l'empêcher de sortir du lieu et aller faire sa plainte à la
» justice, comme il fit à Gignac. Et à la suite de ce, led.
» sieur ayant justement impétré lettres royaux et formé
» instance en cassation de lad. frauduleuse et constrainte
» donation, pour empêcher la poursuite de lad. instance,
» led. de Tavoux aurait arraché et housté (ôté) les provi-
» sions obtenues par led. sieur de Poupian des mains de
» l'huissier qui avait charge de les exploicter, battu led.
» huissier et menacé de le meurtrir et tuer, s'yl, ou autre,
» venait lui signiffier, ny aux siens, de la part dud. sieur
» de Poupian. » (*Arch. de Lest.*)

Sous l'impression des mauvais procédés de son neveu, François de Tuffet révoqua, cassa et annula la donation qu'on lui avait extorquée, ainsi que la promesse qu'il avait faite de laisser après sa mort le château et la seigneurie de Popian au sieur de Tavaux, qu'il déclarait indigne de ses bienfaits. Il donna alors, par une disposition nouvelle, une partie de ses biens à Pons de Thémines, sénéchal du Quercy, et l'autre au chapitre de Saint-Nazaire de Béziers. Le sieur de Thémines, son allié et son ami, lui avait rendu des services ; chanoine et précenteur de l'église cathédrale de Béziers, il y avait perçu des fruits suffisants pour conserver et entretenir sa seigneurie de Popian et autres biens. Il fit en leur faveur une donation pure et simple et à jamais irrévocable. Elle eut lieu dans la salle capitulaire de Saint-Nazaire, le chapitre étant représenté par Gabriel de Faure, grand archidiacre, Hervard, précenteur, Gabriel de Pradines, sacristain, etc., et Pons de Thémines par Gabriel Vézian de Sairas.

Il fut stipulé que le chapitre et le sénéchal se partageraient par portions égales tout l'avoir du seigneur de Popian après sa mort, comme aussi la moitié dont il avait gratifié son frère, et qui était pour lors jouie par le neveu du chanoine, au cas où celui-ci mourrait sans enfants, ou que lui ou ses successeurs feraient profession de la religion prétendue réformée, car, pour ces motifs, la donation fut déclarée devoir être caduque; François de Tuffet se réserva les fruits de ses propriétés, sa vie durant. Il laissa à la charge des donataires l'obligation de veiller et fournir à l'accomplissement de certaines fondations de messes et de services auxquels devait se faire représenter le chapitre de l'église abbatiale de Saint-Aphrodise de Béziers, de pourvoir aux honneurs de sa sépulture dans la chapelle de *Monsieur S. Sébastien*, de distribuer chaque année des aumônes aux pauvres de Popian et de doter, pour une seule fois, deux jeunes filles honnêtes dud. lieu, en vue d'un mariage convenable. (Donation du 8 fév. 1612. — *Arch. de Lest.*).

A la mort du chanoine, 1613, le neveu attaqua cette donation. Le chapitre, voyant ses droits contestés, renonça à la possession des biens du défunt sieur de Popian, moyennant la somme de 6150 liv., qui fut placée en rente perpétuelle sur les héritiers naturels pour assurer le service des fondations établies. Nous ignorons l'entente qui se fit entre le sieur de Tavaux et le sieur de Thémines.

Le sieur de Popian était archiprêtre du Pouget en 1597; cette date est donnée par un jugement du présidial de Montpellier, qui condamna Catherine Durand et son fils, Pierre Fournier, à reconnaître la directe dud. sieur sur certaines terres désignées dans les reconnaissances de l'an 1501.

La grosse affaire de la dépaissance des troupeaux du seigneur de Paulhan continua à agiter les esprits pendant le XVIe siècle. Les habitants obtinrent, en 1537, un jugement qui favorisait leurs prétentions. Le parlement de Toulouse avait fait bon accueil au syndic du Languedoc, qui lui avait présenté l'ordonnance des États de Montpellier prohibant l'entrée des propriétés rurales aux bêtes à laine et à cornes : les gens de Paulhan profitèrent de ces bonnes dispositions ; ils firent des démarches et obtinrent un succès contre le baron.

Sur la liste des seigneurs de Paulhan, Jacques de Veyrac vient après Antoine, IIIe du nom. Jacques fut présent à l'Assemblée qui se tint dans la ville de Montpellier, en 1562, pendant la guerre civile soulevée par les protestants, assemblée dont le but était de remédier aux maux présents et à venir. Nos pays étaient dans le plus grand trouble : les fanatiques étaient répandus dans la contrée, et partout on était sous les armes pour les chasser. Un combat fut livré sous les murs de Lézignan-la-Cèbe entre Baudiné et le duc de Joyeuse. Les protestants ayant été battus prirent la fuite vers Montpellier à travers les montagnes d'Aumelas, débarrassant de leur présence et de leurs vexations Pézénas, Montagnac, où ils avaient leur quartier-général, et les pays voisins, qu'ils parcouraient sans cesse. Avec le secours de l'évêque de Lodève, Clermont et Gignac se délivrèrent des hérétiques et rétablirent la messe. (*H. G. L.*, T. VIII, p. 382).

L'ordre et la tranquilité régnèrent quelque temps dans nos localités, mais il fallut reprendre les armes en 1582. A la suite de Pierre Ier de Veyrac, nos braves villageois se dirigèrent vers Cabrières, où les protestants s'étaient fortifiés comme dans un lieu inexpugnable. M. de Montmorency avait convoqué toutes les compagnies de la contrée pour monter à l'assaut de la forteresse : mille hommes répondirent à l'appel dans la petite ville de Fontès. Les troupes avaient de l'artillerie qui devait faciliter le succès de l'entreprise. Déjà on s'avançait vers le château pour commencer les hostilités, quand un courrier vint annoncer qu'un traité de paix avait été signé à Fleix entre les catholiques et les protestants par l'entremise du roi de Navarre. Le fort était sauvé pour le moment; il fut rendu au Roi de France. Mais le duc de Montmorency avait promis de détruire ce repaire de brigands, qui tenait trop souvent en échec les troupes du Roi, et inspirait la terreur aux pays voisins : il le fit démanteler.

Les de Veyrac de Paulhan firent branche, à cette époque, dans le Velay. Jean, frère de Pierre Ier, alla s'y fixer, en 1587, sans perdre toutefois la qualification de baron de Paulhan ; sa descendance subsiste encore au Puy. (Truchard du Molin.)

Pierre I partagea, en 1600, la juridiction avec Pierre II, son fils. C'est pendant leur administration que le grand procès fut définitivement jugé. Le parlement de Toulouse reconnut aux habitants le droit d'écarter, en toute saison, de leurs terres, les troupeaux des seigneurs ; mais il contraignit les habitants à respecter leurs titres des barons fonciers et juridictionnels. La paix fut ramenée dans le village ; ce ne fut que pour quelques années, comme nous le verrons plus loin.

Pierre II épousa, eu 1612, Isabeau du Fesc, fille de Jean, baron de Sumène : le mariage se célébra dans l'église du château d'Aumelas.

Vers ce temps, la maison de Paulhan fit branche à Castelnau de Guers et à Aspiran. Jean de Veyrac épousa Clarisse d'Adhémar, veuve de Jean de Guers depuis 1602; Jacques de Veyrac fonda à Aspiran la maison des Veyrac de Vallaussière, 1618. (*Armorial de Languedoc.*)

Antoine III de Roquefeuil avait à se libérer vis-à-vis de ses frères de leurs droits de légitime ; il avait aussi à faire une dot à chacune de ses filles : il se décida à vendre la Baronnie du Pouget. Cette grande famille abandonna nos pays pour n'y plus revenir. Pendant 269 ans elle avait été maîtresse du Pouget. La circonstance qui l'attira au Pouget suffirait pour tirer ce lieu de l'oubli ; les qualités d'Arnaud et de sa maison lui donnent un éclat dont il doit être fier.

§ II

Les De La Cassaigne

Si le Pouget dut son éclat aux de Roquefeuil, Lestang devra sa prospérité aux de La Cassaigne. La richesse de ce domaine transformé, non moins que la résidence qu'y feront les Barons, excitera l'envie du Pouget; la justice du seigneur établie à Lestang, au détriment du chef-lieu de la Baronnie, attirera le mouvement et la vie dans ce lieu jusqu'alors peu important.

I

Paul d'Arnaud de la Cassaigne

Paul d'Arnaud de La Cassaigne, fils de Bernard d'Arnaud, conseigneur de La Cassaigne, et de Marguerite de Choisinet, couseiller du Roi, chevalier, trésorier-général de France et intendant des gabelles en Languedoc, acquit, en 1618, la Baronnie du Pouget avec toutes ses dépendances. Le sieur Antoine de Roquefeuil, qui la lui vendit, déclara que l'objet de la vente consistait : 1° en la juridiction pleine et entière sur les lieux du Pouget, de Vendémian, de Saint-Bauzille et sur la moitié de Saint-Amans ; 2° en un château ruiné, sis au Pouget ; 3° en usages, censives, émoluments, péages, qui étaient prélevés dans ces derniers lieux ; 3° en un moulin sur la rivière de Rouvièges, et les terres qui en dépendaient ; 4° en hommages dus par les sieurs de Lestang, de Popian, de Belarga, de Plaissan, d'Adissan, de Jourmac, de Carabottes, de Tressan, de Montarnaud, et par le prieur de Saint-Amans ; 5° en redevances à payer par les sieurs de Clermont, à l'occasion de la barque de Canet, et de Larcare pour sa métairie de la Vernède ou de Brignac et le moulin de Carabottes ; 6° en hommages et charges de tous les fiévatiers ou possédant fiefs dans la juridiction, suivant les anciennes et modernes reconnaissances ; 7° en droits de prélation sur tous les fiefs aliénés saus avoir été *lozés*. La vente fut faite au seigneur d'Arnaud pour la somme de 64,500 livres tourn., le 16 novembre, dans la maison d'Antoine Fabre, au Pouget, témoins messire Jean Gras, vicaire perpétuel de Vendémian, maître Pierre de Muraignargues, du lieu de Calvisson, diocèse de Nimes, noble Charles de

Peyre. sieur de La Garde, en Gévaudan, et Mathieu Arnaud, notaire (1). On peut voir que la Baronnie n'avait pas périclité entre les mains des de Roquefeuil.

Le sieur de La Cassaigne avait à payer les droits de vente, la Baronnie ayant changé de maitre. Bien que M. de Bonnet, engagiste de la vicomté d'Aumelas, lui eût proposé de s'entendre au sujet du lods qu'il estimait lui être dû, Arnaud, ne doutant pas un instant que la Baronnie ne relevât directement de la Couronne, se tourna vers le Roi, demandant à être déchargé de l'obligation qui l'atteignait. Louis XIII, « désirant gratifier Mre Paul d'Arnaud...., en considération » de ses bons services, et lui donner toute occasion de les » continuer », lui fit « don et remise de tous et chacuns les » lods et ventes, quintz et requintz et autres droits seigneu- » riaux... , la terre et Baronnie du Pouget et leurs dépen- » dances... se mouvant de Nous, 12 décembre 1618 ». Cette faveur fut révoquée, sans doute, à cause des revendications du sieur de Bonnet, et le seigneur d'Arnaud versa, le 7 mai 1620, dans la caisse du domaine 12,900 liv.; et après avoir reconnu « tenir son fief du *Roy nostre sire*, et promis d'amé- » liorer et non détériorer sa terre, et de rendre hommage » au prince, toutes les fois qu'il en serait requis », il reçut l'investiture de la Baronnie.

A peine entré dans sa seigneurie, Mre de La Cassaigne résolut de racheter les divers fiefs qui en dépendaient. Deux ans ne s'étaient pas écoulés qu'il avait ramené à la Baronnie le fief de Mre d'Arboras, au prix de 1,067 liv., 1619; celui du prieur de Saint-Jean de Sainte Eulalie, au prix de 150 liv., 1618 ; celui de sacristain d'Aniane, au prix de 3,000 liv., et celui du conrazier, au prix de 1,100 liv., 1620 (2); celui du monastère du Cassan, au prix de 200 liv., 1620 ; et enfin celui du chapelain de N.-D. de Mostuejols, en l'église de Saint-Guilhem, au prix de 100 liv., 1621.

(1) *Appen.* LXXIV.

(2) *App.* LXXV.

L'éloignement des sieurs de Roquefeuil avait favorisé la tendance des feudataires de la Baronnie à se considérer comme indépendants des seigneurs du Pouget. M^re^ de La Cassaigne voulut porter remède à cet abus : il assigna, devant le juge présidial de Montpellier, noble François de Brignac, seigneur de Montarnaud, noble Henry de Guers, seigneur de Lestang, messire Jean Mestre, vicaire perpétuel de Saint-Amans, possesseur du fief de Bernard Albaigue, noble de Lasset, seigneur de Plaissan et Adissan, et le sieur Jacques Bézard, seigneur de Madières, récent acquéreur d'Adissan. Il exigeait qu'ils plaçassent sous ses yeux les titres originaux de leurs seigneuries et fiefs, afin qu'il pût prendre des extraits relatifs aux droits des Barons du Pouget et aux hommages qui leur étaient dus. Il força pareillement les consuls du Pouget à lui présenter le terrier, ou compoix de la communauté, pour régler le chiffre des censives, 1621. (*Arch. de Lest.*).

Fontès cherchait, en ce moment, à emprunter 6,000 liv., dans le but de soulager ses habitants qui étaient dans la détresse, et pour venir en aide à François de La Tude, seigneur du lieu, qui avait acheté à Madeleine du Caylar, le domaine de Lestang (près Fontès).

On sut que le sieur du Pouget était débiteur envers le sacristain d'Aniane de 3,000 liv., prix du fief de ce dernier, qu'il avait récemment acquis. Cet argent devait être employé en fonds assurés, ou baillé à rente, au profit de la sacristie, jusqu'à ce qu'on eût trouvé une personne solvable qui voulût s'en charger. Incontinent, la communauté de Fontès députa au Pouget Pierre de Rouch, viguier, Pierre Paladilhe, lieutenant de juge, Michel Desmoutz et Combal, consuls modernes. Ceux-ci s'engagèrent, pour la communauté, à rembourser au frère Blaquière la somme empruntée, dès qu'il aurait trouvé à faire un placement sûr, à la réserve d'être avertis trois mois à l'avance par le Baron du

Pouget; et jusque là ils promirent de servir, pendant 10 ans, une rente de 178 liv. 10 sols; après les 10 ans, la rente ne devait être que de 120 liv.; le tout suivant le traité passé entre le Baron et le sacristain. Quelques jours après, le seigneur de la Tude comptait à Jeanne du Caylar, dame de Saint-Martin, 3,000 liv., sur une somme plus forte qu'il lui devait. Il mit ensuite « la communauté de Fontès au » lieu, place et hypothèque de ladite damoiselle, consen- » tant que la place de Lestang soit et demeure par exprès » affectée, soit envers la communauté, soit envers M^re de La » Cassaigne, soit envers le sacristain, jusqu'à concurrence » des 3,000 liv. à lui baillées ». Noble générosité du lieu de Fontès qui s'oublia lui-même pour faire bénéficier son seigneur de tous les deniers empruntés. *(Arch. de Lest.)*.

Disons ici que la vente de ce fief, que nous avons mentionnée plus haut, avait été autorisée par le chapitre général tenu à Aniane, le 4e dimanche de carême, « dans la » chapelle de S. Benoit, lieu accoutumé de ses séances » depuis la ruine et démolition de l'abbaye, sous la prési- » dence de Bertrand de Cambous, provincial du royaume ». Le frère sacristain s'était plaint auparavant de la difficulté qu'il éprouvait à obtenir les censives et usages de son fief, parce que les titres en avaient été dispersés, en 1561, pendant les guerres de Religion, comme il résultait de l'enquête faite par Grégoire Leroy, juge de Gignac, en date du 9 9bre 1563, et la vente du fief avait été résolue de l'avis unanime des frères. Les mêmes raisons furent invoquées par Jean de Lauzeran du Fesc, conrazier, pour se défaire pareillement du fief qu'il possédait dans le terroir de Tressan, et par le susdit sacristain pour vendre au Baron les arrérages des droits seigneuriaux, qui lui restaient dus à raison de son fief, soit au Pouget, soit à Saint-Amans, soit à Rouvièges.

Le paiement des intérêts des 3,000 liv. prêtées à Fontès ne s'effectua pas toujours d'une manière régulière; aussi y eût-il des procès, des condamnations et des contraintes par corps. L'abbaye réclama à plusieurs reprises cette somme, ou pour la placer entre meilleures mains, chez des particuliers, ou sur le monastère, qui avait besoin de grandes réparations. La rente se payait encore en 1692, quoique assez mal. Enfin, après un accommodement fait sur les arrérages dus à cette époque, le sacristain put rentrer dans ses fonds, et placer les 3,000 liv. en rente perpétuelle.

Paul d'Arnaud somma, en 1623, le sieur de Popian de lui faire hommage. François de Tuffet et de Tavaux lui refusa son serment de fidélité, disant qu'il ne se reconnaissait vassal que du Roi. Après avoir passé par toutes les juridictions inférieures, ils se rencontrèrent devant la cour des Requêtes de Toulouse, en 1633. Le Baron, pour obtenir la soumission du seigneur de Tuffet, se prévalut de l'hommage qui avait été rendu à M. de Roquefeuil, en 1610, par le chanoine de Tuffet. Le sieur de Popian demanda, en vertu de Lettres-royaux, la cassation de l'hommage susdit, et de plus l'intervention du procureur général en faveur des droits de Sa Majesté. « La Cour, intérinant les Lettres-royaux » dud. de Tuffet, sans avoir égard à l'hommage de 1610, » lequel elle a déclaré et déclare de nul effet et valeur, a » relaxé et relaxe led. de Tuffet de la demande dudit hom- » mage, condamne led. de La Cassaigne envers led. de » Tuffet, et maintient le Procureur en la faculté de recevoir » hommage et serment de fidélité de la seigneurie et château » de Popian. » (*Arch. de Lest.*)

Le Baron fit appel de ce jugement, qui avait été rendu le 28 juin, mais il fut débouté; le premier arrêt fut maintenu, et les dépens accordés à la partie adverse, 16 juillet 1634. La sentence fut prononcée sur les conclusions du procureur général, M. de Maniban, favorables au sieur de Tuffet. Le procureur posa en principe que tout seigneur doit au Roi l'hommage et la foi pour sa terre, soit en pays coutumier, soit en pays de droit écrit, à moins qu'il ne justifie du contraire par des titres certains. Or, dit-il, le sieur du Pouget ne rapportant ni la donation du roi de Majorque, ni l'ordonnance papale qui lui accorderaient la juridiction sur Popian, les titres n'existent pas pour lui procureur, et il estime qu'il faut revenir au titre primordial de 1204, où il est réglé que les seigneurs de Popian rendront hommage aux seigneurs de Montpellier et d'Aumelas. Du reste, le roi de Majorque n'a ni voulu ni pu aliéner Popian; il ne l'a pas voulu, puisqu'il a conservé Montpellier et Aumelas desquels dépendait Popian; il ne l'a pas pu, puisqu'en se donnant aux sieurs de Montpellier et d'Aumelas, Popian y a mis pour condition expresse qu'il ne serait jamais détaché de ces chefs-lieux. Les lettres du roi Philippe-de-Valois, donnant main-levée de la saisie de la Baronnie, ajoute-t-il, n'ayant pas été enregistrées par le parlement, sont de nul effet et ne sauraient priver ses successeurs du profit qui peut leur revenir de la terre de Popian.

Il remarqua encore que tandis que Vendémian et Montarnaud étaient soumis à l'hommage, Popian n'était soumis qu'à des reconnaissances pour des terres et des droits, comme en témoignaient les reconnaissances de 1276, où l'on ne rencontrait pas d'hommages proprement dits.

Il insista sur la conduite du sieur Arnaud de Roquefeuil qui « ne toucha pas à Popian », quand il se fit reconnaître dans les divers lieux de la Baronnie. Allant au devant de l'objection tirée du jugement de 1363, il soutint que l'affaire n'avait pas été traitée contradictoirement, et que le procureur général s'opposa à l'arrêt, pour le rendre provisionnel, à l'effet de sauvegarder les intérêts du Roi, compromis par la suppression de certains actes. Quant à la question de possession, il dit que le Roi pouvait prescrire l'hommage, le fonds lui appartenant, mais que le sieur du Pouget était dans une situation bien différente : le fonds ne lui appartenait pas, et le sieur Peltric ne pouvait offrir aucun hommage, n'étant qu'un exécuteur testamentaire, qui n'avait ni charge, ni mission de rendre hommage, ce qui résultait du testament de Pierre de Ganges. On pourrait même avancer qu'il s'entendit avec le sieur de Roquefeuil pour frustrer son pupille. A l'égard des hommages dont se prévalait le seigneur du Pouget, M. de Maniban regardait celui de 1610 comme de nulle valeur, parce qu'il avait été fait par un homme en colère et vindicatif et, de plus, privé, pour ainsi dire, de ses droits à la seigneurie de Popian par les contrats qu'il avait passés à son sujet. C'est ainsi, disait-il, que le syndic du chapitre de Béziers répudia la donation de 1612, qu'il reconnut vicieuse, se contentant de réclamer la somme affectée aux fondations pieuses de François de Tuffet. Les autres hommages et quelques actes invoqués par le Baron n'eurent à ses yeux aucune importance. Au contraire, les hommages qui furent faits au Roi, en 1503, 1535 et 1548, par les sieurs de Popian, et les dispenses de service militaire, que le Roi accorda à plusieurs d'entr'eux, établissaient la possession en faveur du prince. En présence de tous ces motifs habilement présentés, mais surtout de la clause renfermée dans le pacte de 1204, en vertu de laquelle Popian ne pouvait jamais être aliéné par les sieurs de Montpellier et d'Aumelas, la cour devait fatalement écarter les prétentions du sieur du Pouget : c'est ce qu'elle fit. (*Arch. de Lest.*)

Revenons un peu en arrière pour nous rendre compte des circonstances de l'acquisition de Lestang par M. de La Cassaigne. Henry de Guers hérita du château et seigneurie de Lestang. A l'âge de 18 ans, il épousa Marguerite de Clermont de Montoison (1620) ; mais après deux ans de cohabitation, il eut la douleur de voir sa compagne fuir le toit conjugal pour se retirer auprès de ses frères, alléguant que son mariage était frappé de nullité. La dame de Clermont ne s'en tint pas là; elle entreprit de faire invalider son union. Sur ses instances, l'évêque d'Agde ordonna une réunion temporaire; mais Henry, plutôt que de se soumettre à une épreuve humiliante, se déclara prêt à entrer en religion. L'ordonnance épiscopale fut cependant exécutée et fit ressortir l'existence d'un empêchement dirimant; l'official reconnut le mariage comme invalide. Par suite, le sieur de Guers fut condamné à la restitution de la dot de Marguerite de Clermont avec dépens, mais à si bref délai qu'il fut forcé de faire appel au métropolitain pour gagner du temps, ce qui entraîna ladite dame à conclure elle aussi comme appelante. Pour éviter un fâcheux procès, des amis communs intervinrent et nommèrent un conseil, qui devait donner à l'affaire une solution acceptable de part et d'autre. Il se fit, en effet, une transaction, le 1er septembre 1624, dans la ville de Béziers, entre Jean de Veyrac, baron de Paulhan, époux de Clarisse d'Adhémar, mère de Henry de Guers, représentant les intérêts de ce dernier, et Jean de Maussac, prieur de Laurens, procureur de la dame de Clermont. Il fut convenu que les parties mettraient fin à tous procès devant le parlement et près le métropolitain ; que, puisque Henry n'avait pas renoncé à son vœu d'entrer dans l'ordre du Temple, Marguerite poursuivrait, à ses frais, en cour de Rome, la dissolution du mariage; enfin que la dot de la dame de Clermont serait remboursée dans un temps et d'une manière qui furent déterminés.

Pour pouvoir se libérer, Henry de Guers fit vente, le 10 mai 1625, au baron du Pouget, Paul d'Arnaud, de la place de Lestang et des fiefs qu'il possédait aux lieux du Pouget, Saint-Bauzille et Popian, consistant en censives de blé, orge, vin, huile et deniers; le tout pour la somme de 23,000 liv. Le 5 septembre, M[re] de La Cassaigne versa lui-même aux mains de Marguerite de Clermont 18,000 liv. représentant sa dot, sans préjudice de la somme de 4,350 liv. qui restait due par Henry à cette dame. Cette dernière somme fut remise, le 16 décembre, par l'intermédiaire de Fulcrand de Barrès, chanoine et sacristain de l'église d'Agde, en présence de messire Jean de Veyrac et de Clarisse d'Adhémar. Henry de Guers, majeur de 25 ans, donna quittance finale au baron du Pouget, le 12 novembre 1627, à Pézénas, dans la maison de M. de Paulian. (Cette maison fut achetée par les Ursulines, en 1638) (1).

Quelques jours après l'acquisition de Lestang, le baron du Pouget fit signifier au seigneur de Tressan, qui tenait les fruits de ce lieu en afferme, le contrat de vente et la garantie de la jouissance immédiate de sa nouvelle terre, 17 mars 1625. Le sieur Jérémie de La Vergne refusa de se retirer de Lestang, qu'il avait affermé en bonne et due forme, et dont il avait à jouir pendant quatre ans. Le sieur d'Arnaud fit alors saisir la seigneurie; les armes du Roi furent attachées à la porte du château, et inhibitions furent faites de troubler ni molester l'acquéreur (5 août 1625).

La terre et seigneurie d'Adissan venait de passer des mains de François de Lasset, successeur de Jean, qui avait dénombré ses terres en 1570, comme son prédécesseur François, en 1539, aux mains de Jacques Bézard, sieur de Madières (1620). Étienne Goutte, en vertu d'un traité fait avec S. M. pour la liquidation des lods dus au domaine du Roi, fit sommation au sieur Bézard d'acquitter le lods de son acquisition, et sur le refus qui lui fut opposé, fit saisir deux mûles et autre bétail appartenant au susdit Bézard, qui s'empressa alors de donner un à-compte de 100 liv. Sur ces entrefaites, le Baron du Pouget réclama pareillement pour lui le droit de vente. Ce que voyant, le sieur de Madières assigna à la fois Goutte et Mre de La Cassaigne devant les commissaires du domaine pour savoir lequel des deux il devait satisfaire.

(1) *Append.* LXXVI.

Après information, vérification des titres et audition des parties, les commissaires déclarèrent que la terre et seigneurie d'Adissan relevait de la directe du Pouget, et qu'elle devait foi et hommage au baron de la Cassaigne. Ils autorisèrent, en conséquence, ce dernier à poursuivre le paiement des lods, ordonnèrent la restitution des 100 liv. déjà versées, et donnèrent main-levée de la saisie opérée sur les bêtes du sieur Bézard (30 août 1624).

Adissan fut donc reconnu comme membre de la Baronnie du Pouget. C'est pourquoi le nouveau seigneur, nanti du décret de M. le Sénéchal, gouverneur de Montpellier, autorisant cette acquisition, se présenta devant son vrai suzerain pour lui rendre ses devoirs, et obtint de lui l'investiture de son fief. Il versa le lods à raison de cinq un, soit la somme de 526 liv. Après avoir reçu la somme « formée de 40 pisto- » les en or espaigne, de 20 écus d'or et pour le surplus de » quartz d'écus, de testons et doutzaines bons et de mise », le Baron lui accorda l'investiture, « lui baillant à cet effet, » de main-à-main la note du contrat d'acquisition de la » terre et seigneurie d'Adissan, juridiction, justice haute, » moyenne et basse dudit lieu, réservé en icelle les foy, » hommage et serment de fidélité, droits de prélation, » commission, rétention, advantage et autres droits lui » appartenant..... Le noble Jacques de Maders, escuyer » d'Adissan, confessa, de son bon gré, pour lui et pour ses » successeurs, tenir, devoir et vouloir tenir à fief noble, » dud. seigneur du Pouget, pour lui et ses successeurs en » la baronnie, savoir, est le lieu, château et terre et sei- » gneurie d'Adissan, avec ses droits, appartenances et juri- » diction, justice haute, moyenne et basse, mère et mixte » empire, avec tout ce que les autres tiennent de lui au » terroir, mandement et district d'Adissan; auquel le baron » a rersort et cognaissance des premières appellations, et » autres servitudes, redevances et hommages, lesquels ses « prédécesseurs ont eus jusqu'ici; conformément à l'hom-

« mage rendu par noble Jean de Narbonne, sieur de » Playssan et Adissan, à noble Arnaud de Roquefeuil, reçu » par Herbert de Brenelle, le 24 octobre 1351 ; et a promis » lui être fidèle vassal et à ses successeurs....; et lui a fait » hommage à genoux, les mains jointes entre celles du » sieur Baron, avec serment prêté sur les saints Evangiles. » *(Arch. de Lest.)*

Le seigneur de la Cassaigne reçut, la même année, l'hommage de l'archiprêtre Fraire, à raison de son fief, consistant en un grand nombre de pièces de terre, dont le clergé du Pouget était en possession pour assurer le service religieux de la paroisse. A cette occasion, il se fit entre le Baron et l'archiprêtre un échange de certaines directes. Pour donner une idée de la situation avantageuse faite aux prêtres du chef-lieu de la Baronnie, nous dirons que les reconnaissances de 1501 attribuent au seigneur archiprêtre *les hommages de 39 feudataires.*

La communauté commençait déjà à voir d'un œil jaloux la richesse du clergé; les gens du Pouget convoitaient certaines terres jouïes par l'archiprêtre. Ces terres étaient situées au ténement de Saint-Saturnin, entre le devois de Lomède, le chemin *farrat* (voie Romaine), allant de Gignac à Pézénas et la rivière de l'Hérault ; elles entouraient l'église de Saint-Saturnin. Il y avait un pré de *six jornées à faulcher le foin*, des terres labourables et des terres incultes. On proposa, en 1634, à Jacques Pastre, archiprêtre, s'il consentait à les détacher de son bénéfice, une rente annuelle de 300 liv. et la faculté de paitre son bétail à lui sur le même pied que celui des habitants ; et pour l'amener à cette concession, on fit valoir l'intérêt général. Pastre ne pouvait résister à un argument aussi puissant sur l'esprit d'un pasteur. Il se défit de ces biens. Mais comme s'il craignait qu'un jour, la rente perpétuelle qu'on devait constituer lui faisant défaut, il fût obligé de reprendre ses terres, il exigea que la communauté fit planter des arbres.

saules ou peupliers, le long du rivage de l'Hérault, pour les protéger contre les inondations, qui plusieurs fois l'année font de la plaine une petite mer. (Vente des terres de Lomède. — *Arch. de Lest.*)

C'est un spectacle grandiose qu'il est donné de voir aux riverains de l'Hérault, mais souvent ils ont beaucoup à en souffrir. On peut prévoir l'inondation à l'état du ciel et à la direction des vents. Poussés par le vent du sud, les nuages courent et s'amoncellent dans les Cévennes vers la source du fleuve. La pluie tombe alors en abondance sur les montagnes de l'Aigoual, près Valleraugue (Gard). L'Hérault grossit démesurément grâce à ses affluents, la Vis, le Rieufort, le Merdanson. Il entre dans notre département et prend des proportions alarmantes, si l'Alzon qui naît près de Montolieu, la Lergue qui descend des montagnes de Lodève et reçoit l'Aubeige, le Ronel et le Roubieux, le torrent de la Dourbie qui finit près de Canet, la Boyne qui vient des montagnes de Cabrières, la Peyne qui se forme au-dessus de Roujan, La Tongue qui passe à Saint-Tibéry lui apportent leur contingent multiplié par les pluies d'orage. Il faut à l'Hérault, dans ces circonstances, un vaste lit; il déborde et séjourne dans la plaine jusqu'à ce que la Méditerranée ait permis à cette immense quantité d'eau de pénétrer dans son sein. Alors se dépose dans les terres un limon qui les engraisse, les unit et élève leur niveau. Mais aussi le fleuve fait payer bien chèrement ses bienfaits. Les villages bâtis sur ses bords sont sous l'eau; les terres trop voisines du fleuve sont ravinées par le courant; les récoltes pendantes sont perdues; les paysans qui se trouvent dans la campagne se voient entourés par les eaux et leur vie est en danger. Nous pourrions enregistrer bien des catastrophes. L'inondation de 1875, entr'autres, fut fatale à Cazouls d'Hérault : sept personnes périrent en voulant se sauver dans une barque; leurs noms sont inscrits sur un monument élevé en face de l'église du lieu.

Tandis que le château seigneurial du Pouget ne pouvait offrir, vu son état de délabrement, un séjour convenable au nouveau Baron, le domaine de Lestang devait lui procurer tous les agréments d'un lieu de plaisance aussi bien que les avantages d'une riche propriété, le jour où des réparations faites avec goût et intelligence auraient rendu le manoir habitable et mis les terres en rapport. De toute nécessité, il fallait s'occuper de Lestang. L'expertise qui eut lieu en 1625, établit, en ce qui concernait le château, que tant les murs que les quatre tours carrées, dont l'une portait le nom de tour Madeleine, étaient en très mauvais état, que la porte de la basse-cour n'avait que la moitié de sa fermeture, que les défenses du portail et des tours étaient *démantelées et abattues*. L'intérieur de l'édifice n'avait pas un meilleur aspect : la chapelle, la grande salle, les chambres, l'escalier d'honneur, les prisons étaient encombrés de débris ; les portes, fenêtres, poutres des trois étages tombaient de vétusté. L'ensemble du château témoignait des ravages du temps, mais surtout de l'abandon des maîtres. Quant aux terres, faute d'entretien et de travail, elles se trouvaient en friche et ne donnaient pour ainsi dire aucun revenu. Mais il entrait dans le plan de M. de La Cassaigne d'améliorer le domaine, et d'y amener sa famille pour y goûter l'air pur des champs. Du reste, en se fixant à Lestang, il n'était qu'à quelques pas du chef-lieu de sa Baronnie.

Le seigneur de Lestang dépensa des sommes considérables pour restaurer le vieux château, dont on voit les débris non loin des constructions modernes, et pour rendre fertiles les terres incultes. Il se préoccupa surtout d'un ancien fossé, qui avait été creusé pour recueillir les eaux pluviales, et les jeter en dehors du terroir par une forte tranchée pratiquée dans les terres environnantes plus hautes que celle de Lestang. Le fossé étant obstrué et détruit en grande partie, les eaux séjournaient et formaient un véritable étang. Avec des travaux qui coûtèrent 19,000 liv., le fossé des *yols* put fonctionner et les marais furent mis à sec. Grâce à une culture aussi active que bien comprise, sans trop tarder, l'œil du maître put se reposer avec complaisance sur une terre luxuriante, complantée de vignes, d'oliviers, d'arbres fruitiers, embellie de prairies, de jardins; sur les coteaux qui formaient autour de la petite plaine comme une ceinture, paissaient les troupeaux de la bergerie du seigneur.

C'est là que M. de La Cassaigne se plût à fixer son séjour, entouré de sa famille. A partir de ce moment, Lestang fut un lieu fréquenté, plein de vie et de mouvement. Laissons le baron tout entier au bonheur de voir sa nouvelle terre ainsi prospérer, pour assister à la transaction qui doit mettre fin aux luttes séculaires des habitants de Paulhan contre leurs seigneurs.

Pierre II avait légué, en mourant, sa baronnie à deux enfants en bas âge, sous la tutelle de leur mère Isabeau du Fesc. Les habitants, qui avaient obtenu pour leurs terres l'affranchissement de la dépaissance du troupeau seigneurial, travaillèrent encore à les affranchir de l'obligation des censives. Mais, pour arriver à leur but, il fallait contester une foule de droits et d'usages consacrés par le temps, après avoir été établis par le droit de l'époque et des concordats dont le souvenir et les titres subsistaient; d'ailleurs les censives, nous l'avons dit, étaient fondées sur le droit naturel. Ils eurent beau s'incrire en faux contre l'inféodation de Paulhan faite à Guillem VI par Bérenger, comte de Mauguio; ils s'efforcèrent en vain de ne pas reconnaître les barons comme seigneurs fonciers et juridictionnels; ils essuyèrent des échecs répétés au parlement de Toulouse. De guerre lasse, ils consentirent aux propositions de paix qui leur vinrent du château. Le 6 oct. 1625, la noble veuve de Pierre II conduisit ses deux jeunes fils sur la place publique, où tous les hommes du lieu s'étaient rendus, et là, au nom des jeunes seigneurs, elle accorda au village une charte de libertés qui, tout en assurant les droits fonciers et juridictionnels des barons, satisfit aux vœux les plus importants de la population. Les habitants eurent désormais le droit de créer, sans l'avis et le choix des seigneurs, les consuls, conseillers politiques et officiers de la communauté; les clés de la ville leur furent confiées; chaque famille put avoir son pigeonnier ; la chasse fut permise à tous, quoique avec certaines restrictions ; le bétail du pays, en cas de délit, ne put être capturé comme le bétail étranger; le petit bétail eut la liberté de paître dans le fossé ou les caves de la ville ; il fut possible de percer des fenêtres aux murailles; l'usage du moulin à huile, de l'abreuvoir, de la fontaine, des lieux publics, comme la jouissance des herbages, le droit d'affermer la boucherie close, etc., furent assurés à la communauté. Les seigneurs se réservèrent le droit aux censives, la possession des murailles, l'hommage et le serment de fidélité des consuls et des officiers du lieu, la reconnaissance des terres baillées en emphytéose à chaque mutation de propriétaire, la redevance de deux punières de blé par sétérée de compoix. Pour l'arriéré des sommes dues par les habitants, les seigneurs se montrèrent bons princes. (*Arch. de Paulhan.*)

Grâce à ces concessions, la paix fut définitivement rétablie dans le village. Jusqu'à la Révolution de 1789, les rapports entre les seigneurs et les habitants furent réglés par le concordat dont nous venons de citer les principales clauses.

Le Baron du Pouget n'avait de la dame de Montchal, son épouse, qu'une fille, du nom d'Anne, dont la main fut demandée et obtenue, en 1634, par Marc-Antoine de Gardies, vicomte de Montpeyroux. Celui-ci était fils de Jean-Grégoire de Gardies, baron des Deux-Vierges, seigneur de Parlatges et autres places, et de Françoise de Claret, seigneuresse de

Saint-Félix. Le mariage eut lieu le 12 septembre, au château de Lestang. La dot d'Anne fut considérable. Les époux vécurent ensemble pendant sept années, puis ils se séparèrent.

En 1647, il y eut entr'eux un rapprochement. La circonstance qui l'amena fut probablement le testament d'Arnaud de La Cassaigne, qui confirma la dot faite jadis à l'épouse du vicomte de Montpeyroux, et substitua Anne à la dame de Montchal, établie héritière universelle des biens d'Arnaud et, à son défaut, le fils ou la fille qui naîtrait d'elle et du vicomte son époux (1). Mais Anne et Marc Antoine ne restèrent pas longtemps ensemble.

Nous l'avons dit : le Pouget jalousa toujours Lestang. Quand on vit le magnifique domaine remis sur pied, et honoré de la résidence du Baron et de sa famille, on songea, au Pouget, à faire la guerre à M. de La Cassaigne. Le moyen de le vexer était tout trouvé, c'était de soumettre le seigneur aux tailles de la communauté, comme on l'avait fait au XIVe siècle. Depuis longtemps cependant les biens nobles étaient exempts dans la Baronnie. Un jour, donc, M. le Baron vit arriver en son château le collecteur des tailles, le nommé Verdier, réclamant 97 liv. 10 sols portés sur ses rôles, à titre d'imposition frappant les terres et biens du sieur de La Cassaigne situés dans les taillables du Pouget et de Lestang. Le seigneur ne put que remarquer l'abus de pouvoir que commettaient les consuls. Le collecteur lui-même dut reconnaître, devant notaire et témoins, que « l'u-» sage établi était de défalquer cette parcelle sur la col-» lecte ». Après avoir constaté que « cette demande ne » procédait que de la malice d'aulcungs de ses vassaux mal » affectionnés », le seigneur remit audit. Verdier 2 liv. et 15 sols taxés pour l'imposition d'une olivette acquise d'un sieur Fabre et reconnue « innoble », faisant refus de payer

(1) *Appen.* LXXIX.

pour les autres terres ; « tout le reste ayant toujours été » possédé noblement au Pouget et à Lestang », 1636.

L'exemption des tailles fut toujours le prix du service militaire fourni au Roi par la Noblesse pour la défense du pays; ce privilège mérita d'être maintenu aux seigneurs, tant qu'ils payèrent l'impôt du sang. La chevalerie française acquitta toujours sa dette loyalement et généreusement, sans peur et sans reproche. A cette heure, un de La Cassaigne, que nous supposons avoir été Paul d'Arnaud, neveu du Baron, mestre de la Cavalerie, était blessé « en » défendant Leucate contre les Espagnols, qui voulaient » prendre ce fort pour pénétrer en France par le Languedoc ».

Dom Vaissette, qui rapporte ce fait, ajoute que « la » noblesse de cette province combattit vaillamment, versa » généreusement une partie de son sang, et resta victorieuse » de l'ennemi, 1636. (*H. G. L.*, t. IX, p. 44.)

Le Baron du Pouget, désirant avoir sous sa main les fruits décimaux de N.-D. de Rouvièges, église paroissiale de Lestang, commit, en 1639, Jean Clary, docteur et avocat, pour les affermer en son lieu et place. Le prieuré dépendait alors de *la table* du collège Notre-Dame du palais royal de Montpellier.

Les sieurs Gras, grand-vicaire et prieur du collège, et Claude Folchier, chanoine de Saint-Pierre, « arrentèrent à » Clary la dîme que percevait le collège, non les droits » seigneuriaux, pour trois ans, moyennant la rente annuelle » de 350 liv., à la charge par led. Clary de faire faire les » saints et divins offices accoustumés de leur ancienne » coustume, de payer à l'évêque de Béziers 16 cestiers » mixture, de supporter les frais de la visite épiscopale, et » de défrayer les collégiens pendant huit jours lorsqu'ils » viendront à Rouvièges pour affaires ». Clary eut soin de déclarer qu'il avait prêté son nom à M[re] de La Cassaigne, et qu'il lui cédait les charges et bénéfices du prieuré. En effet, une quittance du syndic du collège, datée de 1641, porte que le Baron a payé sa rente par les mains de Clary. *(Arch. de Lest.)*

La France pontificale mentionne, en l'année 1640, une circonstance qui intéressa nos pays : « une nouvelle peste, » dit-elle, fut répandue dans Montpellier par des troupes » qui revenaient du Roussillon, et força le chapitre cathé- » dral à suspendre son service et à quitter la ville. La cour » des Aydes s'étant transférée à Frontignan, et les Trésoriers » de France à Gignac, Mgr de Fenouillet désigna, par une » ordonnance, l'église d'Aniane pour la célébration de » l'office canonial. Le chapitre s'y transporta le 23 juin, » mais n'y demeura pas plus de trois mois (*F. P.*, dioc. » de Montp., p. 244). »

Deux ans après, c'est-à-dire en 1642, le roi Louis XIII mourut, suivant de près dans la tombe son ministre, le cardinal Richelieu, peu regretté de nos pays à cause de la mort de Montmorency ; il laissait le royaume à un enfant de cinq ans, qui devait être Louis XIV. Une mesure générale de désarmement, qui fut prise, rencontra dans la Baronnie une vive résistance chez les paysans : « les uns refusèrent de « livrer leurs arquebuses, les autres les remirent ou brisées » ou privées de leur rouet ». Une opposition non moins forte fut faite à l'administration supérieure par les communautés en corps, lorsqu'on voulut réunir, en 1647, le courtage du Languedoc au domaine royal, et en investir un bourgeois de Paris, Jean de Brioude.

Les dernières années de M^re de La Cassaigne se passèrent au milieu des graves ennuis que lui causa la conduite du vicomte de Montpeyroux à l'égard de sa fille, Anne d'Arnaud. Les mauvais traitements, qu'elle eut à subir, durent être considérables, puisque, sur la requête qu'elle présenta de concert avec sa mère, Anne de Montchal, le lieutenant-

criminel de Montpellier eut ordre d'informer, et que, par arrêt de la cour du 12 janvier 1651, « le sieur de Mont-
» peyroux et ses complices, Bernard de Rète, Peneautier,
» Henry de Roqefeuil, sieur de la Roquette, et les frères
» Planque furent appréhendés au corps et menés prison-
» niers aux prisons de la conciergerie, pour être ouïs et
» leurs réponses êtres transmises au procureur général ».
La plaignante fut placée sous la sauvegarde du Roi à cause du danger qu'elle courait.

Quand la dame de Montchal avait vu sa fille maltraitée par le sieur de Montpeyroux, son mari, elle lui avait fait donation, par acte entre-vifs, de tous ses biens présents et à venir, se réservant la disposition d'une somme de 4,000 liv. et la jouissance de ses biens, à la condition expresse que, d'aucune façon, ni Marc-Antoine, ni ses enfants, Henry et Anne, ni aucun de ses parents ne bénéficieraient jamais de la donation; et cela à peine de nullité (1649).

La colère du vicomte n'eut alors plus de frein. Un jour, l'huissier Adhémar, se présentant à Vendémian et à Saint-Bauzille, pour prélever les usages de la Baronnie, faillit être assommé par ses ordres (1649).

En 1650, l'huissier Leyniés vint de Montpellier à Vendémian pour exploiter contre plusieurs habitants soumis aux censives, qui avaient été condamnés par défaut. Il se trouva tout-à-coup environné de gens hostiles et menaçants : ils lui déclarèrent qu'ils étaient désignés par M. de Montpeyroux « pour arrêter tout huissier et sergent qui viendraient
» exploiter des actes de justice de la part de Madame et de
» sa fille, et pour aller prendre un des consuls pour s'em-
» parer d'eux, et avertir aussitôt le sieur de Montpeyroux ;
» sans quoi celui-ci enverrait des gens de guerre pour les y
» contraindre ».

L'huissier, repoussé de Vendémian, se dirigea vers Saint-Bauzille, où il avait aussi affaire; mais là, il apprit de *l'hoste* (aubergiste) qu'il ne serait pas mieux accueilli qu'à

Vendémian. Il dressa procès-verbal et reprit tout de suite la route de Montpellier (28 janv.). On voit que le vicomte s'immisçait dans l'administration de la seigneurie du Pouget, et cherchait à se faire des créatures parmi les vassaux. Il ne se borna pas à chasser les huissiers ; il s'en prit à celles qui les envoyaient ; et ses violences furent telles, qu'il y eut lieu de le conduire enchaîné devant la Justice de Montpellier pour la seconde fois. (*Arch. de Lest.*)

Paul d'Arnaud mourut le 26 janvier 1651. La dame de Montchal fit ensevelir son corps dans la chapelle qu'elle avait construite, sous le titre de Saint Joseph mourant, en l'église de Saint-François, hors les murs, à Montpellier, la deuxième à droite en descendant du chœur. Le Baron s'était fait recevoir cordelier quelques jours avant sa mort, et avait laissé à sa dame le choix du lieu de sa sépulture, spécifiant seulement dans son testament qu'il voulait être enseveli en la forme ordinaire de l'Église romaine, dans laquelle il desirait mourir. La vérité de l'Histoire nous oblige à dire que le seigneur d'Arnaud avait fait pacte, un instant, avec l'hérésie. En effet, dans une supplique qu'il adressa au duc de Ventadour, dont nous indiquerons le motif, il donna pour raison de son recours à la chambre de l'Édit établie à Béziers, qu'il professait la Religion Réformée. Cette chambre jugeait les affaires des protestants. La politique, un intérêt local plutôt que la conviction, faisaient parfois passer pour un moment les catholiques dans le camp opposé. Le Pouget en est une preuve. Une délibération du conseil politique suffisait pour en faire un village protestant ; une autre délibération le rendait au culte catholique.

Nous avons promis d'indiquer le motif qui amena Arnaud de La Cassaigne à la chambre de l'Édit ; le voici : le sieur du Pouget avait été délégué, en 1624, par les Trésoriers-généraux, ses collègues, pour procéder à la délivrance des baux et prix-faits des ouvages à accomplir dans la citadelle de Montpellier. Ce fut en présence du duc de Montmorency et du président Dufaure qu'il confia, le 30 mai, les travaux à Gérault et à Froment. Prétendant que ces derniers n'avaient pas été moins-disants, le procureur-général attaqua Mre de La Cassaigne devant la cour des Aydes. comme coupable d'abus, de malveillance et de monopole. La cour ordonna la saisie des biens de Paul d'Arnaud. Celui-ci se retira alors à la chambre de l'Édit et fit casser et annuler le décret qui atteignait sa personne en même temps que ses biens. Loin d'obtempérer aux décisions de la chambre de l'Édit, la cour dee Aydes voulut retenir la cause devant son tribunal, et fit défense à Paul d'Arnaud de se pourvoir ailleurs. Dans ce conflt de juridictions, Paul en appela au conseil du Roi et demanda au lieutenant de la province sa protection qui lui fut accordée. A en croire les affirmations du seigneur d'Arnaud, le procès qu'on poursuivait contre lui, était devenu une occasion, dont on tirait partie pour faire décider en haut lieu une question de préséance, et n'avait, au fond, d'autre raison d'être que la rivalité haineuse qui existait entre les deux chambres. (*Arch. de Lest.*)

II

Anne de Montchal, Veuve de Paul d'Arnaud de La Cassaigne

La dame Anne de Montchal succéda, à titre d'héritière universelle, à son mari Paul d'Arnaud de La Cassaigne, Baron du Pouget et seigneur de Lestang; elle devait jouir des honneurs et des revenus de la Baronnie et de Lestang, tant qu'elle ne convolerait pas à de secondes noces.

Tel est le bilan des fruits et profits de la Baronnie que nous avons trouvé dans les notes de Mre de La Cassaigne :

» 1° Les censives et droits seigneuriaux de la » Baronnie sont actuellement affermés à moitié » fruit au s[r] Besombe, feudiste, à raison de » 1,000 liv. ; ils sont donc d'un rapport de.....	2,000 liv.
» 2° La terre de Lestang, actuellement cultivée » par le Baron, a été autrefois affermée commu- » nément 2,000 liv. par an. Il y a 3,000 pieds » d'oliviers et des vignes jeunes de 6 ans ; on » offre de fermage.........	2,200
» 3° Le jardin de Lestang rapporte.........	180
» 4° La mouline est affermée à raison de....	100
» 5° Le jardin et les terres de la mouline ont » dépéri par suite de la mort du jardinier; en » les convertissant en prés, on peut en retirer..	200
» 6° Outre quoy, il y a dans la Baronnie plu- » sieurs facultés, comme la chasse, la pêche, le » bois, les feuilles de mûrier, le passage gratuit » aux barques de Canet et de Carabottes pour le » seigneur et toute sa maison ; et, en outre, une » habitation convenable au Pouget.	
» Total, non compris les facultés inappréciées,	4,680 liv.

Telles sont maintenant les charges de la Baronnie :

« 1° Pour les tailles des fonds il est payé chaque année..........................	700 liv.
2° Il est dû au chapelain de N.-D. de Montjuejols...............	3 liv.
» 3° Id. au prieur de Saint-Jean de Sainte-Eulalie	9 liv. 7 sols.
	712 liv. 7 sols.
Auxquelles 712 liv. 7 sols, il faudra ajouter une rente à servir aux Cordeliers de 250 liv................................	250 liv.
	962 liv. 7 sols.

Revenu net : 3,717 liv. 13 sols.

Or, en faisant la récapitulation des sommes déboursées par M[re] de La Cassaigne pour l'acquisition de la Baronnie de Lestang et des divers fiefs, pour les réparations faites à la propriété de Lestang, et pour autres nouvelles acquisitions d'un prix de 10,000 livr., on trouve un total de 126,017 liv.

Par son testament, Paul d'Arnaud laissait 4,500 liv. destinées en partie à la fondation de messes pour le repos de son âme, en partie aux pauvres de sa Baronnie qu'il voulait secourir, et en partie aux serviteurs de sa maison qu'il désirait récompenser. Le soin de répartir et de distribuer cette somme était confié à l'intelligence et à la sagesse de l'héritière.

La veuve d'Arnaud distribua sans retard 500 liv. aux domestiques et aux nécessiteux des divers villages. Après cela, elle songeait à établir une fondation chez les cordeliers de Montpellier sous la rente perpétuelle et annuelle de 250 liv., lorsqu'elle fut atteinte d'une maladie qui devait lui être fatale. Sentant sa fin prochaine, elle chargea sa fille, Anne d'Arnaud, qui était son héritière désignée, de réaliser ses intentions. Anne de Montchal mourut le 19 septembre 1651, huit mois après le décès de son mari.

III

Anne d'Arnaud de La Cassaigne, vicomtesse de Montpeyroux

Anne d'Arnaud, un instant rapprochée du vicomte de Montpeyroux en 1647, avait été forcée par les vexations de son mari de demander la séparation. Après deux défauts du sieur de Montpeyroux, l'affaire fut portée au conseil du Roi (1550). Depuis ce moment, les époux vécurent éloignés l'un de l'autre.

La nouvelle Baronne du Pouget fit transporter les restes de la dame de Montchal, sa mère, dans la chapelle de l'église Saint-François où reposait Paul d'Arnaud, son père, et elle y fit placer un signe commémoratif de la sépulture de ses chers défunts. Elle accomplit ensuite les instructions d'Anne de Montchal, en fondant un service perpétuel et quotidien pour toute la famille. Le chapelain qu'elle désigna fut un prêtre de Saint-Bauzille nommé Coustol ; les pères de Saint-François devaient le remplacer après sa mort. Le service commença en 1653, et la rente dut être fournie par les fruits du domaine de Lestang. Cela fait, Anne ne tarda pas à quitter le pays et se retira à Paris.

Quoique la Baronnie du Pouget et le lieu de Lestang fussent des biens paraphernaux et relevassent de la juridiction d'Anne d'Arnaud de La Cassaigne, le vicomte de Montpeyroux en percevait les revenus, s'il faut croire à ce que cette dame répondit à maître Lecques, prêtre, syndic de N.-D. de Mostuejols, en l'église abbatiale de Saint-Guillem, lorsqu'il la cita à Montpellier pour lui servir la rente de cette chapelle (vers 1680). Elle lui dit en effet « qu'elle vivait séparée de son mari depuis quarante ans » environ, pendant lesquels celui-ci avait joui de la » Baronnie du Pouget et de Lestang, quoique biens para- » phernaux et malgré deux arrests portant renvoi en la » cour de Paris rendus en 1653 et 1680, avec condamna- » tion ». Lecques, repoussé par le vicomte, auquel il avait été renvoyé, revint à Anne d'Arnaud, qui le força à plaider à Paris, attendu qu'elle n'avait pas de domicile réel en Languedoc. Il paraît qu'en 1681 il y eut une certaine transaction entre Anne d'Arnaud et le sieur de Montpeyroux, mais elle ne dut pas aboutir à grand résultat, puisqu'en 1688 la dame Anne demanda et obtint des lettres de *pareatis* pour la faire jouir des rentes de la Baronnie et de Lestang.

Anne d'Arnaud et Marc-Antoine de Gardies n'existaient plus en 1691 ; ils ne laissaient après eux qu'une fille du nom de Anne de Gardies. (*Arch. de Lest.*)

Les documents relatifs au Pouget et à Lestang pendant la longue absence de la Baronne, Anne d'Arnaud, nous font défaut, mais, en revanche, ceux qui concernent la Vicomté d'Aumelas et les arrière-fiefs du Pouget ne manquent pas. Nous parlerons d'Aumelas dans une autre circonstance.

A Paulhan, les deux fils de Pierre II de Veyrac épousèrent deux demoiselles de Saint-Gilles. L'aîné, Pierre III, mari de Jeanne, baron de Paulhan, ne quitta pas cette ville, qu'il rendit heureuse et prospère, et où il travailla à faire fleurir la religion en y établissant (1645) une confrérie de Pénitents-Blancs, dont il fit partie jusqu'à sa mort. Jean, époux d'Isabeau, pareillement baron de Paulhan, suivit la carrière des armes, fut fait chevalier, et devint capitaine de la comté de Pézénas.

Jean mourut en 1669, ayant pour héritière une fille mariée depuis deux ans au fils du comte d'Uzès, Armand de Crussol, qui fut assassiné en se rendant avec Isabeau, son épouse, à N.-D. de Montserrat, pour accomplir un vœu (1663). Isabeau, qui avait échappé au fer des assassins, ramena le corps de son mari à Paulhan et l'ensevelit, au milieu des pleurs et des regrets des habitants, dans l'église de Sainte-Croix, « tombeau de la famille de Veyrac ». Armand laissa un fils dont la naissance avait été, sans doute, l'occasion de son pèlerinage

a. Pierre III mourut en 1665. Son fils, Jean, partagea les droits de la baronnie avec le fils du comte d'Usez, conseigneur, jusqu'en 1682. A cette époque, Jean fit l'acquisition de la moitié de Paulhan qui relevait du conseigneur. Il eut voulu tenir son achat secret; mais, quand il réclama les censives à la place du fils du comte d'Usez, les habitants exigèrent que ce dernier leur donnât main-levée de ses droits, ou que Jean se fit reconnaître par la communauté comme seul seigneur directe du lieu. Dès que la vente de la moitié de Paulhan fut constatée, le vicomte d'Aumelas réclama les lods, prétendant que la baronnie de Paulhan dépendait de la Vicomté d'Aumelas. Il sera parlé plus loin de cette affaire. Mentionnons, avant de quitter Paulhan, l'hommage que Jean de Veyrac avait fait, en 1673, au Roi, déclarant tenir *nuement* sa terre des mains du souverain. (*Arch. de Paulhan.*)

Les de la Vergne, seigneurs de Tressan, obtinrent, en 1648, du parlement de Toulouse, un arrêt qui les maintenait dans le droit de prendre, comme le portaient les reconnaissances faites à feu Antoine de La Vergne, la quantité de 6 émines d'avoine pour l'usage du four commun, et une punière de blé pour chaque sétérée de terre relevant de leur directe. Partout les emphytéotes luttaient contre les droits féodaux.

Les Consuls de Saint-Bauzille s'étant rendus en 1672 dans la ville de Gignac, devant les Commissaires députés pour la confection du papier terrier réunis *au logis de la veuve Bédos, ou pend pour enseigne un sygne* (*cygne*), reconnurent qu'ils tenaient au nom de la communauté, et voulaient, comme leurs prédécesseurs, tenir du Roi, en emphytéose perpétuelle et sous sa directe, seigneurie et droit de lods, un grand ténement de bois, patus et garrigues, situé dans la Baronnie d'Aumelas et le taillable de Saint-Bauzille. Ils exceptèrent diverses pièces de terre, pour lesquelles des particuliers faisaient leur hommage au Roi, et d'autres qui étaient sous la directe du monastère d'Aniane. La communauté devait continuer à fournir la censive d'une oye payable à la Saint Jean-Baptiste, sous peine de commis, et à mesure que les terres seraient mises en culture, le droit d'agrier serait soldé à raison de la 6e partie des fruits; le tout conformément au règlement qui avait été confirmé par Jacques, roi de Majorque, en 1293.

François de Lasset, seigneur de Belarga et de Plaissan, mourut vers 1627, Comme il a été dit, il avait vendu quelques années auparavant le lieu et château d'Adissan à Bézard, sieur de Madières. Les hérttiers de François cédèrent Belarga et Plaissan à la famille de Mirman, qui fit aussi l'acquisition d'Adissan, sans que nous puissions préciser la date d'aucune de ces transactions. Nous savons néanmoins d'une manière certaine que Jean de Mirman, intendant des Gabelles en Languedoc, transmit ce château, en 1672, à son fils François de Mirman, grand prévôt-général du Languedoc et que ce dernier fit, cette année, le dénombrement de ses biens, parmi lesquels figurèrent Belarga et Plaissan.

Le roi Louis XIV voulut bien, en 1673, pour honorer François de Mirman, ériger Plaissan en vicomté. Nous transcrivons les Lettres-royaux, données à cette occasion, parce qu'elles relèvent tout le mérite de la maison de Mirman :

« Louis, par la grâce de Dieu, Roi de France....... Nous » ayant fort bien remarqué que les dignité, rang et puis- » sance, ezquelles nos ancêtres élevèrent les hommes » vertueux, servent non seulement à publier leurs belles » actions et les rendent recommandables, mais aussi à con- » duire ceux qui les voudraient imiter et parvenir à d'égales » récompenses; c'est pourquoi ils ont séparé ceux, dont les » services ont bien mérité, par des grades d'honneur, non » seulement en leurs personnes, mais encore en leurs mai- » sons et terres qui demeurent après eux à leur postérité. » Suivant cet exemple, voulant reconnaître les bons services » de la famille de notre cher et bien-aimé François de » Mirman, seigneur de Playssan, Belarga, Lavaignac, Abei- » lhan, Adissan, Roquemengarde et Agusa, tant dans les » charges de judicature que dans plusieurs importants » emplois en nos armées où ils ont donné de très-fortes » preuves de leur valeur et bonne conduite, savoir par ses » père et ayeul dans les charges de Président, Trésorier- » général, Grand-voyer de France, Intendant des Gabelles,

» pendant plus de 60 ans, et Prévôt-général en chef dans la
» province, dont François de Mirman, Baron de Florac, son
» père, a été pourvu que par les bisayeuls qui ont rempli
» des charges plus considérables dans les armées pour
» le service de cet État, et aussi par Pierre Pons de
» Mirman de Belarga, son oncle, décédé capitaine-major de
» dragons, et encore par Gabriel-François de Mirman,
» Président en la Cour des comptes....... Nous avons cru
» ne lui devoir pas refuser la très-humble supplication,
» qu'il nous a faite, d'honorer et de décorer du titre de
» Vicomté la terre de Playssan, en joignant celles de Belarga,
» Lavaignac, Abeilhan, Adissan, Roquemengarde et Agusa,
» dont il est seigneur, haut, moyen et bas justicier. Savoir
» faisons que Nous, bien informé que les terres susdites
» sont d'un bon revenu, contigues..., ce qui rendra la terre
» de Playssan d'une étendue et valeur considérables pour
» porter le nom et qualité de Vicomté... Nous, par ces causes
» et autres... et en considération des services rendus, avons,
» de grâce spéciale et autorité royale, créé, érigé et décoré...
» la terre de Playssan, en nom et dignité de Vicomté..., à
» la charge de foy et hommage, voulant même que ledit de
» Mirman et ses hoirs et successeurs puissent dorénavant
» porter en leurs armoiries et blasons les armes marquées
» et titrées de Vicomte...; permettons au sieur de Mirman
» d'établir en la Vicomté de Playssan tous officiers néces-
» saires pour l'administration de la justice et de faire bâtir
» et dresser des fourches patibulaires, sans qu'à défaut
» d'hoirs mâles en loyal mariage nous puissions ni nos
» successeurs, en conséquence de l'Édit de juillet 1665, ni
» autres, prétendre ladite terre être unie à notre domaine,
» auxquels édit et ordonnance, en faveur dudit de Mirman
» et ses enfants en légitime mariage, nous avons dérogé
» par ces Présentes ; sans laquelle condition led. de Mir-
» man n'eut accepté la présente grâce, ni consenti à ladite
» création. Sy donnons en mandement et donné à Saint-

» Germain-en-Laye, au mois de novembre 1679, de notre » règne la 37e année. »

François de Mirman ne vécut que quelques mois après avoir vu sa personne et sa terre ainsi honorées par le Roi. Le 12 août de l'année suivante, Isabeau de Peyrat, sa veuve et son héritière, se fit reconnaître seigneuresse de Belarga, Plaissan et Adissan ; elle présenta son dénombrement d'après ceux de 1380 et de 1539. Pour mieux faire apprécier ses droits, nous citerons celui qu'elle déposa en 1684, qui est le plus explicite : « Je suis, moi Isabeau de Peyrat.., » seigneuresse dans toute l'étendue de Belarga, avec toute » justice.... J'ai droit de chasse, de pêche, d'herbages, etc. » Je possède noblement le château et maison seigneuriale » dudit lieu, avec censives et pigeonnier; plus un moulin à » blé composé de trois meules, qui rapporte 600 liv.... » Sur la communauté je prélève trois charges d'huile, soit » 40 liv.... J'ai le passage sur l'Hérault, soit 50 liv. ; une » autre taille d'huile, soit 11 liv....; des censives, blé, huile » et argent ; ....le droit de lods sur les ventes. A Playssan » j'ai toute justice, droit d'instituer les officiers pour l'exer- » cice de la justice, droit de chasse, de pêche, etc.; ..cen- » sives des emphytéotes.... ; les lods ; ...les terrres » hermes et vacants. Je possède Adissan, terre et seigneu- » rie, qui a ses bornes, du terral, l'Estang (de Fontés), du » narbonais, la rivière de Boyne ; du marin, Saint-Ferréol » et Paulhan ; d'aquilon, Aspiran ; j'ai toute justice haute, » moyenne et basse, mère et mixte empire, avec droit et » faculté d'instituer et de destituer tous officiers établis » pour l'exercice de la justice, droit de chasse et de pêche, » herbages, etc. ; la possession noble du château et maison » seigneuriale, ...censives blé et orge, 15 sétiers.. ; argent » 3 liv. ; deux gelines ; droits de lods à l'occasion des » ventes et des changements de main à main.. ; plus her- » mes et vacants. ...Pour tout ce dessus je dois et fais » hommage au Roi, mon souverain seigneur. Fait à Belarga, » le 15 juin 1684. De Peyrat de Florac. »

La veuve de François de Mirman fut remplacée par Pons Pierre de Mirman, son neveu, vers 1710. Cette année, en effet, le nouveau seigneur de Belarga et autres lieux fit son dénombrement au roi Louis XV ; il venait d'épouser Marguerite de Vissec (*Hist. de Fontès*). Au moment de la Révolution, Adissan avait pour seigneur Denis Focras de Laneuville, époux d'Hélène de Mirman.

IV

Anne de Grégoire de Gardies de Montpeyroux.

Anne, fille du comte de Montpeyroux et d'Anne d'Arnaud de La Cassaigne, qui avait été substituée à sa mère par les dernières volontés de Paul d'Arnaud, était en possession de la Baronnie du Pouget en 1691 (1). Elle jouissait aussi de la seigneurie de Lestang, ayant fait lever la saisie qui pesait sur cette terre pour raison d'hommage non fait : pour cela, elle avait délégué Martin, son juge et viguier, auprès du sénéchal de Carcassonne, lui donnant commission de prêter en son nom foi et hommage au Souverain (1er septembre). Anne devait avoir onze lustres bien comptés; elle était célibataire.

Le domaine de Lestang était dans une situation déplorable. La seigneuresse assigna Claude d'Arnaud de La Cassaigne, qui lui était substitué par les clauses du testament d'Arnaud, pour constater avec elle l'état actuel des choses et faire sans retard les réparations dont il devait profiter un jour. Claude répondit que « la damoiselle de Mont-» peyroux, héritière après sa mère, avait été tenue de con-

(1) *Append.* LXXXIII.

» server le domaine dans de bonnes conditions ; et que les » ruines existantes n'avaient pour cause que l'indifférence » des dames de Montpeyroux. » Il voulait bien, ajouta-t-il, consentir à l'enquête demandée, mais à la condition que les réparations seraient toutes à la charge de la partie adverse. Les démarches d'Anne de Gardies auprès de Claude n'eurent pas de suite.

Les usages de la Baronnie furent affermés par la dame du Pouget à Jean Carrière, baïle de Belarga, et à Mathieu Galibert, de Montpeyroux, à raison de 1500 liv., et notification en fut faite aux consuls des divers lieux soumis à la juridiction d'Anne de Gardies. Le Pouget et Vendémian se montrèrent assez mal disposés à l'égard de la demande des censives.

Le Pouget commença à se mutiner et riposta, selon son habitude, en réclamant les tailles de Lestang. Les consuls se rendirent auprès de la Baronne et lui déclarèrent que la communauté regardait ce domaine comme un bien rural, et par suite soumis à la taille. Et, à l'appui de leurs dires, ils représentèrent que Mre de Roquefeuil ne dénombra pas ce lieu dans son hommage de 1732, et que le texte de l'arrentement du château, terres et jardins fait par Mre Paul d'Arnaud, en 1637, à Darlay, ne permettait pas de les considérer comme un bien noble. On leur répondit que Lestang était une dépendance de la Baronnie avec laquelle il faisait corps. Cette nouvelle levée de boucliers ne fut pas plus heureuse que celle de 1635..., et le Pouget fut contraint de payer les censivesréclamées.

La collecte des usages rencontra à Vendémian une résistance des plus énergiques. Les fermiers s'étant présentés chez un nommé Trial, sans doute un des plus importants censitaires, se virent refuser par lui tout paiement, sous prétexte que les usages avaient été augmentés, sans raison, et cela, depuis trop longtemps. Des poursuites commencèrent contre Trial. La communauté, se jugeant intéressée dans l'affaire, se leva comme uu seul homme et prit parti pour Trial.

La supplique suivante fut adressée par elle au sénéchal : « Les consuls, prenant fait et cause pour Jean Trial et » autres de Vendémian, supplient que, comme il s'agit de » l'affaire la plus importante qu'ils puissent avoir, et, pour » ainsin dire, de leur salut public par le soulagement que » les habitants récupèreront, après avoir gémi longtemps » sous un joug rude et injuste, ils sont obligés de se def- » fendre à la requête baillée par la damoiselle de Mont- » peyroux, dans laquelle il y a tant d'animosité et d'aigreur » qu'il paraît bien qu'elle n'a pas de bonnes raisons à » opposer, et qu'elle ne peut se résoudre à voir diminuer » les usages et les redevances que ses devanciers auraient » establis, quoiqu'elle ne puisse ignorer la surcharge qu'ils » avaient faite..... Et, comme on a attaqué le premier, » le sieur Trial, comme si c'était celui qui *devait faire la* » *planche ;* c'est-à-dire que se mettant sous le joug, il devait » entraîner les autres par son exemple ; lequel ayant voulu » deffendre sa liberté, selon le mouvement naturel, mais » plein pourtant de respect..., se voit une victime, que la » damoiselle veut immoler à son ressentiment, ...comme » s'il était chef de parti... L'intérêt de Trial est commun » avec celui des habitants..., en ce qu'elle veut imposer à » tous le devoir de lui faire le dénombrement des pièces » qu'ils possèdent ». Après ce préambule passionné, qui dépeint l'attitude des villageois de l'époque vis-à-vis de leurs seigneurs, les consuls demandent l'autorisation de lutter en faveur de la communauté qui, au lieu de ne payer que 240 liv. de censives fixées par le roi de Majorque, en 1349, se trouve maintenant imposée à raison de 1700 liv. Leur supplique est accueillie, et ils font opposition, 7 septembre 1695. La Baronne revient à la charge. 6 oct. 1695, et réclame les usages qu'elle tient des sieurs d'Arboras. Les consuls Vernède et Brouzet, étonnés de cette attaque inattendue, se hâtent de signifier à la seigneuresse « que, » quoique le général et le particulier de la communauté » n'aient jamais prétendu, en lui contestant le droit qu'elle » avait, comme étant subrogée au roi de Majorque, lui » contester aussi les droits ou directes qu'elle peut avoir » des seigneurs particuliers, en justifiant de titres légiti- » mes, néanmoins elle ou certaines personnes, en son nom, » se flattent, à raison de quelques droits acquis dans le » lieu de Vendémian ez-mains d'autres seigneurs, d'inten- » ter divers procès....... Et, d'autant qu'il n'est pas juste » que les exposants soient attaqués pour des droits qu'ils » n'ont jamais prétendu contester, dès qu'elle les aura » établis par des titres légitimes, ils la supplient par cet » acte de vouloir faire remettre à tel notaire, qu'elle » voudra choisir, les titres et reconnaissances qu'elle dit » avoir du sieur d'Arboras, afin qu'ils puissent les voir, et » moyennant ce..., chacun habitant offre de... payer ce » qu'il devra légitimement, 12 novembre 1695 ». Les usages du sieur d'Arboras furent donc mis hors de litige. Les débats devaient porter sur les droits transmis par le roi de Majorque au sieur de Roquefeuil.

La dame de Vendemian réclamait l'aveu et dénombrement des terres relevant de sa directe et, comme conséquence, l'acquittement des censives et devoirs seigneuriaux sur le pied habituel; elle s'adressait à Trial pour atteindre tous les habitants. Et, ce qui donnait plus d'importance au procès, c'est qu'il était dû à la seigneuresse les arrérages de 29 ans. Mais Trial avait encore à reconnaître de la directe de la dame deux maisons bâties sur un terrain qui appartenait à cette dernière, ainsi qu'une terre au ténement du Frayssé.

L'affaire fut portée devant le sénéchal, qui remit l'examen des questions en litige aux avocats Guilhem et Pagnes, de Béziers, et condamna les consuls à acquitter les censives comme d'habitude, en attendant la décision des arbitres.

Toutefois, la seigneuresse n'était jusques-là que la dépositaire des sommes qui seraient versées en ses mains.

Les arbitres rendirent leur sentence, le 16 octobre 1699. Ils jugèrent que toutes les reconnaissances ultérieures à celle de 1499, portant plus grand usage que celles de 1437 et 1458, sans expliquer la raison d'augmentation, devaient être réduites et ramenées au chiffre de ces dernières. Quant à l'affranchissement du sol des maisons, etc., ils demandèrent une expertise particulière.

Les conclusions du procureur-général et la décision des juges experts renferment des points de vue du droit du temps et des détails utiles à l'historien. La seigneuresse, pas plus que les habitants, ne put se prévaloir de l'acte de 1349, qui affirme la donation du roi de Majorque et le chiffre des rentes que devait fournir le lieu de Vendémian ; il fallait aux juges l'acte primordial, qui seul devait faire foi. Toute augmentation consentie par l'emphytéote, toute nouvelle censive établie avec la formule *ad usaticum de novo impositum*, étaient valables, pourvu qu'elles eussent eu lieu sans fraude et avec pleine liberté. Quoique la maxime générale permît à un seigneur directe de prescrire contre un autre seigneur par le laps de 30 ans si ce dernier était laïque, de 40 ans s'il était ecclésiastique, toutefois « si celui contre qui il veut prescrire était son hommager, » il ne le pouvait jamais, pour si longue que fût la possession, parce que tout de même que l'hommager devait » à son seigneur dominant la fidélité et le service, de même » le seigneur dominant devait protection à son hommager, » à raison du fief pour lequel l'hommage lui était dû. » Comme il ne peut y avoir de prescription entre le mari et » la femme, surtout pour les biens dotaux, de même il ne » pouvait y en avoir entre le seigneur dominant et l'hommager, parce que les feudistes disaient qu'il y avait un » mariage mystique entr'eux, signifié par le baiser que le » seigueur dominant donnait à son hommager, lors de la

» prestation de l'hommage, le seigneur dominant tenant » lieu d'époux, l'hommager d'épouse et le fief de dot. Pour » ces raisons, il ne pouvait y avoir de prescription entr'eux ». La dame de Montpeyroux ne fut pas obligée de restituer ce qu'elle avait perçu en plus des usages, parce qu'elle avait agi de bonne foi et qu'elle possédait des titres. Nous apprenons, en outre, par ces documents, que nos pays étaient considérés comme des pays de droit écrit et de franc-alleu, où les terres étaient censées libres, quand on ne pouvait rapporter un titre qui les assujétît à un seigneur dominant. (*Arch. de Lest.*).

Il est probable que l'expertise afférente au terrain soi-disant affranchi par le sieur de Roquefeuil ne fut pas favorable aux Vendémianais, car le procureur-général avait déclaré dans ses conclusions que l'affranchissement de 1389 n'avait été que conditionnel, et que la construction des murs et du château n'avait pas été telle que les habitants avaient promis de la faire.

Pendant ces débats, Anne de Gardies vendit à François de Sarret, au prix de 3,000 l., la terre de Pouzols avec la seigneurie, toute la juridiction et les droits utiles et honorifiques, pour « ledit noble de Sarret en jouir aussitôt ». L'acquéreur remit 2,532 liv. 16 s. 2 d. aux créanciers de feu M. Portal, conseiller à la cour des Aydes, qui dans le temps avait payé au Trésor une somme considérable « à la décharge de l'hérédité du sieur de La Cassaigne ». Cette vente forcée eut lieu le 28 juillet 1696.

François, fils de Claude d'Arnaud de La Cassaigne décédé, adressa à M. de Sarret une protestation contre cette vente en lui signifiant la clause suivante du testament de Paul d'Arnaud : « il (Paul d'Arnaud) nomme son héritière uni- » verselle Anne de Montchal..., à la charge de rendre tous » ses biens à Anne d'Arnaud, leur fille ; charge sa fille de » rendre tous ses biens au fils ou à la fille nés ou à naître » d'elle et de Montpeyroux ou d'autre époux ; nomme à

» leur défaut, Paul d'Arnaud, mestre de camp d'un régi-» ment de cavalerie, son neveu et filleul, fils de noble » Daniel, son frère ; et lui mort, son premier enfant et » autres par ordre de naissance, et, à leur défaut, Claude » d'Arnaud, son neveu, et après lui son fils ». (Testam. d'Arnaud de La Cassaigne, 21 fév. 1647). *(Arch. de Lest.)*. François était donc substitué aux biens d'Arnaud et devait hériter, puisque la descendance du Baron allait s'éteindre, « la damoiselle de Montpeyroux étant trop âgée pour procréer » des enfants ». En s'opposant à la vente, il empêchait, disait-il, M. de Sarret de s'exposer à la perte de sa terre et à celle des lods qu'il devrait payer. Mais déjà la vente était un fait accompli.

Anne de Montpeyroux faisait son séjour à Gignac. C'est là qu'elle mourut, le 16 mars 1702, dans les sentiments chrétiens et pieux qu'elle avait eus toute sa vie. Par son testament du 4 juillet 1700, elle avait disposé de tous ses biens personnels en faveur de ses cousins paternels, et nommé pour exécuteurs testamentaires les sieurs Gaudéon, vicaire, Guillaume Azemar, maire, et Michel Bedos, bourgeois, tous du lieu de Gignac. Elle avait fait certains legs pieux. (*Arch. de Lest.*).

V

François d'Arnaud de La Cassaigne

Les scellés furent placés, à la mort d'Anne de Gardies, sur la maison qu'elle possédait à Gignac, comme sur le château de Montpeyroux. Le testament d'Anne indiqua les sieurs Marc-Antoine de Grégoire de Gardies et Jean-François de Grégoire de Gardies, l'un baron et l'autre chevalier de Montpeyroux, comme légataires de tous les droits, actions et hypothèques que la testatrice avait sur la Baronnie du Pouget et sur le château de Lestang. Il fut procédé à l'inventaire des meubles et des papiers qui se trouvaient à Gignac et à Montpeyroux; la plupart des papiers étaient des titres concernant le Pouget et Lestang. Une partie de la vaisselle plate de la défunte fut retirée, et mise en dépôt chez les exécuteurs testamentaires, pour la sûreté des legs qui avaient été faits.

Aussitôt que François d'Arnaud connut les prétentions des sieurs de Montpeyroux à la possession du domaine de Lestang, qu'ils considéraient comme un bien patrimonial, distinct de la Baronnie, il se hâta de faire opposition, et demanda à être reconnu Baron du Pouget et seigneur de Lestang, en vertu de la substitution faite en sa faveur dans le testament de Paul d'Arnaud. Ses droits furent juridiquement admis le 29 avril 1702. Le 2 mai, le président Jacob de Bornier, juge-mage et lieutenant-général en la sénéchaussée et siège présidial de Montpellier, donna ordre de mettre en possession de la baronnie du Pouget et de la seigneurie de Lestang et de leurs dépendances le sieur François d'Arnaud, seigneur de La Cassaigne, habitant de Nîmes. Le 11 mai, la cérémonie de prise de possession eut lieu au Pouget et à Lestang.

En réclamant l'*hérédité* de Paul d'Arnaud, François déclara qu'il laissait les de Montpeyroux libres de demander ce qui pouvait leur être dû d'une manière ou d'autre. Les de Gardies soulevèrent beaucoup de difficultés ; elles furent cependant réglées entièrement en 1705. François n'eut alors à traiter qu'avec le comte, car le chevalier était mort et avait constitué le comte son héritier. Ils mirent de concert fin à tous procès, chacun devant supporter les frais qu'il avait avancés. Le sieur de Montpeyroux s'engagea à ne jamais troubler le sieur de La Cassaigne dans sa possession du Pouget et de Lestang ; et ce dernier s'obligea à lui compter 24,000 liv. pour tous droits, hypothèques et réparations des détériorations qui avaient été constatées officiellement. L'emploi de cette somme fut ainsi déterminé : on prélèverait d'abord 4,000 liv. pour la fondation établie chez les pères de l'Observance, laquelle était à la charge de la terre de Lestang ; puis 3,000 liv. pour le rachat futur de la terre et seigneurie de Pouzols indûment aliénée ; enfin les détériorations figureraient pour un chiffre de 600 liv. Les 16,400 liv. restant seraient baillées au comte par le Baron du Pouget. Cette somme fut formée des valeurs suivantes : 3,000 liv. en espèces ; une créance de 6,000 liv. sur la dot de la dame de François d'Arnaud, une autre de 5,250 liv. sur M. Bonnet, ancien procureur, enfin une hypothèque de 2,150 liv. sur Lestang, payables dans deux ans.

La succession eut à désintéresser le prieur de Saint-Jean de Sainte-Eulalie, dont le fief, nous l'avons dit, avait été réuni à la Baronnie, en 1620. Paul d'Arnaud avait traité avec le prieur Fulcrand de Barrès, à la condition d'une rente annuelle. Il était dû : 1° les arrérages de 29 ans, que Bernard de Barrès, successeur de François de Barrès, héritier de Fulcrand, n'avait pas touchée, et 2° ceux de 10 années que réclamait Gabriel, le prieur actuel. Le Baron, le comte et les fermiers étaient intervenus dans le procès, qui avait donné pleine satisfaction au demandeur.

Les finances du Pouget devaient être en mauvais état, ou bien le levain de jalousie, qui ne cessa de fermenter dans ses murs à l'égard de Lestang, excitait les habitants à partir de nouveau en guerre contre le seigneur.

Peut-être aussi la rigueur avec laquelle le seigneur faisait respecter son droit exclusif de chasse, qu'il avait fait confirmer le 17 octobre 1705, par Noël Loys, maître particulier des Eaux et Forêts en la maîtrise de Montpellier, les provoquait-elle à des représailles ? Ils imposèrent des tailles sur les biens de Lestang, disant, pour rendre raison de leur conduite, que les consuls avaient découvert que ces biens avaient été soumis autrefois aux impositions, voire même que, malgré leurs protestations, les seigneurs avaient été condamnés à les supporter.

On se rend compte de l'insistance de la communauté. Le domaine de Lestang formait une partie considérable du terroir du Pouget, dans lequel il s'étendait, et ses terres, très fertiles par elles-mêmes, étaient d'un excellent rapport à l'heure présente, grâce au nouveau propriétaire, qui leur donnait tous ses soins. Après avoir inutilement cherché à intimider le Baron, ils voulurent procéder à son égard par insinuation et députèrent vers lui l'abbé Fariac, missionnaire lazariste de la maison de Béziers, pour l'amener, disaient-ils, à ne pas refuser son concours au bien général, et pour éviter surtout un procès scandaleux. Leur démarche n'ayant pas abouti, bien qu'ils eussent annoncé la volonté arrêtée de s'adresser à l'intendant, après avoir fait instance auprès du sénéchal, ils firent proposer au seigneur de prendre part à une conférence, où la question qui les divisait serait débattue devant le susdit missionnaire. On pense bien que cette proposition fut éconduite, septembre 1713.

Sans doute, depuis l'établissement des armées permanentes l'exemption des tailles, dont profitaient les biens de la noblesse, n'avait plus sa raison d'être, comme aux jonrs où celle-ci avait charge et mission de défendre le sol et d'entretenir des hommes de guerre ; mais déjà la noblesse était soumise à la taxe du dixième du revenu ; elle payait, en outre, l'impôt du vingtième et la capitation. Le privilège en question avait donc reçu de graves atteintes.

VI

Paul Abdias de La Cassaigne

François d'Arnaud mourut bientôt. Sa dame, Anne de Pavée de Villevieille, tutrice du fils qu'il laissait, répondit aux attaques incessantes de la communauté en faisant condamner le maire du Pouget, un sieur Maurin, à lui solder sans retard le demi-lods dont il était débiteur envers la succession de Mre de La Cassaigne défunt, à l'occasion d'un échange fait entr'eux. Maurin releva appel ; mais la veuve de François d'Arnaud le fit débouter par le parlement de Toulouse, qui confirma la sentenee du sénéchal, 18 février 1715.

Pendant la minorité de Paul Abdias, fils de François d'Arnaud, la terre de Pouzols, acquise en 1696 par les de Sarret, fut vendue, le 10 mai 1714, à M. Timothée de Combet, sieur de Bouzigues, pour le prix de 3,000 liv.

Lorsque Paul Abdias eut atteint l'âge de majorité, en 1717, sa mère, « pour donner des marques de tendresse envers son fils », lui fit donation de ses biens dont la valeur dépassait 50,000 liv., ne réservant que 15,000 liv. pour en disposer à son gré. Elle prit à sa charge de compter à la dame Françoise de La Cassaigne, épouse de M. de Sorbs le Viala, sa fille, la somme de 1,000 liv., complément de sa dot se montant à 8,800 liv., afin d'obtenir d'elle quittance finale de tous ses droits aux biens paternels. Elle régla aussi la situation d'une autre fille qu'elle avait, nommée Antoinette, tout cela dans le but de rendre la position de son cher Abdias aussi belle et aussi libre que possible.

Paul Abdias rendit hommage au Roi, le 4 septembre 1717, d'après l'Armorial des Nobles. Il épousa, le 30 avril suivant, Renée de Bonnier, fille d'Antoine, seigneur d'Alais, président en la Cour des Aydes de Montpellier, et eut d'elle une fille appelée comme sa mère, Renée, qui, nous le verrons plus tard, fut mariée au sieur François de Pierre de Bernis.

Les vassaux du Pouget furent appelés à faire les reconnaissances féodales ; mais l'un d'entr'eux, messire Maurin, archiprêtre, refusà l'hommage. Ayant été condamné à défaut par les officiers du seigneur, il releva appel de leur sentence. Comme il ne se pressait pas de justifier son appel, il fut contraint par le sénéchal, sur la demande de Paul Abdias, à le poursuivre sans retard. C'est ce qu'il fit ; mais les raisons qu'il donna ne purent détruire les droits certains et incontestables du seigneur, et il fut obligé de se soumettre à son suzerain, à peine de voir son fief confisqué et son titre de seigneur directe anéanti. L'archiprêtre était-il un parent du maire Maurin, et l'opposition tendait-elle à se perpétuer dans cette maison ?

Le Baron rendit encore hommage, en 1722. C'était le moment où Louis XV était arrivé à sa majorité. Abdias prêta serment de fidélité au jeune souverain, « à cause de » son heureux avènement à la couronne pour raison de la » Baronnie du Pouget et ses dépendances, promettant de » tenir de S. M. ladite Baronnie, luy estre bon, loyal, fidèle » sujet et vassal, et deffendre dans les occasions sa per- » sonne et l'État ». (*Arch. de Lest.*)

La situation financière de Paul Abdias exigea, en 1726, la vente du Pouget et de Lestang à raison de 138,000 liv., indépendamment de la vente additionnelle de 400 bêtes à laine, des instruments aratoires et de la récolte pendante, qui produisit en plus une somme de 5,000 liv. Il consacra à la constitution de la rente de 250 liv. due aux cordeliers de Montpellier la somme de 5,000 liv.; au rachat de la terre de Pouzols 3,000 liv.; enfin il remboursa à M. de Bonnier, seigneur de La Mousson, le montant de ses créances, soit 27,300 liv. (1).

(1) *Appen.* LXXXII.

La vente, à l'occasion de laquelle fut d'abord passée une simple police, le 21 septembre 1726, ne devint définitive que le 22 janvier 1727, car il fallait ramener auparavant au domaine du Pouget la terre et la juridiction de Pouzols. Le 16 janvier, Paul Abdias signifia, en effet, à la dame Marie Pouzanèse, veuve et héritière de feu M. Combet, conseigneur directe, que la terre de Pouzols lui appartenait en vertu des dernières volontés et dispositions du sieur Arnaud de La Cassaigne; il lui offrit le remboursement des 3,000 liv., au prix desquelles ses devanciers avaient acquis la seigneurie ; il la menaça de poursuites en justice, si elle repoussait sa juste réclamation : Pouzols fut rendu pour être livré au nouveau propriétaire de la baronnie du Pouget, M. Viel de Lunas.

En ce temps-là, la sœur d'Abdias de La Cassaigne, épouse de Sorbs, héritait de la moitié de Paulhan qu'Élisabeth de la Treille de Villevieille, sa tante, lui laissait par testament, en ayant hérité elle-même de son mari, René de Veyrac, baron de Paulhan, décédé sans enfants, en 1720; d'un autre côté, M. de Sorbs achetait les biens et droits qui avaient appartenu au comte d'Usez, redevenu conseigneur du lieu : tout le château de Paulhan se trouvait ainsi réuni entre les mains des époux de Sorbs. La baronnie de Paulhan devait passer, en 1783, à la nièce de Mme de Sorbs, Renée de La Cassaigne, veuve de Charles François de Pierre, marquis de Bernis, frère du cardinal de Bernis, ministre de Louis XV.

LIVRE IV

—

LUTTES DES VICOMTES D'AUMELAS

POUR FAIRE ACCEPTER LEUR SUZERAINETÉ PAR LES SEIGNEURS DE LA VICOMTÉ

CHAPITRE PREMIER

Charles de Bonnet contre le seigneur de Paulhan.

Depuis 1585 le château d'Aumelas, comme nous l'avons dit, était entre les mains des de Bonnet, de père en fils trésoriers-généraux de France en la généralité de Montpellier. Guillaume de Bonnet avait acheté, à cette date, les revenus d'Aumelas à Timothée de Montchal. En 1595, le Roi vendit à Guillaume de Bonnet le château d'Aumelas, avec la justice, sous pacte de rachat perpétuel, se réservant l'hommage, le serment de fidélité et le droit de lods à chaque mutation de main. Cette vente fut plus tard résolue en vertu de l'édit de 1619, et un nouvel engagement eut lieu, en 1645, en faveur de Charles de Bonnet et de son épouse, Anne de Courtaud, aux conditions établies dans le contrat de 1595 : ils devaient jouir de la terre d'Aumelas comme d'un bien patrimonial, sous la garantie des biens du Roi. L'édit de 1667 annula ce contrat, et Aumelas fut encore mis en vente. On afficha, en 1680, dans tous les lieux de la Vicomté l'avis suivant : « De par le Roi et Nosseigneurs les » Commissaires, on fait assavoir que le jeudi, 5 7bre 1680, » en la salle du palais des Tuileries, il sera procédé..... à la » vente et délaissement à perpétuité, par inféodation, au » plus offrant,... de la terre et Vicomté d'Aumelas, consis- » tant en lieux, seigneuries et terres de Cabrials, Cardonet, » Saint-Paul, Valmale, Justice en dépendante, haute, » moyenne et basse, amendes, confiscations et condamna- » tions de Justice, et autres droits, fruits et profits, revenus » et émoluments y appartenants, tels et semblables qu'en » a joui le sieur de Bonnet, ci-devant engagiste de la dite » terre, pour en jouir l'acquéreur à titre de propriété in- » commutable à perpétuité, à la charge de la tenir en foi et » hommage de Sa Majesté. Fait à Paris, le 18 juillet 1680 ». Le sieur de Bonnet se présenta pour rentrer en possession d'Aumelas et offrit la somme de 40,000 livres environ, qui lui étaient dues par le Trésor, à l'occasion de son précédent engagement. Mais, comme on ne se pressait pas de lui passer la vente du château, il réclama, à défaut de la terre, la finance à laquelle il avait droit. Cependant, le 26 février 1682, le Roi, sur le rapport de Colbert, contrôleur-général des Finances, donna l'ordre de remettre Aumelas au sieur de Bonnet, aux conditions de l'engagement de 1645 (1).

Réintégré dans la Vicomté, Charles de Bonnet entra dans son fief avec la confiance de n'en être jamais plus dépossédé, ni lui ni ses descendants. Il y installa sa justice, nomma ses officiers, et prit, en toute assurance, le titre de Vicomte que lui procurait sa terre.

Le sieur d'Aumelas estima que les commissaires du domaine l'avaient investi des profits des arrière-fiefs de la Vicomté dont le Roi s'était dépossédé, à ses yeux; il crut même, un moment, qu'on lui avait attribué les hommages

(1) *App.* LXXX.

des arrière-fiefs. Toutefois il se contenta de prétendre aux lods et ventes, regardés par les docteurs comme les fruits des fiefs, et renonça aux hommages qui ne pouvaient être soustraits au Roi, seul vrai et légitime propriétaire du domaine. De leur côté, les seigneurs des divers lieux de la Vicomté ne virent dans cette aliénation d'Aumelas qu'un simple et nouvel engagement; et bien qu'ils reconnussent au Roi le pouvoir de transférer à l'engagiste les lods de leurs seigneuries, ils persistèrent à refuser au sieur de Bonnet un droit dont il n'était fait aucune mention dans l'acte de vente, comme l'eussent réclamé les édits et exigé les jurisconsultes pour cette sorte de contrat d'un genre exceptionnel. Du reste, ils n'admettaient pas que leurs châteaux relevassent d'Aumelas, ayant été originairement des alleus, et dans la suite ayant été unis patrimonialement au domaine des seigneurs de Montpellier. Ainsi le sieur de Bonnet, résolu à faire valoir des droits qu'il regardait comme incontestables, se trouva en présence de vassaux qui ne voulaient dépendre que du Roi, comme seigneur de Montpellier. La lutte qu'allait provoquer la question de la mouvance des arrière-fiefs, devait être longue et opiniâtre.

Le lieu de Paulhan, nous l'avons fait entrevoir, fournit à Charles de Bonnet une occasion favorable pour établir ses droits de suzerain. Les commissaires du domaine venaient de condamner (4 mars 1688) le baron de Paulhan à payer à Pantaléon Guérin, fermier du domaine, le lods de l'acquisition de la moitié de Paulhan. Mre de Bonnet fit opposition et demanda que Jean de Veyrac fût, au contraire, obligé de lui remettre le lods en question, soutenant que sa terre était mouvante en arrière-fief de la Vicomté d'Aumelas. Il en donnait pour preuves la formation de la Vicomté en 1330, l'hommage de la terre de Paulhan rendu par Raymond de Veyrac au roi de Navarre, en 1372, les Lettres du parlement de Paris de 1388, et un extrait du rôle du ban et arrière-ban de 1476, dans lequel Paulhan figurait comme faisant partie de la Vicomté d'Aumelas. Le fermier du domaine eut beau protester, les commissaires, sans s'arrêter au jugement rendu le 4 mars, contraignirent le sieur de Veyrac à verser le lods dans les mains de Mre de Bonnet (14 aaril 1688). Ce fut en vain que le seigneur de Paulhan et le fermier du domaine firent opposition par requêtes tendantes à faire déclarer que Paulhan relevait de S. M. à cause de sa seigneurie de Montpellier : le jugement de 1688 fut confirmé le 2 juin 1689 (1). Leur appel au Conseil du Roi n'aboutit pas non plus. Le décret concernant la terre de Paulhan ayant été donné en 1691, le lods fut réglé entre les parties à 7,600 livres, en 1698. La mouvance de Paulhan resta en fait acquise au chef-lieu de la Vicomté.

Paulhan relevait-il en droit d'Aumelas ? Cette question ayant reparu devant les juges dans le courant du XVIIIe siècle, nous croyons devoir exposer ici les moyens de défense qui furent produits par le receveur du domaine, en 1756. « Il » est vrai, disait-il, qu'au commencement de l'hommage » de 1372, le lieu de Paulhan est placé dans la Baronnie » d'Aumelas, *Baronie Omeladesii*, mais le Roi de Navarre » exigea l'hommage *ut Dominus Montispessulani et Baronie* « *ejusdem ac Baronie Omeladesii*, et cela suffit pour prouver » qu'il dépend de la Seigneurie de Montpellier. Si dans les » Lettres du Parlement de Paris il est fait mention que la » terre de Paulhan a été *ab antiquo* des membres de la « Baronnie d'Aumelas ; s'il y est ajouté que le Gouverneur » de la Cour de Montpellier est en possession de connaître » les premières appellations du juge de Paulhan, tout cela » est relatif à la Donation du 4 juin 1330 et au corps de » Vicomté formé par cet acte, et aux conclusions qu'il » contient. Mais si, par cette raison, l'acte opposé ne peut » être d'aucun secours à l'adversaire, le droit de ressort sur

(1) *Append.* LXXXI, LXXXII.

» le lieu de Paulhan réclamé et obtenu par le Gouverneur » prouve de plus en plus que ce lieu dépendait de la Sei- » gneurie de Montpellier. — On doit d'autant plus se méfier » des deux jugements opposés, qu'ils furent visiblement » surpris contre la teneur des titres primordiaux. On ne » remit, en effet, devant les Commissaires, ni le bail à fief » des Calendes de juillet 1187, ni l'hommage rendu en » conséquence, ni les conventions de 1191, ni enfin bien » d'autres titres qui auraient pleinement justifié que le » lieu de Paulhan était indépendant de la Vicomté d'Au- » melas. On ne remonta pas à la source. Les Commissaires » ne se fixèrent vraisemblablement que sur la Donation de « 1330, sans être instruits de ce qui avait précédé, ni de ce » qui avait suivi ». Il est pour nous incontestable que Paulhan fut dans le principe une terre allodiale et que cette terre fut acquise comme telle par les seigneurs de Montpellier. Paulhan fut compris dans l'apanage octroyé à l'infant Ferrand pour en augmenter l'importance ; mais après la mort de l'infant, l'apanage ayant été annulé, il fit retour aux seigneurs de Montpellier, qui en reçurent la reconnaissance comme celle de l'un de leurs châteaux situés dans la Vicomté d'Aumelas.

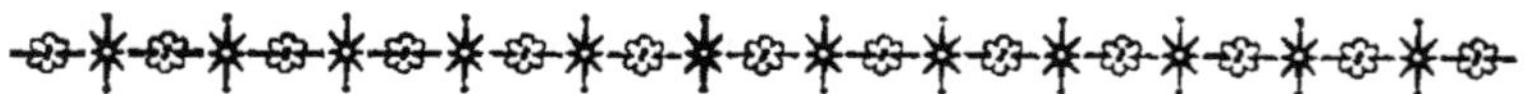

CHAPITRE II

Jean de Bonnet conteste la Directe des moulins de Carabottes à l'Évêque de Lodève.

JEAN de Bonnet, trésorier de France comme son père Charles de Bonnet, hérita de la Vicomté d'Aumelas, en 1693, et rechercha, avec autant d'ardeur et d'insistance que son prédécesseur, les fruits des arrière-fiefs. Fort du précédent de Paulhan, il ne négligea aucune des circonstances qui s'offrirent à lui pour imposer sa directe.

Les moulins de Carabottes attirèrent son attention, en 1715. Timothée de Combet jouissait, à ce moment, des moulins et aussi du terrain qui dépendait de la juridiction de Journac, et il rendait hommage, pour son fief, à l'évêque de Lodève, Monseigneur Jacques-Antoine Phelypeaux. Jean de Bonnet se mit à l'œuvre pour assujétir à sa directe les moulins de Carabottes.

Les droits des évêques de Lodève sur les moulins en question étaient demeurés incontestés depuis 1661. Monseigneur Harlay, ayant réussi, cette année, à rassembler les titres qui avaient été dispersés en 1560, pendant la guerre religieuse, avait pu faire reconnaître les droits des évêques par le possesseur actuel desdits moulins.

C'était Timothée de Jouffroy, héritier de Jean de Jouffroy, seigneur de Bouzigues, lequel avait jusque-là accepté la directe de Charles de Bonnet, petit-fils de Guillaume de Bonnet. Attaqué par Monseigneur de Harlay devant les Messieurs tenant les Requêtes du Palais à Toulouse, il consentit à tenir : « sous la directe, seigneurie haute, moyenne » et basse, droit de lods et prélation, dudit Évêque de Lodève,

» comte de Montbrun, les moulins, paissière, barque, port, » passage, maisonnages construits ou à construire pour le » logement des meuniers et des bestiaux, prés, ribeyrals, jar- » dins, *ferrajal*, qu'il a le long de la rivière d'Hérault, du » côté du ténement de Journac ; à quoi est aussi compris le » champ joignant le susdit maisonnage et généralement » tout ce qu'il possède dans le ténement et juridiction de » Carabottes, qui dépend du moulin, sous l'usage annuel » et perpétuel de trois cestiers mixture et neuf deniers » d'argent, payables le jour de S. André, dans la maison » du baïle, à Saint-André-de-Sangonis, 11 7bre 1661 ». (Transaction faite en la maison épiscopale de Lodève. Pierre Douzières, notaire. *Arch. de Lest.*).

Le seigneur d'Aumelas vint donc troubler le successeur de Mgr Harlay, Mgr Phelipeaux, dans le paisible exercice de sa directe. Il l'assigna, ainsi que Timothée de Combet, devant le sénéchal pour leur faire admettre sa directe à lui, et pour obtenir d'eux les droits seigneuriaux et les arrérages de vingt-neuf années du fief de Carabottes (25 novembre 1715). Un instant, l'évêque sembla vouloir partager avec le seigneur d'Aumelas la juridiction des moulins ; mais il revint bien vite sur ses concessions. De Bonnet n'en persista pas moins à poursuivre son but. Toutefois, mettant de côté les droits de l'évêque sur la moitié de la rivière, du côté de Lodève, il attaqua le sieur de Combet pour l'astreindre à reconnaître ses droits jusqu'au milieu de l'Hérault, du côté de Journac, sous la censive de trois émines de froment et d'autant d'orge, et il réclama les arrérages de 29 ans. M. de Combet appela l'évêque en garantie, et démontra, par des quittances en règle, qu'il avait toujours payé la reconnaissance féodale fixée par l'acte d'accord de 1661. Mais voilà que tout-à-coup il se redresse contre son adversaire, et lui jette à la face qu'il a, en tous cas, autant de droits que lui à la directe des moulins, et qu'il les tire de la même origine. Cependant l'évêque prend l'offensive, et à raison des prétentions des sieurs d'Aumelas et de Combet, s'il faut juger de l'issue du procès par les conclusions du procureur du Roi.

Telles furent, en effet, ces conclusions : « Le Procureur » conclut qu'il y a lieu, sans avoir égard aux fins de non » recevoir des sieurs d'Aumelas et de Combet..., et tenant » la déclaration de l'Évêque de Lodève comme il ne prétend » rien sur la haute Justice, le maintenir en l'entière directe » sur les Moulins de Carabottes et les censives portées par » les anciennes reconnaissances, avec défenses... de lui » donner aucun trouble ; et sur les demandes respectives » desdits sieurs de Combet et d'Aumelas, les mettre hors » de Cour et de procès ». Le procureur du Roi réduisit à néant les droits que le sieur d'Aumelas prétendait tenir du sieur de Chandos, en disant : « il est rendu évident, par » l'inféodation de 1485, que Chandos n'a pu vendre la directe » des moulins, puisque dans l'hommage qu'il rendait, il » déclarait tenir les moulins en fief ». Le sieur de Bonnet ne manqua pas de s'opposer au jugement qui lui fut défavorable ; mais outre que toutes les pièces nouvelles qu'il apporta en appel furent trouvées inutiles ou fausses, la prescription qu'invoqua le sieur évêque, fut parfaitement admise par le procureur du Roi, qui conclut son nouveau rapport de cette manière : « enfin on ne peut rien opposer » contre la prescription de Mgr l'Évêque, qui est d'autant » plus favorable qu'elle ne fait que réunir à l'Église ce qui » en pouvait avoir été usurpé. Ainsi les anciens titres » (sentence arbitrale de 1284) et les modernes (accord de » 1661) étant pour lui, et soutenus par une possession » actuelle et non interrompue de plus de cinquante ans, » on ne voit pas sur quoi il pourrait être dépossédé ».

CHAPITRE III

Les Vicomtes d'Aumelas et les Barons du Pouget en procès.

Le Vicomte Jean de Bonnet ne se laissa pas arrêter par l'échec qu'il avait reçu à Carabottes. L'avantage que son père avait obtenu sur le sieur de Paulhan était toujours devant ses yeux ; il y voyait un gage assuré du succès qu'il devait remporter auprès des autres seigneurs qui n'étaient pour lui que des vassaux. Ce que son bisaïeul, Guillaume, n'avait pas osé tenter lorsque la baronnie du Pouget passa à Mre de La Cassaigne, en 1618, il l'entreprit lui-même, en 1727, quand M. Viel, seigneur de Lunas, acheta cette terre, et ses successeurs le poursuivirent sous M. le Vicomte d'Alzon, dernier acquéreur de la baronnie : ils réclamèrent de Mre Viel et de Mre d'Alzon les lods et ventes de leur terre.

Nous assisterons à une lutte pleine d'intérêt pour toute la contrée, féconde en incidents et digne de fixer l'attention des jurisconsultes de l'époque par l'importance et la multiplicité des questions à résoudre. La mouvance de tous les lieux de la Vicomté sera discutée ; trente-cinq parties principales seront engagées dans l'affaire. Seuls contre tant d'adversaires, les Vicomtes d'Aumelas payeront d'audace et feront preuve d'un grand courage. Un moment ils tiendront la victoire dans les mains. Mais leurs ennemis reviendront à la charge et les forceront à reprendre les armes. Huit années s'écouleront encore sans que la victoire se décide ni pour les uns ni pour les autres. A la fin, les combattants, épuisés de fatigue et presque à bout de ressources, prendront le parti de faire un traité de paix, sans attendre que les juges, interpellés une dernière fois, aient défini une question de jurisprudence dont tout le pays désire la solution depuis près d'un siècle.

I

Jean de Bonnet. — Viel de Lunas

Messire Antoine-Jean Viel, seigneur de Lunas, conseiller à la Chambre des Comptes de Montpellier, acheta la terre du Pouget, le 22 janvier 1727. Quelques jours après, il présentait son recensement, déclarant que la Baronnie relevait du Roi en plein fief et dénombrant les divers lieux qui la composaient. On nous permettra de transcrire en partie ce recensemment pour faire connaitre les droits seigneuriaux du Château du Pouget, à cette époque. Le nouveau Baron disait donc :

» Je suis seul seigneur dans toute la Baronnie qui a ses » bornes..., du côté du levant, avec la terre et seigneurie » d'Aumelas; du midi, avec les terres et seigneuries de » Pleyssan, Puy-Lacher et Tressan ; du couchant, avec les » terres et seigneuries de Canet et de Saint-André jusqu'au » milieu de la rivière d'Hérault; du septentrion, avec les » terres et seigneuries de Gignac et de Poupian ».

« La Baronnie consiste aux membres et lieux suivants : » Le Pouget, Vendémian, Saint-Bauzile, Pouzols, Lestang » et la moitié de Saint-Amans (l'autre moitié appartenant » au prieur dudit lieu); dans lesquels lieux et terroirs j'ai » l'entière justice, haute, moyenne et basse, avec pouvoir » et faculté d'instituer les officiers nécessaires pour l'exer- » cice d'icelle, comme viguier, juge, lieutenant de juge, » baïle, procureur, greffier, sergent ; et les consuls de tous » lesdits lieux doivent prêter serment devant mesdits » officiers ».

« .....J'ai plusieurs possessions nobles et rurales dans » ladite Baronnie mouvante en plein fief, foi et hommage » de Sa Majesté, qui sont mouvantes de ma Directe, et » plusieurs droits seigneuriaux attachés à la Justice et au » fief, savoir : la pêche, le péage, les leude et pulvérage, » les langues de bœuf, les meubles ou filets de pourceaux » qui se tuent dans lesdits lieux, de même que plusieurs » censives en froment, mixture, orge, huile, vin et argent, » avec les droits de lods et ventes au fur de cinq un, qui » me sont dus par les habitants jouissant des terres et » autres propriétés se mouvant de ma Seigneurie et Directe, » comme il sera ci-après dénombré ».

« Au lieu du Pouget, comme biens nobles, j'ai un château » vieux, ruiné et découvert dans les murs dudit lieu, près » et joignant le portail badaleu, qui confronte du levant et » du midi la rue publique allant du portail badaleu au » portail Sainte-Catherine; du couchant, avec le chemin » allant à Pouzols et à Gignac; du septentrion, avec la » maison de François Lashermes, ruelle entre deux. Plus » un moulin bladier sur la rivière de Rouvièges avec une » maison, etc. Plus un champ, un jardin, un pré et une » *juncasse* avec mûriers à Rouvièges, ayant appartenu au » sieur de Roquefeuil, mon auteur, comme dépendant de » la Baronnie... Plus une vigne à Saint-Gervais, ayant » appartenu audit de Roquefeuil ».

« J'ai pour biens ruraux... une maison avec cour, » écurie, cazal, pigeonnier et *ferrajal*, tout joignant, aux » faubourgs du Pouget... Plus un moulin à huile..., aux » faubourgs... Plus un Château appelé Lestang, entouré » de fossés, flanqué de quatre tours avec basse-cour, prisons, » garenne, écuries, paillers, maison pour le jardinier, » poulailler, bergerie, jardin et son puits à roue, champ, » aire, prés, vignes et olivettes....., comprenant le Château » et couverts 252 cannes; les cours et aisances 115; la ber- » gerie 99; le cazal et abonau 74; et les terres 270 sétérées... » Plus un champ avec amandiers, à Rouvièges, etc. ».

Suivent les droits seigneuriaux, ou censives, prélevés au Pouget, à Vendémian, à Saint-Bauzille et à Pouzols.

« Toutes les censives me sont payées, savoir : les grains » beaux et marchands, à la mesure du lieu, le jour de » N.-D. d'août, l'argent à la Saint-André, et le restant à la » Noël et autres jours marqués dans les reconnaissances. » J'ai, outre lesdites censives, certaines terres qui me » servent la 8e partie des fruits, de même que la propriété » de toutes les terres vacantes, hermes et garrigues, avec le » droit de les donner à nouvel achat ».

« J'ai encore dans toute la Baronnie le droit de péage » sur toutes les marchandises, qui passent ou sont vendues » dans lesdits lieux, et de tout le bétail, gros et menu, et » de celui allant à la montagne pour *estiver*, et en revenant » pour hiverner dans leur pays; ensemble le pulvérage.... »

« Plus le jour de S. Michel, auquel se tient la foire du » Pouget, j'ai le droit de faire dresser treize tabliers..., et » de tous les autres tabliers j'ai le droit de terrage qui est » de quatre deniers pour chacun ». Suivent les droits prélevés sur « chaque espèce de marchandise, sur les fem... » pub... et sur chaque maure ou juif se trouvant à la » foire. »

« Plus j'ai plusieurs vassaux et *féodataires* tenant des » places et fiefs nobles de la mouvance de la baronnie du » Pouget, savoir : Mre de La Vergne, seigneur de Tressan, » pour le lieu et terroir de Tressan, avec tous ses droits et » appartenances et ceux que d'autres tiennent de lui; » Mre le comte de Polastron pour le lieu et terroir de » Plaissan..... ; Mre de Mirman pour le lieu, terroir et » château d'Adissan..... ; Mre le vicomte d'Aumelas pour » le lieu et terroir de Cabrials..... ; Mre Bonnier, baron » de la Mosson, pour le lieu et terroir d'Aussargues, dans le » diocèse de Montpellier; le prieur de Saint-Amans, pour « la moitié de Saint-Amans; les demoiselles de Girard, de » Canet, pour l'appuyage du côté du Pouget du bout de la

» corde de la nef, ou barque, et de la paissière des moulins » de Canet, pour lequel il m'est dû chaque année deux » perdrix, payables le jour de Saint André ; Mr l'Évêque de » Lodève, pour le fief qu'il a sur Mr de Combet pour les » moulins et la barque de Carabottes ; Mr l'abbé de Saint-» Guilhem, ou Mr de Massane, pour le lieu et place de » Journac ; Mr de Montizac, pour Larcare, ou Brignac, et » pour les fiefs qu'il a dans ma Baronnie ; le camérier » et l'infirmier d'Aniane ; le sieur de Jonquières ; les prieurs » de Saint-Amans de Pouzols et de Poupian ; l'église parois-» siale de Vendémian ; Mr l'archiprêtre du Pouget ; l'œuvre » et la confrérie de Ste Catherine du Pouget ; le comman-» deur de Nébian et Puech-Augier, et autres tenant fiefs et » directes dans ma Baronnie. »

« J'ai encore, de même que mes serviteurs, domestiques » et officiers, le droit de passage quitte ez-ports, barques » et passages de la rivière d'Hérault, savoir : Carabottes, » Canet et Belarga. »

« Lequel aveu et dénombrement je certifie véritable... » En foi de quoi j'ai fait ici mon seing ordinaire. Viel de » Lunas. Contrôlé à Montpellier, le 29 janvier 1727. » (*Arch. de Lest.*)

Le sieur de Bonnet, vicomte d'Aumelas, déposa aussi son dénombrement devant les membres de la cour des Comptes de Montpellier, 3 février 1727. Ce dénombrement était ainsi conçu ;

« C'est l'aveu et le dénombrement que je, Jean de » Bonnet, chevalier, conseiller du Roi, trésorier-général, » mets et baille... de la Vicomté d'Aumelas et de ses dé-» pendances, situées partie dans le diocèse de Montpellier » et partie dans le diocèse de Béziers, mouvante immédia-» tement en plein fief, foi et hommage de S. M. ».

« Premièrement je déclare que je suis seul seigneur dans » toute la terre et Vicomté d'Aumelas, Cabrials, Cardonet, » Saint-Paul et Valmale, laquelle a ses bornes, savoir :

» des terres de Cournonterral, Montbazin, Poussan, Valmagne, Saint-Pargoire, Plaissan, Saint-Bauzile, Vendémian, Gignac, Laboissière, Montarnaud, Pignan et Murviel ; dans toutes lesquelles bornes et limites... j'ai toute » la justice... »

« Item je déclare que de ladite Vicomté dépendent plusieurs terres et seigneuries qui en sont mouvantes en » arrière-fief, savoir : la terre et seigneurie d'Adissan, » possédée par Mr de Belarga, neveu et héritier de Mr de » Mirman ; la terre et seigneurie du Pouget, possédée » par Mre de La Cassaigne, à présent Mre Viel ; la terre » et seigneurie de Paulhan, possédée moitié par Mme de » Paulhan, moitié par Mre de Sorbs ; la terre et seigneurie de Plaissan, possédée par Mre le Comte de Polastron ; » la terre et seigneurie de Popian, possédée par Mre le » président Durand et par Mre l'abbé de Pradines ; la terre » et seigneurie de Pouzols, possédée par la dame de Combet, à présent Mre Viel ; la terre et seigneurie de Saint-Amans, possédée par Mre de La Cassaigne et par l'abbé » de Bocaud, prieur ; la terre et seigneurie de Tressan, » possédée par Mre le Marquis de Tressan ; la terre et » seigneurie de Vendémian, possédée par Mre de La Cassaigne, à présent Mre Viel ; les fiefs de Journac et de Carabotes, possédés par Mre de Massane ; le fief de Lestang » de Mondardier, sous l'albergue de 12 chevaliers, et les » fiefs des terres de la paroisse de Carcarés, sous l'albergue » de 12 chevaliers ou 12 sols melgoirés, à mon choix. »

« A raison de la mouvance desquelles terres et seigneuries et fiefs, le lods m'est dû à chaque mutation, sur le » pied de l'usage des lieux. Fait à Montpellier, le 3 février » 1727. Le Vicomte d'Aumelas, signé. » (*Arch. de Lest.*)

En rapprochant ces deux recensements, on voit que le Vicomte s'adjuge la plupart des lieux et places que s'attribue le Baron ; aussi nous ne tarderons pas à les voir s'inscrire en faux l'un et l'autre contre leurs prétentions contraires.

La guerre fut déclarée le 21 février. Mre de Bonnet fit en effet opposition au dénombrement de Mre Viel en ce qu'il avait attaché à la terre du Pouget la mouvance des seigneuries de Plaissan, d'Adissan, de Cabrials, de Saint-Amans, de Carabottes et de Jourmac, qui étaient, disait-il, des arrière-fiefs d'Aumelas ; et en ce qu'il avait pris la qualité de Baron du lieu du Pouget, lequel, d'après lui, n'était qu'une seigneurie démembrée du chef-lieu de la vicomté d'Aumelas. Mais dès que la démarche de Mre de Bonnet fut connue, Mre Viel s'empressa de demander que son adversaire fût débouté de son opposition, et qu'il lui fût fait défense de se qualifier de Vicomte d'Aumelas.

Le Baron du Pouget ne fut pas le seul à protester contre le Vicomte d'Aumelas : Mre de Polastron et Mre de Bocaud se levèrent pour affirmer, le premier, que sa terre de Plaissan, et le second, que sa terre de Popian relevaient immédiatement du Roi. Irrité de voir que ces Messieurs repoussaient sa directe, le sieur d'Aumelas se hâta d'adresser une requête au procureur général, Le comte et le président eurent ordre de se présenter dans trois jours, en même temps que le Vicomte, pour être entendus contradictoirement, 1er septembre 1727. Quelques jours après, Mre Viel insista par requête pour que la seigneurie de Lestang, ainsi que certaines terres qu'il avait au lieu de Saint-Bauzille, disparussent du dénombrement du sieur de Bonnet.

Monseigneur Arnaud de La Croix de Castries, archevêque d'Alby et abbé commendataire de Valmagne, s'attribuant les droits de seigneur foncier et directe, haut et bas justicier de Cabrials, en vertu de la vente de mai 1347, consentie par le roi de Majorque au monastère, et reconnue par la cour de Toulouse en 1641, fit opposition au sieur de Bonnet, en 1727 et en 1729.

L'affaire menaçait de prendre de grandes proportions, car la question des mouvances était soulevée dans tous les lieux de la Vicomté. Les juges, voyant les complications d'un si grand procès, accueillirent bien les requêtes qui surgissaient de tous les côtés ; mais ils prirent leur temps pour étudier les titres innombrables qui leur furent soumis, se réservant de ne rendre leur verdict que lorsqu'ils seraient pleinement renseignés et certains des droits mis en litige par des parties aussi intelligentes que bien posées.

Cependant Mre Viel donnait ses soins à la terre qu'il avait acquise : il avait à cœur de faire prospérer sa Baronnie. Il avait déjà acheté, à raison de 1502 liv. 18 sols, le courtage, possédé à la fois et par Françoise d'Alphonse et son fils Laurent, héritier d'Antoine Moulin, son père, et par François Fourestier. Le courtage, ramené au domaine royal en 1647, avait été recouvré par la communauté, qui l'avait vendu, en 1691, aux devanciers de Moulin et de Fourestier, pour pouvoir se libérer de ses dettes. Depuis 1727, les droits de courtage étaient prélevés au nom du seigneur Viel.

De nombreux abus régnaient un peu partout dans la terre du Pouget. Le sieur de Lunas entreprit de les faire cesser. A cet effet, il donna une ordonnance qui témoigne autant de son zèle pour le bien, que de sa capacité en fait d'administration. En voici la substance : d'abord elle nous indique les titres et les possessions dont jouissait Mre de Lunas ; nous en prendrons note. « De par Haut et puissant » seigneur Messire Antoine Jean Viel, seigneur de Lunas, » Lestan, Serlan, Serremajane, Caunes, Le Bousquet, » Casilhac, Totleven, Serres, Seriés, Gours, Pascal, Brioude, » Val-de-Nize, Ladornié, La Seguinarié, Py, Bernagues, » Vasplongue, Haut et Bas Baron du Pouget, Vendémian, » Saint-Bauzille de la Sylve, Pouzols, Saint-Amans, Lestang » et autres Places, Président en la cour des Aydes, Comptes » et Finances de Montpellier... » Il est fait en premier lieu défenses à toutes personnes, de quelque condition qu'elles soient, de jurer, renier et blasphémer le saint nom de

Dieu, sous peine de 60 sols un denier d'amende ; en cas de récidive, l'amende est double et les blasphémateurs sont menacés de se voir percer la langue conformément aux lois ; les mêmes peines sont réservées à ceux qui ne dénonceraient pas aux officiers de justice les personnes coupables de ce crime. — Des mesures sévères sont prescrites dans le but de protéger les moissons, d'assurer le respect de la propriété, de garantir la vie des habitants et l'honneur des officiers. — Personne ne peut, sans encourir une amende fixée et une punition corporelle, suborner ni filles, ni femmes, ni se marier sans le consentement de ses père et mère. — Les cabarets doivent être fermés pendant les saints offices, et on ne peut jamais y introduire des gens de mauvaises mœurs. — Le travail du dimanche est rigoureusement interdit. — Le faux témoignage, les fausses mesures, le vol, le port d'armes prohibées par la Loi, seront punis d'une manière toute particulière. — On veillera à la propreté des fontaines, des rues, et, sous prétexte de prendre le poisson, on ne jettera pas *du poison* dans les rivières. — La chasse est interdite dans toute la juridiction du seigneur ; tout chien doit être tenu en laisse ou porter un bâton attaché à son col. — Inhibitions sont faites aux habitants de se pourvoir ailleurs que devant les juges des lieux, et de reconnaître tenir d'un autre que du seigneur les terres qui dépendent de la juridiction de ce dernier. — Enfin les délibérations des consuls et des habitants seront *cassées et annulées*, si elles ne sont prises en présence de l'officier du Seigneur.

Cette ordonnance fut proclamée dans tous les lieux soumis à la juridiction du Pouget. Le procès-verbal de la proclamation, qui fut faite à Vendémian, porte qu'elle eut lieu, par le soin du procureur juridictionnel, devant la porte de l'église, à l'issue de la grand'messe, le 2 juin 1734, jour de la fête des saints patrons Marcellin et Pierre, en présence des consuls et des habitants, conformément aux anciens usages.

On ne peut qu'admirer la sagesse de ces prescriptions si utiles aux intérêts civils et religieux; et si on veut bien se rappeler qu'à cette époque les seigneurs campagnards abandonnaient volontiers leurs villages pour courir aux fêtes de Versailles, on sera satisfait de voir Mre Viel au milieu de ses vassaux, les instruisant de leurs devoirs et prenant toutes sortes de précautions pour maintenir le bon ordre et la paix dans les pays soumis à sa direction.

L'ordonnance de Mre Viel produisit les meilleurs résultats; cependant il fut impossible aux villageois de perdre entièrement leurs habitudes de familiarité vis-à-vis des propriétés du Baron. Les gens du Pouget et ceux des autres lieux faisaient pénétrer leurs troupeaux dans ses terres, non contents d'y entrer eux-mêmes, non seulement sous le prétexte d'y glaner, mais aussi pour enlever ouvertement les fruits, couper du bois, etc. Les dégâts devinrent de jour en jour plus nombreux et plus graves. Cela s'explique : chacun tenait plus de têtes de bétail que ne le comportait son compoix. Les consuls étaient de connivence avec les habitants : ils ne visitaient pas les troupeaux des particuliers; ils s'entendaient même avec ceux qui violaient les règlements, pour priver les seigneurs des amendes qui lui étaient attribuées par la transaction faite à ce sujet en 1729; ils allaient jusqu'à laisser les troupeaux étrangers libres d'envahir les terres soumises à la juridiction du Pouget.

A la vue de ses champs ravagés par les habitants et par leurs troupeaux, comme aussi par les chasseurs et par leurs chiens, le Baron fit entendre ses plaintes au parlement. Justice lui fut rendue, le 3 juin 1738. La cour de Toulouse défendit aux paysans des divers lieux de la Baronnie « d'en-
» trer dans les terres du seigneur, ni le jour ni la nuit,
» avec ou sans troupeaux, de ne couper des herbes, ni d'é-
» brancher les arbres, ni de cueillir des fruits sans la permis-

» sion du maître, sous peine d'amende pour les personnes » et de confiscation pour les bêtes. » La chasse fut interdite au Baron en temps prohibé, aux habitants en tout temps. Tous les chiens, même ceux des bergers, durent porter au col un bâton d'une certaine longueur, ou bien avoir le jarret coupé, suivant les anciennes ordonnances de la cour. Les amendes fixées par les délibérations consulaires du 5 juin 1735 furent maintenues au seigneur.

Mre Viel put faire afficher et publier l'arrêt de la cour, à ses frais, partout où bon lui semblerait. L'arrêt fut notifié à toutes les populations de la Baronnie. (Arrêt de la Cour, du 3 juin 1738. — (*Arch. de Lestang.*)

Le sieur d'Aumelas, tout entier au procès, n'avait rien négligé de ce qui pouvait en favoriser le succès. Pour mieux affirmer les droits qu'il prétendait avoir sur Saint-Amans, il avait fait l'addition suivante à son dénombrement : « Item m'appartient dans la vicomté d'Aumelas la » haute justice du lieu de Saint-Amans, comme membre » de la Baronnie, qui n'en a jamais été séparé, la moyenne » et la basse appartenant au prieur. Item m'appartient » l'albergue de dix chevaliers due par le dit prieur de Saint-» Amans pour raison de la moyenne et basse justice, qui » sont mouvantes de la Baronnie et Vicomté d'Aumelas. » Item m'appartient la directe et droits seigneuriaux sur un » grand ténement de terres, autrefois garrigues, appelé le » Plan-Majou, dans la paroisse et juridiction de Saint-» Amans, dans lequel j'ai un droit d'agrier de la 6e partie » des fruits des terres qui ont été défrichées. Fait à Mont-» pellier, le 21 mars 1733 ». Mais l'abbé de Bocaud, chanoine de l'église cathédrale de Montpellier, conseigneur et prieur de Saint-Amans, protesta contre cette addition, le 16 avril suivant. Mre de Bonnet, en maintenant son affirmation, amena Mre Viel à s'inscire en faux contre ses réclamations au sujet de la justice de Saint-Amans, de l'albergue des dix chevaliers, des droits seigneuriaux du Plan-Majou et aussi des lods de la métairie de Martinsac, et à réclamer le tout pour le compte du Baron du Pouget, 6 juillet 1636.

L'année suivante, Mre Viel rencontra un nouvel adversaire. C'était M. de Polastron qui, étant persuadé que sa terre de Plaissan ne relevait pas plus de la seigneurie du Pouget que de celle d'Aumelas, fit opposition au dénombrement du Baron, comme il l'avait fait déjà à celui du Vicomte.

II

Claude de Guérin Desfléaux. — Les Viel de Lunas

Le sieur Jean de Bonnet, Vicomte d'Aumelas, a disparu de la scène ; Mre de Guérin Desfléaux, son neveu, parait en son lieu et place, 1739. A voir l'intérêt que Mre de Guérin porte au procès, on peut prédire qu'il dépassera son prédécesseur dans ses prétentions. On dirait, en effet, qu'il va donner à l'affaire, suspendue par la mort de ce dernier, une importance encore plus grande, et qu'il en hâtera la solution, d'autant plus que Mre Viel sollicite aussi, de son côté, la reprise de l'instance.

Le sieur Guérin s'attaqua, le 26 février 1739, aux consuls et emphytéotes du lieu de Saint-Bauzille. Il leur réclama les censives du ténement du Laurier, qu'avait perçues jusqu'à ce jour Mre Viel ; toutefois ce n'était qu'à titre provisoire et jusqu'à ce que le procès fût vidé. Mre Viel intervint et mit opposition à la demande de son adversaire.

Les consuls furent néanmoins condamnés par arrêt de la cour à remettre les censives au sieur d'Aumelas, par provision et sans préjudice des parties. L'arrêt se fondait sur la reconnaissance du 30 septembre 1612, et la délibération de la communauté de Saint-Bauzille du 3 mars 1715, qui étaient favorables au seigneur d'Aumelas. La Cour ordonna, en outre, que les parties se présentassent dans le mois pour être entendues, 14 mars 1740.

Mre Viel ne devait pas voir la conclusion de son affaire. Il mourut, laissant à ses héritiers tous les soucis d'un grave débat et l'ennui d'avoir à tenir tête à un ennemi acharné, 1742. Mre de Guérin, qui avait compté faire expliquer les juges sous peu, et mener à bonne et prompte fin la campagne qu'il avait entreprise, vit avec peine que ses plans étaient dérangés par la disparition de son principal opposant. Il se consola pourtant de ce contre-temps, en songeant qu'il n'avait devant lui qu'une veuve et ses fils qui, moins au courant de l'affaire, demanderaient, sans doute, merci au plus vite. Ne doutant pas de son futur succès, il continua sa campagne contre les héritiers Viel, 16 janvier 1743.

Sur la demande de Mre Desfléaux, l'instance fut donc reprise sur les oppositions respectivement formées dans le principe par les sieurs Viel et de Bonnet envers leurs dénombrements. Mais dix années s'écoulèrent sans laisser trace du moindre incident digne de remarque. Les combattants gardèrent leurs positions, en attendant l'heure décisive.

Il se présenta, en 1753, une occasion favorable à Mre de Guérin pour faire preuve de sa suzeraineté. Un nommé Lautier avait récemment acquis la terre et seigneurie de Popian. Dès qu'il en eut connaissance, le Vicomte l'assigna à l'effet de se faire présenter par lui le décret qui l'envoyait en possession, et pour le contraindre à lui payer le lods de cette vente. Lautier, en homme prudent, demanda qu'on mît sous ses yeux les pièces du procès pendant entre les Viel et le sieur de Guérin ; il interpella, en même temps, les fermiers du domaine et les somma de déclarer si, oui ou non, il devait verser le droit de vente entre les mains du Vicomte d'Aumelas.

Pendant que les fermiers du domaine prenaient connaissance du procès, les Viel, que de Guérin avait de nouveau attaqués, assignèrent M^re de La Cassaigne pour le forcer à faire valoir le contrat de vente de la Baronnie ; et, en cas « de succombance » de leur part, pour le faire condamner au *quanti minoris* du prix qu'il en avait retiré. De son côté, le sieur de La Cassaigne assigna, « en contre- » garantie, sa fille, Renée d'Arnaud de La Cassaigne, et » son gendre, le marquis de Pierre de Bernis, attendu que » par acte du 4 juin 1741, il avait fait donation de tous » ses biens à la dite dame de Bernis, à la charge par elle » d'acquitter toutes ses dettes hypothécaires et chirogra- » phaires, 8 mars 1754. »

Le 14 mars, le sieur de Guérin introduisit devant la cour l'affaire des lods de Popian ; les fermiers du domaine intervinrent, ainsi que les héritiers de Lunas. Le 30, la cour ordonna que le procès des lods du sieur Lautier serait joint à l'affaire des dénombrements.

Après un sursis de deux ans, Claude de Guérin demanda par requête que les Viel de Lunas fussent condamnés à lui payer 27.000 livres pour le lods de l'acquisition du Pouget sur le pied du 5e, selon l'usage d'Aumelas, et de plus, l'intérêt de cette somme depuis le jour de la vente, 17 janvier 1756. Le domaine qui s'était élevé déjà contre le sieur de Guérin, lorsqu'il avait été interpellé par Lautier, se mit encore sur les rangs pour repousser ces nouvelles exigences. Ses intérêts se trouvaient en jeu ; il ne pouvait se taire. Aussi bien, Laforest, fermier du domaine du Roi en Languedoc, déclara qu'il se rendait opposant au dénombrement du sieur d'Aumelas, et demanda que le lods de Popian lui fût adjugé, et qu'il fût maintenu lui-même dans le droit de réclamer les lods des terres que le sieur de Bonnet avait indûment placées dans sa mouvance.

Le fameux procès se compliquait de jour en jour ; sa solution n'en était que plus retardée. De Guérin, impatienté, adressa à la cour requête sur requête, 2 septembre 1757, 29 octobre 1757. Laforest, fermier du domaine, et Gros, receveur, répondirent qu'ils persistaient dans leur demande.

Or, voici qu'une autre partie s'entremêle dans l'affaire. Le sieur Flottes, de Clermont, avait acheté un fief noble dans le lieu de Pouzols, et l'avait laissé en mourant à son fils. Avant de mettre en scène ce nouveau personnage, nous nous faisons un devoir de rendre hommage à une famille distinguée, dont la ville de Saint-Chinien, comme la ville de Clermont et le lieu de Canet, conserveront longtemps le souvenir. Nous avons connu la famille honorable dont il fut la tige. Les Flottes de Pouzols apportèrent dans Saint-Chinian l'exemple de toutes les vertus, et prirent part à toutes les bonnes œuvres. Cette famille n'est pas éteinte, mais elle a disparu du pays dont elle fut l'honneur. Son nom vivra cependant dans les cœurs. Qui pourrait en effet oublier la sainte fille qui ne vécut que pour faire du bien et qui avait nom Hélène de Flottes de Pouzols. Le bureau des finances réclama du sieur Flottes les droits d'encaissement, de contrôle et de lods et directes relevant du Roi dans la paroisse de Pouzols. Le sieur Flottes voulut être garanti contre de Guérin qui lui demandait également les lods. La cour, vu le déclinatoire opposé par ce dernier, renvoya les parties où et devant qui il appartiendrait, 2 mars 1758. Le receveur Gros assigna Flottes en la chambre des Comptes, et somma de Guérin à comparaître dans les débats, 11 mai 1758. Alors de Guérin requit la jonction de l'affaire Flottes au procès pendant entre lui et les Viel, et réclama le lods uniquement par provision ; mais le sieur de Pouzols pria la cour, non seulement de débouter le sieur d'Aumelas de sa demande, mais aussi de lui enjoindre de restituer à son profit la somme de 2,000 livres qu'il avait reçue de lui, 2 mars 1758. Trois jours après, il demanda que de Guérin le garantît, en tout événement, contre le fermier du domaine.

Témoins de tous ces débats, les consuls de Saint-Bauzille refusèrent de payer les censives du ténement du Laurier, tant que le procès ne serait pas jugé, déclarant qu'ils ne voulaient les remettre qu'à la partie qui aurait triomphé, 13 juillet 1759.

Cependant la veuve Viel de Lunas, dame de Montcalm, avait fait agréer le nommé Baron comme curateur de sa fille mineure, Antoinette de Lunas. Alors, assistés de leur mère, les héritiers de Jean Antoine Viel de Lunas, Baron du Pouget, reprirent l'instance et demandèrent par requête que la cour voulût bien reconnaitre et déclarer : 1° que les lieux du Pouget, de Pouzols, de Saint-Bauzille, de Vendémian, avec la moitié de celui de Saint-Amans, étaient immédiatement mouvants du Roi, à cause de sa conronne ou de sa seigneurie de Montpellier ; 2° que les lieux d'Adissan, de Tressan, de Plaissan, de Cabrials, de Jourmac et Carabottes et l'autre moitié de Saint-Amans étaient des arrière-fiefs de la Seigneurie du Pouget; 3° que Lestang de Montdardier était une dépendance du Château du Pouget; 4° que le ténement des bois, patus et garrigues du terroir de Saint-Bauzille leur appartenait comme faisant partie dudit lieu; 5° que les succédants devaient avoir le droit de donner le titre de Baronnie à leur terre du Pouget; 6° qu'il devait être fait défense audit de Guérin d'exiger les profits des prétendus arrière-fiefs du Château d'Aumelas et de prendre le titre de Vicomte; 7° qu'il n'y avait pas lieu d'adjuger à ce dernier la haute justice de Saint-Amans, la propriété des garrigues et vacants du Plan-Majou, l'agrier du 6e des fruits, le fief de Martinsac et le fief de la moyenne et basse justice de Saint-Amans; 8° enfin que, « dans le cas de succombance » de leur part, le sieur de La Cassaigne fût condamné à les relever et garantir, ou à leur payer un *quanti minoris* sur le prix de la vente, suivant l'estimation faite par des experts.

A peine le sieur de Guérin apprend-il qu'on veut lui arracher son titre de vicomte, qu'il semble oublier ou négliger tout le reste pour sauver sa dignité atteinte. Il a hâte de reconnaître que son prédécesseur est allé trop loin en contestant aux seigneurs du Pouget leur qualité de barons, et consent qu'on leur laisse ce titre pourvu qu'on ne lui ravisse pas sa qualification de vicomte.

Le prieur de Saint-Amans, qui a déjà résisté aux exigences du sieur de Bonnet, se présente maintenant pour s'opposer au dénombrement des sieurs Viel. Il demande à la cour de prononcer que la haute justice de Saint-Amans appartient au Roi, et requiert, en outre, que, tout en conservant la moyenne et basse justice, il soit déchargé de l'albergue de dix chevaliers réclamée par le Vicomte d'Aumelas, 1er fév. 1763. Il va sans dire que le sieur de Guérin et les Viel repoussèrent ces conclusions.

Bientôt les Viel de Lunas se ravisent à l'endroit de Pouzols et font requête à la cour pour que le lods du fief du sieur Flottes leur soit attribué, parce qu'ils sont seigneurs de ce lieu, ou, au moins, pour que, vu la connexité de cette affaire avec celle du dénombrement, les deux procès soient joints ensemble. De Guérin accepte la dernière proposition; et la cour, en y adhérant, annonce que les deux instances donneront lieu à un seul et même arrêt (5 décembre 1763).

Pendant ces débats, le receveur général Gros céda son office à M. Borel, et M. de Bonneville, procureur de MM. Gros et Laforest, mourut. Le sieur de Guérin assigna, le 21 juillet 1764, MM. Borel et Laforest en reprise de l'instance. Les Viel, de leur côté, firent intervenir Mre de La Cassaigne pour faire valoir la clause de l'acte de 1727, qui portait que la Baronnie du Pouget était vendue sous la réserve seule de la foi et de l'hommage au Roi dont elle relevait immédiatement, et le déclarèrent responsable de l'arrêt qui allait être rendu, dans le cas où il leur serait contraire.

Comme on opposait au sieur de Guérin le jugement des commissaires du domaine du 2 septembre 1724, défavorable à sa cause, celui-ci refusa de l'accepter, disant qu'en qualité de tiers, il n'avait été ni appelé ni entendu dans l'affaire; et usant de représailles, il invoqua le jugement de 12 août

1680 pour réclamer la terre d'Adissan comme mouvante de la Baronnie d'Aumelas, 22 septembre 1765.

En 1768, le prince de Conty est seigneur de Plaissan et de Belarga, ayant succédé au comte de Polastron, et le sieur Dartaguette a remplacé à Saint-Amans le prieur de Bocaud. Ils sont assignés l'un et l'autre, en même temps que Lautier et Flottes, en reprise de l'instance; mais Dartaguette, par indifférence pour le procès, et Lautier, par fatigue de la lutte, déclarent qu'ils s'en rapporteront à la décision de la cour.

M. de Carrion Nizas a succédé à M. le marquis de la Vergne depuis 1742. Il ne prend aucune part au procès, ayant reconnu la suzeraineté du Vicomte en lui payant le lods de l'achat de Tressan. Son gendre, M. de Spinola, se désintéresse également de la lutte.

III

M. DE GUÉRIN DESFLÉAUX. — M. LE VICOMTE D'ALZON

Le 22 avril 1770, MM. Louis-Antoine-Jean Viel de Lunas, baron du Pouget, demeurant à Paris ; Louis-Jean-Pierre Viel de Lunas, chevalier, baron du Pouget, demeurant aussi à Paris; les dames Antoinette-Jeanne-Thérèse Viel de Lunas, épouse du sieur Jean-François de Seigneuret de Loubers, seigneur et baron de Cerassa, demeurant au château de Montauriol; Antoinette-Pascale Viel de Lunas, épouse de Emmanuel de Girard, marquis de Pézènes, conseigneur de Canet et de l'Estelle, et Antoinette-Louise-Marcine Viel de Lunas, épouse du sieur Philippe de Pavée de Villevieille, traitant pour leurs biens paraphernaux; tous enfants et héritiers de Messire Antoine-Jean Viel, leur père, vendirent, conjointement avec leur mère, dame Louise-Françoise de Montcalm, à Mre Jean-François Daudé, chevalier, vicomte d'Alzon, habitant du Vigan, la Baronnie du Pouget, telle qu'elle avait été achetée à Mre Paul Abdias de La Cassaigne, avec tous ses droits et toutes ses charges, notamment celle de faire une rente annuelle de 3 liv. au chapelain de N.-D. de Mostuéjols, et une autre de 9 liv. 7 sols au prieur de Saint-Jean de Sainte-Eulalie, la foi et l'hommage étant réservés au Roi. M. d'Alzon était fils de François-Xavier Daudé, vicomte d'Alzon, et de dame Anne-Marguerite de Jouvenot, et époux de dame Marie-Anne-Cécile Evesque de Sérizières. Il avait fait hommage à Sa Majesté, en 1742, entre les mains de M. d'Aigrefeuille, président en la cour des Comptes à Montpellier, pour la Vicomté d'Alzon, composée des terres et seigneuries d'Alzon, Arrigas, mandement de Beaufort, Lassalle, Murs, d'une portion de la terre et paroisse d'Arre, et de la terre et seigneurie de Lavalette-les-le-Vigan, situées dans le district de la viguerie du Vigan, sénéchaussée de Nîmes. M. d'Alzon était chevalier de l'ordre du Roi.

La vente de la Baronnie fut faite à raison de 22,000 liv. pour les justices, fiefs, redevances, droits seigneuriaux et autres biens nobles ; de 80,000 liv. pour les biens et fonds ruraux ; de 2,500 liv. pour les 2/5 du courtage, et de 3,500 liv. à titres de pleiges et de pot-de-vin. Les conditions suivantes furent acceptées : le sieur d'Alzon devait demeurer chargé, à ses risques et périls,de l'événement du procès que les vendeurs avaient pendant en la cour des Comptes contre M. de Guérin, sieur d'Aumelas, M. Abdias d'Arnaud de La Cassaigne et autres, procès dont M. d'Alzon reconnut être parfaitement instruit. Si M. d'Alzon triomphait de ses adversaires, les Viel ne pouvaient rien réclamer au sujet des dépens qu'ils avaient déjà faits ; mais dans le cas où il perdrait en tout ou en partie le procès, il était obligé de garantir les Viel de Lunas. (Contrat de vente. — *Arch. de Lestang.*)

M^re d'Alzon rendit hommage devant la cour des Comptes pour la Baronnie du Pouget, le 26 avril 1770. Avant de se rendre acquéreur de sa terre, il s'était abouché avec les fermiers du domaine et leur avait offert de verser en leurs mains, dans le mois qui suivrait la vente, le droit de lods, qui leur était contesté par le Vicomte d'Aumelas, à condition qu'ils lui feraient remise de deux tiers sur les 14 sols par livre qui revenaient au fisc. Il s'était engagé à intervenir dans le procès entre les fermiers et M. d'Aumelas, à pourvoir à tous les frais et à garantir la ferme générale de toute condamnation aux dépens que le sieur de Guérin pourrait obtenir contre elle, à la condition que si ce dernier se voyait adjuger le paiement des lods, la ferme restituerait à M. d'Alzon la somme qu'elle avait reçue de lui, mais sans intérêt. Sa proposition fut transmise au directeur de la ferme à Paris et acceptée. Le 27 avril, le directeur lui envoya la pièce qu'il devait signer ; cette pièce fut retournée au directeur, le 10 mars suivant.

Le nouveau Baron était à peine installé, qu'il déclara prendre les fait et cause des Viel de Lunas et demanda communication des papiers du procès pour former et présenter telles conclusions qu'il conviendrait. Mais le sieur de Guérin protesta et exigea que l'affaire ne fût pas détournée de son cours, et par suite qu'on déboutât M^re d'Alzon de sa requête en somption de cause ; la cour admit néanmoins l'intervention de M^re d'Alzon dans le procès. Les Viel ayant voulu se retirer du procès, vu qu'ils n'y avaient plus d'intérêts, la cour les y maintint comme partie, 5 mai 1770. De Guérin sollicita une sentence qui déclarât solidaires le sieur d'Alzon et les héritiers Viel. De plus il réclama le lods de la dernière vente, et pour la sûreté du paiement, il demanda de pouvoir hypothéquer la terre du Pouget à son profit, 21 mai 1770.

Le moment était venu de régler une affaire qui depuis de longues années tenait en suspens les esprits et intéressait tant de gens. Le prince de Conty, que de Guérin avait contraint à se constituer un procureur à la place du défunt Castan, en vertu des lettres de *pareatis* du lieutenant civil, données au Châtelet de Paris, le 25 juillet 1771, fut assigné à comparaître par le sieur d'Aumelas ; M. de Bocaud, président de la cour, fut aussi assigné à titre d'héritier de l'ancien prieur de Saint-Amans. M. d'Alzon suivit le sieur adversaire devant les juges. Aux conclusions de celui-ci il opposa les siennes, qui étaient celles que Mre Viel avait prises tant contre M. de Guérin que contre le sieur de La Cassaigne, voulant qu'il fût entendu que toutes les condamnations qui tourneraient à l'avantage de Mre Viel, son auteur, eussent lieu à son profit et utilité. Mais, à la dernière heure, M. de Bocaud déserta le champ de bataille, laissant aux juges seuls le soin d'examiner si la terre de Plaissan relevait du Roi ou d'un autre, et mettant tous les dépens à la charge de la partie qui succomberait.

Les principales questions du procès à définir étaient, comme on a pu le voir, les suivantes : 1° la terre du Pouget était-elle mouvante du Roi à cause de la vicomté d'Aumelas ? 2° les lieux d'Adissan, Tressan, Plaissan, Cabrials et autres appartenaient-ils à ladite Vicomté et les arrière-fiefs de Journac et de Carabottes relevaient-ils du Pouget ou d'Aumelas ? 3° la terre seigneurie de Popian était-elle mouvante du Roi à cause de la Vicomté ? 4° enfin, en supposant que toutes ces terres étaient des arrière-fiefs de la Vicomté, le sieur de Guérin était-il fondé à prétendre, en sa qualité d'engagiste, aux profits de ces arrière-fiefs, et par conséquent, était-il en droit d'exiger les lods des deux ventes du Pouget et le lods de la vente de Popian.

Les Vicomtes d'Aumelas, les Barons du Pouget, les fermiers du Domaine, tous en cause, avaient mis sous les yeux de Messieurs de la cour près de cent cinquante pièces et de fort longs mémoires pour établir leurs droits respectifs. Les sieurs d'Aumelas avaient voulu démontrer aux juges que tous les lieux dont il s'agissait, avaient toujours appartenu à la Vicomté d'Aumelas. et que par le fait de leur engagement, ils avaient acquis le droit à tous les fruits et profits et par conséquent aux lods et ventes. Les Barons du Pouget s'étaient efforcés d'établir que les terres qui leur étaient contestées avaient été dans leur origine des alleus, ou terres libres ne reconnaissant pas de seigneurs dominants; qu'elles avaient conservé leur indépendance vis-à-vis d'Aumelas, quand elles furent entre les mains des seigneurs de Montpellier, et qu'ils les avaient reçues telles des mains de ces derniers. Les fermiers du Domaine avaient écrit un mémoire remarquable sous le rapport du droit pour faire voir que l'engagement n'avait pas apporté au Vicomte les droits de lods des arrière-fiefs.

La Cour de Montpellier rendit son jugement le 29 avril 1771 : « La Cour....... a déclaré et déclare la Baronnie du » Pouget composée du Pouget, Vendémian, Saint-Bauzille, » Pouzols et Lestang, ensemble les terres et seigneuries de » Poupian, Plaissan, Adissan, Tressan, Journac et Carabottes, être mouvantes du Roi à cause de la Vicomté » d'Aumelas; — a déclaré et déclare la seigneurie de » Cabrials être une partie intégrante de la Vicomté, et le » tènement du Laurier, bois, patus et garrigues situés dans » le terroir de Saint-Bauzille avec l'albergue d'une oie et le » droit d'agrier au 8e des fruits excroissants dans ledit tènement faire partie de ladite seigneurie et directe de ladite » Vicomté d'Aumelas. — Sans avoir égard aux oppositions » du sieur abbé de Bocaud et dudit sieur de Lunas envers » l'addition ou dénombrement dudit sieur de Bonnet, ni » aux requêtes des succédants audit sieur de Lunas et dudit » sieur Daudé, disant droit aux oppositions desdits sieurs » de Bonnet et de Guérin, et quant à ce, à celles dud. sieur » Viel de Lunas, a déclaré et déclare la haute justice de » Saint-Amans-de-Teulet, ensemble le fief de Martinsac, la » directe et droits seigneuriaux sur le Plan-Majou, avec le

» droit d'agrier sur la 6e partie des fruits... appartenir à la
» Vicomté d'Aumelas; — comme aussi a déclaré... toute
» la moyenne et basse justice de Saint-Amans être de la
» mouvance du Roi à cause de sa Vicomté d'Aumelas, sous
» l'albergue de dix chevaliers ; a déclaré... la moitié de la-
» dite justice moyenne et basse appartenir au Prieur; —
» et avant dire droit sur les contestations d'entre ledit
» Prieur, les succédants audit sieur de Lunas et ledit
» sieur Daudé à raison de la propriété de l'autre moitié
» de ladite justice..... dénombrée par ledit Viel, ensemble
» sur la demande dudit sieur de Guérin en condamnation
» des arrérages de l'albergue des chevaliers, a ordonné et
» ordonne que les succédants au sieur Viel, ledit Daudé,
» M. Dartaguette, ledit sieur de Guérin et ledit sieur de
» Bocaud seront plus entendus dans le mois ; — en ce qui
» concerne le fief acquis par le sieur Flottes dans la terre
» de Pouzols, a déclaré... ledit fief être mouvant du Roi, à
» cause de la Vicomté d'Aumelas ; — sans avoir égard aux
» requêtes des succédants audit Viel tendantes à ce qu'il
» soit fait défense audit sieur de Guérin d'exiger les pro-
» fits des arrière-fiefs..., non plus qu'à celle des Receveurs
» et des Fermiers... et dudit Daudé, a maintenu... led. de
» Guérin dans le droit de percevoir le droit de lods des
» terres mouvantes de ladite Vicomté, à chaque mutation,
» au 5e du prix des acquisitions et, en conséquence, a con-
» damné et condamne la dame de Montchal et autres suc-
» cédants audit sieur de Lunas à payer aud. de Guérin le
» droit de lods de l'acquisition de la terre et Baronnie du
» Pouget avec les intérêts des lods depuis le jour de la de-
» mande en justice desdits intérêts ; — sans avoir égard
» aux fins de non valoir dudit Lautier, l'a condamné... à
» payer audit sieur de Guérin le droit de lods du prix du
» décret de la terre de Popian avec les intérêts... depuis le
» jour de la demande..., et ordonne qu'il sera tenu de rap-
» porter l'expédié du décret; — a condamné ledit sieur

» Daudé à payer audit sieur de Guérin le lods de l'acqui-
» sition de la terre... du Pouget avec les intérêts..., suivant
» la liquidation qui en sera faite sur l'état qui en sera baillé
» par ledit sieur de Guérin, impugné et débattu ; a déclaré
» relaxer et relaxe ledit Flottes des demandes formées par
» les Receveurs et Fermiers du Domaine, les succédants...
» et ledit sieur Daudé et, en conséquence, a déclaré... n'y
» avoir lieu de prononcer sur la garantie demandée par
» ledit Flottes...; ordonne, néanmoins, que ledit Flottes
» sera tenu de faire ensaisiner et contrôler son titre; disant
» droit... à la requête dudit de Guérin du 21 mars 1770, a
» déclaré la terre... du Pouget affectée et hypothéquée
» pour le paiement des condamnations, qui ont été et se-
» ront cy-après prononcées contre les succédants aud. Viel
» et led. sieur Daudé; — a permis... aud. sieur de Guérin
» de prendre la qualité de Vicomte d'Aumelas, et audit
» Jean Daudé, celle de Baron du Pouget; — sur la demande
» des succédants..., et du sieur Daudé, en garantie contre
» ledit sieur de La Cassaigne et la dame de Bernis, a or-
» donné... que les Parties seront plus amplement ouïes ;
» — sur toutes les autres demandes, fins et conclusions
» des Parties, les a mises et les met hors de Cour et de
» procès; — condamne les succédants et le sieur Daudé en
» la moitié des dépens, chacun comme le concerne, envers
» S. A. le prince de Conty et le sieur président Bocaud,
» l'autre moitié demeurant compensée; les condamne aux
» dépens envers les Consuls de Saint-Bauzille; condamne
» ledit Lautier aux dépens envers ledit de Guérin, jusques
» au jour de l'intervention des Fermiers du Domaine dans
» l'instance; condamne les succédants..., le sieur Daudé,
» les Receveurs et Fermiers..., les héritiers du sieur de
» Bocaud, S. A. le prince de Conty et le sieur Bocaud aux
» dépens... envers le sieur de Guérin, même en ceux
» réservés par les arrêts de la Cour, des 14 mars 1740,
» 30 mars et 4 mai 1754, 13 février 1764 et 5 mai 1770, la

» taxe des dépens demeurant réservée, les dépens d'entre
» M. Dartaguette, le sieur de Guérin, les succédants... et
» le sieur Daudé demeurant compensés, ceux de l'interlo-
» cutoire à raison de la propriété de la moyenne et basse
» justice de Saint-Amans et des arrérages de l'albergue des
» six chevaliers et ceux de la garantie et contre-garantie
» demeurant réservés ; — et procédant au surplus du dé-
» nombrement dudit sieur Viel, a rejeté et rejette dudit
» dénombrement et de l'article concernant les mouvances de
» la Baronnie du Pouget, les terres et seigneuries de Tres-
» san, Plaissan, Adissan, Cabrials, Saint-Amans, Carabottes
» et Jourmac; — avant dire droit, sur la réception dudit
» dénombrement pour la métairie et terroir d'Aussargues
» et de Larcare ou Brignac, a ordonné que led. Daudé justi-
» fiera de son droit dans le mois; a reçu tous les autres
» articles énoncés audit dénombrement, sauf pour le chef
» interloqué à raison de la propriété de la moyenne et
» basse justice de Saint-Amans, pour jouir ledit sieur
» Daudé du contenu en iceux conformément aux reconnais-
» sances..., sauf le droit du Roi et celui d'autrui; — pro-
» cédant encore au jugement du surplus du dénombrement
» du sieur de Guérin et de l'addition à icelui, a reçu tous
» les articles y exprimés, pour jouir par ledit sieur de Gué-
» rin..»

« A cette cause, à la requête dudit sieur de Guérin, Vi-
» comte d'Aumelas, est mandé au premier huissier ou ser-
» gent requis... contraindre les succédants audit sieur Viel,
» le sieur Daudé et les Receveur et Fermier... à payer et
» rembourser audit sieur de Guérin la somme de 14,597 liv.
» 10 sols 9 deniers tant pour les épices que pour frais d'ex-
» pédition... Le mandons en outre contraindre les suc-
» cédants..., le sieur Daudé, les Receveur et Fermier... les
» héritiers du Président de Bocaud, S. A. le prince de Conty
» et le sieur de Bocaud à payer au dit sieur de Guérin
» 43 liv. 7 sols pour épices et frais d'expédition des arrêts

» du 14 mars 1740 et du 13 février 1764. Fait et donné à » Montpellier... le 29e jour d'avril 1771. Collat. Devez gref- » fier signé. »

Cet arrêt surprit singulièrement les receveur et fermier du Domaine en ce qui concernait les lods de la Baronnie, car jusque là les lods avaient été attribués à la caisse du Domaine; il ne surprit pas moins M. d'Alzon, surtout en ce qui concernait les arrière-fiefs qui avaient été mouvants de la Baronnie depuis 1349 ; tous les intéressés dans l'instance furent étonnés que la Cour eût découvert dans le titre de l'engagement de la Vicomté d'Aumelas un droit accordé au sieur de Guérin pour s'attribuer les profits de tous les lieux de la Vicomté, alors qu'il n'existait aucune proportion entre les revenus qu'aurait produits la somme versée par les de Bonnet pour l'acquisition de la Vicomté et les droits utiles qu'ils devaient retirer de leur terre.

L'arrêt de la cour fut signifié aux parties. Sans tarder, M. le Vicomte d'Alzon présenta requête au conseil royal des Finances, en son nom et au nom du receveur général du Domaine et des fermiers, pour demander la cassation de l'arrêt, le roi se trouvant, disait-il, lésé. Il demanda, en outre, un délai d'un an pour payer le lods ; mais la cassation et le délai lui furent refusés. Ayant insisté, il obtint un arrêt du conseil, qui lui accorda un délai de 6 mois pour le paiement du lods et des lettres du grand-sceau le relevant du laps de temps pour pouvoir revenir par requête civile sur l'arrêt de la cour des Comptes. Cette requête fut faite, mais elle fut repoussée par un arrêt de la cour des Comptes du 23 mars 1774.

Le Vicomte d'Alzon alla alors en conseil du Roi et obtint la cassation de l'arrêt sur le motif que le procureur du comte de Polastron étant mort dans le cours du procès, on n'avait pas assigné le comte en constitution d'un remplaçant. L'arrêt de 1774 fut donc cassé, et le jugement de la requête civile fut renvoyé à la cour de Toulouse, malgré l'opposition énergique du sieur de Guérin. Le parlement de Toulouse rescinda le jugement de la cour de Montpellier du 26 mai 1780, et condamna le sieur d'Aumelas à restituer les sommes qu'il avait reçues, et à payer les dépens envers toutes les Parties. Tout étant remis en question, les Parties se trouvèrent dans l'état où elles étaient avant le jugement de 1771. Le procès était à refaire. Le coup fut rude pour le Vicomte d'Aumelas. M. d'Alzon, voyant son peu d'empressement à obtempérer aux ordres de la cour, fut forcé de faire saisir la Vicomté pour rentrer dans ses fonds.

Le Baron conçut alors le projet d'acquérir le fief de Saint-Amans-de-Teulet. Le prieur était Mre Nicolas Bocaud, bachelier de Sorbonne, curé de S.-Pierre-de-Mâcon, qui avait succédé à Mre J.-B^te^ de Forest, chanoine régulier de l'abbaye de Nant, pensionnaire à l'hôtel-Dieu de Mâcon. L'inféodation eut lieu dans le courant de 1783. Il fallut s'entendre avec Azemar du Pouget, fermier de la dîme et autres droits seigneuriaux pour six années à partir de 1780. Ce dernier, pour la somme de 1350 liv., céda ses titres et se fit fort de payer pendant trois années au prieur l'albergue annuelle d'une croix d'argent du poids de neuf marcs. Il céda encore à M. d'Alzon tous les arrérages dus jusqu'au 1er janvier 1784 pour 1050 liv.

Les censives étaient levées en 1789, au nom du vicomte d'Alzon, et payées « dans la petite maison qui est dans l'en-» ceinte de l'ancien château dud. Saint-Amans, après la » publication faite à l'issue de la messe de paroisse devant » la porte de l'église. » (*Arch. de Lestang.*)

Les Parties sont maintenant devant la cour de Toulouse. Pendant que les juges étudient l'affaire, nous nous occuperons des rapports du Baron avec la Communauté du Pouget ou des luttes que la Féodalité dut soutenir pour défendre ses priviléges, à la veille de la Révolution.

Si Mre Viel avait eu des démêlés avec ses vassaux à l'occasion de leurs incursions dans ses propriétés, Mre d'Alzon eut à protéger ses droits bonorifiques à l'encontre de ses sujets qui les méconnaissaient. Comme son prédécesseur, il fut obligé de demander main-forte au parlement. Il lui présenta, en effet, une requête tendant à obtenir qu'on lui rendit communs les arrêts concernant les droits honorifiques des seigneurs, les fonctions et prérogatives de leurs officiers de justice, etc. La Cour accueillit sa demande et rendit un arrêt en sa faveur, le 30 juin 1778. L'énumération des droits honorifiques des seigneurs se trouve tout au long dans l'arrêt. On nous saura peut-être gré de les rapporter :

1° *Prières publiques.* — « Les Curés des lieux de la Baronnie recommanderont ledit Daudé, vicomte d'Alzon, » sous la qualité de Baron, et toute sa famille aux Prônes » et Prières publiques, les jours de dimanches et de fêtes.» — 2° *Eau bénite et offrande du pain bénit et cierges distribués au Seigneur.* — « Les Curés donneront au Baron, séparé- » ment du public, l'eau bénite par aspersion, et ensuite à » toute sa famille, et l'offrande immédiatement après les » prêtres et autres employés au service divin; il en sera de » même pour la distribution des cierges et du pain bénit. » — 3° *Eau bénite, pain bénit, cierges aux Officiers de Justice.* — « Les Curés donneront, séparément du public, l'eau bénite » aux Viguier, Juge, Lieutenant de Juge et Procureur » Fiscal, immédiatement après le Baron et sa famille et » avant les Consuls et habitants. Les marguilliers leur » présenteront de la même manière le pain bénit et les » cierges, à peine de 500 liv. d'amende et d'en être » enquis ». — 4° *Défense de faire des bancs à marque seigneuriale.* — « La Cour fait inhibition et défense aux » marguilliers et autres de faire des bancs à marque sei- » gneuriale pour les placer dans l'église ; en conséquence » ordonne qu'ils seront tenus d'abattre les accoudoirs, » agenouilloirs, fermetures et dossiers de leurs bancs à

» peine de 500 livr. et d'en être enquis ». — 5° *Les Consuls assistent en chaperon rouge aux offices.* — « Enjoint aux » consuls desdits lieux d'assister aux messes de paroisse, » aux processions et autres offices en chaperon rouge, à » peine de 500 livres et d'en être enquis ». — 6° *Clôture des comptes des églises.* — « Ordonne que les clôtures des » comptes qui doivent être rendus par les marguilliers et » administrateurs des églises seront faites par les Officiers » de justice et autres principaux habitants, à peine de » nullité, pour le recouvrement des deniers être poursuivi » à la diligence du Procureur Fiscal, conformément à » l'article 17 de l'édit du mois d'août 1695 ». — 7° *Clôture des comptes des Hôpitaux et Bureaux des pauvres par les Officiers de Justice.* — « Ordonne que les clôtures des » comptes qui doivent être rendus par les Receveurs » des Hôpitaux et Bureaux des pauvres seront faites et » arrêtées par le Viguier et autres officiers de Justice, qui » ont droit d'y assister... Le Viguier ou, en son absence, » le Juge ou son Lieutenant, présideront aux assemblées ». — 8° *Les Officiers de Justice précèdent partout les Consuls et,* » *en l'absence du Baron, allument les feux de joie.* — « Les » Officiers de Justice jouissent du droit de précéder les » Consuls et autres dans l'église et dans toutes les assem- » blées, d'aller les premiers à l'offrande après le seigneur » et sa famille, d'allumer les feux de joie en l'absence du » Baron, lorsque le feu est fait en conséquence des ordres » du Roi ou autrement... Les Consuls seront tenus de se » rendre à ces cérémonies, à peine de cinquante liv. » d'amende, avec défense de porter aucun trouble ni donner » aucun empêchement auxdits Officiers, à peine de 500 liv. » et d'en être enquis ». — 9° *Les Consuls sont obligés de communiquer au Baron ou à ses Officiers les ordres supérieurs.* — « Ordonne, en outre, que lorsqu'il sera envoyé » quelqu'ordre supérieur auxdits Consuls, ils seront tenus » de le porter et communiquer audit Daudé, dès l'avoir

» reçu, et, en son absence, à ses Officiers, avec défense de » le communiquer à toute autre personne ». — 10° *Les Consuls doivent communiquer un jour à l'avance aux Officiers les points de la délibération.* — « Comme aussi ordonne que » lesdits Consuls seront tenus de communiquer par écrit » et par billets signés du greffier consulaire auxdits » Officiers, un jour à l'avance, les points sur lesquels il » conviendra de délibérer, sans qu'ils puissent délibérer, » sous aucun prétexte, sur un autre point...., à peine de » nullité des délibérations, à peine de 500 liv. d'amende et » d'en être enquis ; et au cas où les Officiers ne seraient pas » résidants dans les lieux, lesdits Consuls seront tenus de » les avertir par lettre au domicile qu'ils auront élu ». — 11° *Les Officiers président à toutes les assemblées, sauf à celles où il s'agira de difficultés entre la Communauté et le Seigneur.* — « Fait inhibition aux Consuls de convoquer » aucune assemblée, sans y appeler les Officiers dudit » Baron, sauf à l'égard des assemblées convoquées pour y » traiter des contestations d'entre ledit Baron et la Com- » munauté, auxquels cas lesdits Consuls seront tenus » d'appeler un magistrat ou un gradué pour présider à » l'assemblée, et d'avertir les Officiers... un jour à l'avance ». — 12° *Les Officiers précèderont en toute circonstance les Consuls, Curés at autres habitants.* — « Ordonne que dans » toutes les assemblées, les Officiers présideront et pré- » cèderont les Consuls, Curés et autres habitants, lesquels » Curés, les Consuls ne seront tenus d'avertir pour assister » auxdites assemblées qu'en la manière accoutumée d'a- » vertir les autres habitants ». — 13° *Défense aux Curés relativement aux cloches.* — « Fait défense auxdits Curés » d'empêcher de sonner les cloches pour les assemblées, » lesquelles cloches les Consuls pourront sonner sans en » demander la permission....., à la charge de ne tenir les » assemblées qu'avant ou après les offices divins ». — » 14° *Le Procureur Fiscal doit être appelé à toutes les assemblées; les délibérations doivent être signées.* — « En- » joint... d'appeler le Procureur Fiscal à toutes les assem- » blées... ; enjoint au Procureur Fiscal, aux Consuls, et » autres, de signer les délibérations avant la séparation des » assemblées, à peine de 25 livres d'amende et d'en être » enquis ». — 15° *La Liste consulaire doit être présentée au Seigneur pour y choisir les Consuls.* — « Ordonne que la » Liste consulaire de trois sujets sur chaque place, à chaque » mutation des Consuls desdits Lieux, sera présentée audit » Baron, et, en son absence, à ses officiers par les Consuls » en exercice, à l'effet par lui ou par ses Officiers de choisir » dans chaque colonne et pour chacune des places tels des » sujets désignés qu'il jugera à propos ; et qu'après la » nomination desdits Consuls faite, les nouveaux Consuls » prêteront serment entre les mains dudit Baron, dans son » château, en la forme et manière accoutumée, et, en son » absence, entre les mains de ses Officiers ; lesquels nouveaux » Consuls seront tenus, après la prestation de serment, de » faire une visite en chaperon audit Baron ou à ses Officiers ». — 16° *Défense aux Consuls de troubler les Officiers dans l'exercice de la Justice et de la Police.* — « Fait défense » auxdits Consuls de troubler les dits Officiers... dans » l'exercice de la Justice ordinaire et Police générale desdits » Lieux et Terroirs, et tant aux Consuls que autres habi- » tants de faire faire des réjouissances publiques, mener » des danses, faire battre le tambour,.. sans une permission » expresse dudit Seigneur, à peine de 25 livres d'amende » et d'en être enquis ». — 17° *Le Livre de la Taille soumis à l'Officier de justice; registre des délibérations paraphé par lui, puis présenté à toute réquisition.* — « Ordonne que le » livre de la Taille... sera remis par les Consuls audit » Officier de justice qui aura présidé à ladite assemblée, » pour être par lui examiné, visé et paraphé et être rendu » dans les vingt-quatre heures ; enjoint aux greffiers con- » sulaires de tenir un registre unique, coté et paraphé pour

» y coucher les délibérations..., lesquels seront tenus de » représenter ledit registre aux Officiers de justice à toute » réquisition ». — 18° *Cadastres et Titres remis aux archives de la Communauté ; trois clés pour les archives.* — « Ordonne » que les cadastres, livres de muances, titres et documents » des Communautés seront remis dans le délai de huitaine » dans les coffres à ce destinés.., à laquelle remise tous » détenteurs seront contraints par toutes voies, à peine » d'être poursuivis criminellement. Ordonne que les Consuls » feront faire trois clés aux armoires ou coffres, dont l'une » restera au pouvoir du Viguier dudit Baron, ou, en son » absence, du Juge ou Lieutenant de Juge, une autre au » pouvoir du premier Consul, et la troisième entre les » mains du secrétaire greffier de l'hôtel-de-ville ». — 19° *Tableau des opinants dans les jugements ; Huissiers royaux, Officiers subrogés.* — « Enjoint au Viguier dudit » Daudé de prendre pour Opinants dans les jugements, » dans les cas qui le requièrent, le Juge, son Lieutenant, » avocats et gradués de son siège ; en défaut d'iceux, les » praticiens, suivant l'ordre du Tableau......... Fait défense » à tous huissiers, autres que royaux, d'exploiter sans » avoir obtenu la permission expresse dudit Daudé..... Les » subrogés officiers jouiront des avantages et prérogatives » des Officiers ». — 20° *Lestang lieu de la Justice du Baron.* — « Ordonne que lesdits Officiers seront tenus de » tenir les audiences et d'administrer la justice aux justi- » ciables des paroisses, qui composent la Baronnie du » Pouget, dans le château de Lestang, où sont les prisons » de la juridiction, avec défense de tenir les audiences et » d'administrer la justice ailleurs, à peine de nullité des » procédures ». — 21. *Les chiens doivent être attachés et les volailles enfermées.* — « Enjoint aux habitants de tenir » leurs chiens attachés depuis le 1er mai jusqu'au 1er août ; » et ce, pour éviter le dépérissement des œufs de perdrix » et autre gibier : faute de ce faire, permet audit Daudé de

» tuer tous les chiens qui seront trouvés dans les champs....;
» enjoint de tenir les chiens attachés et les volailles enfer-
» mées depuis le 1er 7bre jusqu'au dernier jour des ven-
» danges...; permet au Baron de les faire tuer lorsqu'on les
» trouvera dans les vignes..... Fait défense à tous voituriers,
» bergers et à tous paysans de mener... des chiens qui ne
» seraient attachés en laisse, avec défense de les lâcher que
» pour la conservation des troupeaux, à moins qu'ils
» n'aient un bâton au col ». — 22° *Temps des vendanges fixé, communiqué au Seigneur, publié en son nom.* —
» Ordonne, en outre, que, au temps des vendanges, les
» Communautés seront tenues de nommer des prud'hommes
» pour visiter les vignes et faire leur rapport aux Com-
» munautés, qui fixeront le jour des vendanges, lequel sera
» communiqué audit Seigneur...; que le temps des ven-
» danges sera publié, au nom dudit Daudé, par son bayle,
» un jour de dimanche ou de fête, à l'issue de la messe
» paroissiale ou des vêpres,... et que le jour des vendanges
» étant indiqué, ledit Baron aura trois jours d'avance pour
» faire vendanger ses vignes, si tel est l'usage des lieux ».
—23° *Défenses faites de troubler le Baron dans ses droits et prérogatives et ses Officiers dans l'exercice de leurs fonctions.*
— « Comme aussi inhibitions et défenses sont faites de
» porter aucun trouble audit Daudé dans ses droits et
» prérogatives, et aux Officiers dans l'exercice de leurs
» fonctions, à peine de 500 liv. d'amende, et de plus forte
» peine suivant le cas, et d'en être enquis. Ordonne que
» des contraventions au présent arrêt il en sera enquis par
» devant les Juges des Lieux auxquels la connaissance en
» appartiendra........ Prononcé à Toulouse, en notre Par-
» lement, le 30 juin 1770. *(Arch. de Lestang.)*

L'arrêt du Parlement fut affiché dans tous les lieux de la Baronnie. Il fut mal accueilli au Pouget : humilié d'un côté de dépendre du lieu de Lestang, où le baron avait installé sa Justice, le village s'irrita d'un autre côté de l'attentat que les droits honorifiques portaient à ses franchises communales, dont il se disait jouissant depuis cinq siècles. La Communauté voulait être libre de s'administrer elle-même; elle prétendait nommer elle-même ses consuls, et repoussait le contrôle du seigneur. Cette tendance était générale, et déjà un grand nombre de communautés avaient le choix exclusif de leurs officiers. A la tête du pays se trouvait un homme de valeur, estimé de la population et entrant dans ses vues. C'était le sieur de Bossuges, appartenant à une famille honorable dont les rejetons jouissent encore d'une considération parfaite. Il ne vivait pas, il faut le dire, dans les meilleurs termes avec les gens du château, et c'est sans doute grâce à l'antagonisme que l'on voyait se développer à cette époque dans les classes dirigeantes de la société. Il est même probable que le Baron avait sollicité l'octroi des droits honorifiques pour écarter du pouvoir celui qui le gênait. Raison de plus pour que le sieur de Bossuge tint à rester dans l'administration. Il entraîna le pays dans la résistance au parlement de Toulouse. La communauté fit appel de l'arrêt rendu, et, en vue du procès qui allait s'ensuivre, prorogea les pouvoirs qu'elle avait donnés à ses consuls, 30 août 1778. Le Baron assigna les consuls au sénéchal de Montpellier et obtint contre eux l'exécution provisoire de l'arrêt, 1779. Les consuls appelèrent encore de cette dernière sentence, et demandèrent de pouvoir emprunter l'argent nécessaire pour faire la recherche des titres de la communauté et fournir aux frais d'une action en justice, soit la somme de 300 liv.

Est-ce parce qu'on n'avait pu trouver cette somme, ou bien avait-on réglé qu'on vexerait les amis de M. d'Alzon ? Le conseil politique se réunit le 18 avril, sous la présidence du viguier de Gignac, M. Estore, avocat, appelé en la suspicion du sieur Bedos, juge du Baron. Le maire-consul, sieur de Bossuges, après avoir exposé les succès obtenus par le seigneur, et l'autorisation accordée à la communauté de faire un emprunt pour défendre ses privilèges atteints, proposa, faute d'autres moyens, d'imposer les plus forts contribuables de l'endroit. Le procureur fiscal, M. Pierre Avesque, combattit cette proposition, et déclara que le Baron était prêt à reconnaître n'importe quel droit de la communauté si on l'établissait par des titres certains et authentiques. Il fut passé outre : séance tenante, on désigna pour fournir les 300 livres : 1° Antoine Barescud, bourgeois, 100 livr. ; 2° Pierre Avesque, bourgeois, 75 livr. ; 3° Etienne Azémar, 75 livr. ; 4° Toussaint Bouys, 50 livr., lesquels furent aussitôt requis de bailler solidairement la somme totale.

Pierre Avesque fit opposition au nom de tous, et ils formèrent aussitôt un syndicat par devant André, notaire de Gignac, contre les consuls et la communauté, protestant ne pas vouloir, à l'exemple des consuls, porter atteinte aux droits du seigneur et refusant d'adhérer au procès qui lui était fait par un pur caprice, et dont les frais devaient retomber sur ses auteurs. C'est ainsi que le sieur Barescud écrivit à M. de Saint-Priest, intendant : « Le sieur d'Alzon » fit dire qu'il ne demandait pas mieux que d'éviter un » procès, et que si la Communauté avait des titres, il » abandonnerait sa prétention. Le suppliant et les syn- » diqués trouvèrent cette proposition raisonnable..., mais » le plus grand nombre, jaloux de l'accueil que leur fait le » seigneur, la rejetèrent ainsi que leur avis..... Quoiqu'il » soit notoire qu'on aurait pu trouver de l'argent ailleurs, » en particulier chez les religieuses de Gignac, on a, par » suite du caprice qui conduit cette cabale, nommé les » suppliants pour faire l'avance de la somme nécessaire... » La plainte fut envoyée au subdélégué de Béziers pour qu'il vérifiât les faits et appréciât les moyens pécuniaires des personnages imposés, 27 avril 1779.

L'affaire était pendante en la cour de parlement depuis trois ans ; de Bossuge était toujours consul, sous le prétexte que le procès n'était pas terminé. M. d'Alzon eut recours au parlement pour obtenir que, sans préjudice des droits respectifs des Parties, il ordonnât aux Consuls de se conformer aux arrêts rendus relativement à l'élection, au serment et à la visite des nouveaux consuls, sous les peines édictées par la cour. Obtempérant à sa requête, le parlement enjoignit à la Communauté de se soumettre aux prescriptions de l'arrêt, à peine, pour les consuls en charge, de 500 livr. d'amende et d'en être enquis, nonobstant opposition et sans préjudice néanmoins pour ses droits, 11 septembre 1783.

La Communauté parle alors de se retirer à la chambre des vacations pour éluder les ordres de la Cour. Mais M. de Bossuges consulte des hommes compétents. Il assemble ensuite le conseil politique, convoque le juge et le procureur fiscal. Après avoir vainement attendu ces derniers, il ouvre la séance et commence par déclarer qu'il faut renoncer à un autre appel. Ce langage étonne les esprits tout d'abord. Revenant bientôt de leur première impression, les conseillers ne veulent pas entendre parler de soumission au Baron ; ils s'exaltent ; ils interpellent le maire-consul, qui ne peut parvenir à les calmer, ni à leur faire comprendre la situation difficile où ils se trouvent. « Ce n'est pas » assez pour moi, leur dit-il, d'avoir à supporter tout le » poids de la colère du seigneur, il faut encore que vous » me soupçonniez et me fassiez un mauvais parti ! Eh bien ! » je me retire des affaires, conduisez-les vous-mêmes. » Le tumulte cependant s'apaise ; on délibère. De Bossuges, Fabre et Pégurier, consuls ; Fourestier, Soulignac, Pierre Benoît et Pierre B.,., conseillers politiques, c'est-à-dire la majorité du conseil. opinent qu'il faut donner, sans retard aucun, suite à l'ordonnance provisoire, en réservant toutefois les droits de la communauté. Le premier consul forme sa liste et propose pour le 1er chaperon Jean Benoît, pour le 2e Barthélemy Granier, et Pierre Bossuge pour le 3e ; le troisième consul dresse aussi sa liste ; le second consul

demande du temps pour faire son choix, Aussitôt la communauté est appelée pour approuver les noms qu'on lui propose. Le greffier consulaire est ensuite chargé de porter à Lestang les deux listes. Benoît se fait accompagner par le fossoyeur de l'endroit. Quand les dames d'Alzon virent apparaître dans leur salon ce dernier personnage, elles se troublèrent et poussèrent des cris de frayeur. Les serviteurs accoururent et l'émoi fut grand dans le château. M. le Vicomte parût et alla droit au greffier lui demander raison de ce qui se passait. Celui-ci lui offrit les listes qu'on lui avait confiées. « Ce n'est pas vous, Monsieur, lui dit M. d'Al-
» zon, qui deviez me les apporter, mais bien les consuls
» en personne. » Le sieur Benoît fut éconduit par le Baron, qui ne voulut pas même voir les listes. Tout ceci se passait le 26 octobre.

Le 31 du mois susdit, le second consul, se sentant dans une fausse position, parce qu'il n'avait pas encore formé sa liste, prit sur lui de convoquer le conseil. On ne vit à l'assemblée ni le sieur de Bossuges, ni le juge du seigneur, ni le procureur fiscal. Le consul sortant raconta l'aventure du greffier, et proposa sa liste, qu'il se déclara prêt à porter lui-même, suivant les règlements, au seigneur, toutefois sans préjudice pour l'opposition de la communauté envers l'arrêt dont elle avait à se plaindre.

L'affaire des droits honorifiques fut appelée devant la cour, le 21 mars 1785. Les Parties se présentèrent pour défendre leurs intérêts et entendre le jugement qu'elle allait porter sur une cause qui passionnait les esprits, non seulement au Pouget, mais ailleurs, car il s'agissait des reliefs de la Féodalité que la Monarchie travaillait à faire disparaître, comme nous en aurons bientôt la preuve.

» La Communauté, disaient les Consuls, avec un style
» emphatique, dans un mémoire où l'on voit les exagéra-
» tions du jour, heureuse sous ses anciens seigneurs, gémit
» dans l'oppression depuis qu'elle est soumise au sieur

» d'Alzon. Depuis longtemps le désespoir aurait produit
» quelque résolution funeste, si la confiance des infortunés
» vassaux dans la suprême justice de la Cour n'eût ralenti
» dans leurs cœurs les mouvements impétueux que la dureté
» inflexible de l'adversaire y a trop souvent excités. L'arrêt
» qui va être rendu sera un bienfait infini pour toutes les
» Parties, parce que sans doute il détruira le germe de nou-
» velles contestations, dont les suites fâcheuses seraient
« incalculables. La cause du procès est l'ambition déme-
» surée du Seigneur, qui lui a fait solliciter un arrêt portant
» règlement sur les Droits honorifiques, dans lequel ceux
» de la Communauté ont été sacrifiés, faute d'avoir été
» connus. »

Nous mettrons maintenant sous les yeux du lecteur les moyens de défense des deux Parties,

Moyens de défense des Consuls : 1° pour ce qui concerne les listes consulaires, les officiers de la communauté sont dispensés de les présenter au seigneur par le droit commun et par la teneur de l'acte de 1409. Les consuls sont en effet les représentants et les officiers de la communauté, et l'ordre naturel veut que celle--ci les choisisse à son gré. C'est ainsi qu'il en a été jugé depuis l'ordonnance de Moulins. — D'après une foule d'édits, les seigneurs ne peuvent réclamer le privilège de choisir eux-mêmes les consuls, que lorsqu'ils sont fondés en titre ou en possession. Ce que le sieur d'Alzon ne peut prouver avoir devers lui, le Pouget le possède, car il a un titre dans la concession de 1409 et il en jouit depuis cette époque. — 2° Quant à la Remise et au Paraphe du livre des tailles, c'est un droit nouveau que celui dont les seigneurs s'investissent, sans pouvoir montrer une autorisation accordée par le Roi. M. d'Alzon ne peut appuyer son prétendu droit que de quelques arrêts rendus sur simple requête depuis 1769 seulement. Admettre, du reste, les seigneurs dans le contrôle des tailles, ce serait introduire une nouvelle puissance dans l'État, et s'y introduire soi-même, de quelque manière que ce soit, est, d'après Rousseau de la Combe, page 50, un crime de lèse-majesté au second chef. — 3° Pour les clés des Archives, l'arrêt qui en accorde une au seigneur va contre le droit naturel, qui veut que la communauté ne laisse pas ses titres exposés à être dispersés; et contre le droit civil, qui a été fixé par les édits de 1690 et 1709, règlant qu'une des deux clés sera remise au maire et que l'autre restera aux mains du greffier, dispositions renouvelées en 1743 et en 1782. — 4° L'administration de la justice ne doit pas avoir lieu à Lestang, parce que: 1° jusqu'en 1778 la justice s'est rendue au Pouget, son siège légitime et naturel, et 2° parce que le lieu de Lestang n'est pas propice, non-seulement par la raison qu'il est hors de la portée des justiciables qui se trouvent dispersés dans la Baronnie, mais aussi parce que ces derniers courent des risques dans un château isolé, flanqué de tours et entouré de fossés. Le Pouget a toujours été un lieu important, *caput aliorum locorum et villarum Baronnie de Omeladesio*, et, à ce titre, il doit posséder le siège de la justice seigneuriale.

Moyens de défense du Baron — M. d'Alzon disait de son côté: « la vanité et le caprice... ont répandu l'esprit d'in- » subordination dans la communauté du Pouget. Au lieu » d'exécuter par provision l'arrêt de la Cour du 30 juin 1778, » concernant la présentation de la liste consulaire, les » Consuls en exercice aimèrent mieux contenter leur petite » gloriole en faisant délibérer par le Conseil politique qu'il » serait sursis à l'élection des nouveaux Consuls... Le pre- » mier Consul a oublié trop souvent les égards qu'il doit » à son Seigneur...» Tels furent les moyens qu'il mit en avant pour faire débouter les consuls de leur appel et amener la cour à maintenir le jugement de 1778. 1° Le Baron a le droit de participer à la nomination des consuls. Si le droit naturel veut que la communauté choisisse ses officiers, le même droit doit vouloir que le seigneur choisisse les siens, Or, les consuls sont en même temps officiers de la communauté et officiers du seigneur. S'ils gèrent les affaires de celle-là, ils exercent la police de celui-ci. Le seigneur leur donne la juridiction en leur remettant de ses mains propres le chaperon rouge. Le titre de 1409 les reconnait bien comme les syndics ou les économes de la communauté, mais non comme les représentants du seigneur. Le jour où la police leur fut confiée, vers 1540, les seigneurs, par la force des choses, concoururent à leur nomination. Sans doute. il s'est produit des changements dans la législation, eu égard à la nomination de ces officiers, en 1764, 1765 et 1766; mais la Baronnie échappait aux nouveaux règlements. Les arrêts ont toujours fait justice des oppositions fondées sur des actes pareils à celui de 1409, témoin l'arrêt de 1725, relatif à l'acte de 1344, instituant les consuls à Cournonterral, et celui du 27 avril 1781 concernant ceux de Ménestrol. — 2° Le visa du seigneur, ou de ses officiers, à apposer sur le livre de la taille, est un droit seigneurial qui a été reconnu et consacré par la cour, notamment en faveur des seigneurs de Sauve et de Saint-Orens, d'abord, et puis en faveur de M. Juin, seigneur de Siran, octobre 1771, et du sieur de Beaufort, octobre 1780, qui ont obtenu « que le livre de la taille sera remis au juge » du Seigneur pour être par lui examiné, visé et paraphé, » et rendu aux Consuls dans le délai de 24 heures. » — 3° Le Baron doit avoir une clé des Archives, le règlement du conseil du Roi, 26 août 1660, revêtu de lettres-patentes, porte qu'il sera fait choix d'un lieu convenable où seront mis et déposés les actes de la communauté, lequel lieu sera fermé par deux clés, dont l'une sera entre les mains du procureur du Roi ou du procureur fiscal des lieux. — Si quelqu'un d'ailleurs est intéressé à la conservation des actes du pays, c'est, à n'en pas douter, le Baron, en sa qualité de seigneur et de premier habitant du pays. — 4° La Justice doit rester à Lestang. La Justice du seigneur n'a jamais eu de siège fixe : elle a été rendue, en effet, tantôt dans un lieu, tantôt dans un autre de la Baronnie, souvent dans la maison d'un particulier, quelquefois dans un cabaret ; mais les prisons de la juridiction se sont trouvées à Lestang. Il ne s'agit donc pas du changement de siège de la Justice, mais de sa fixation. Or, les Règlements accordent au seigneur haut-justicier le droit de l'établir où bon lui semble, à condition de ne pas sortir de la Baronnie. Lestang est à la faculté de tous les justiciables, et quoiqu'il soit réputé maison rurale, il n'en est pas moins un château flanqué de tours et entouré de fossés, relevant du Roi en foi et hommage, comme fief noble, malgré la rôture du sol. Le lieu de la Justice ou prétoire n'offre aucun inconvénient, ayant ses entrées particulières et indépendantes, puisqu'il est séparé de la maison seigneuriale.

La Cour rendit son arrêt le 21 mars 1785, lequel confirma purement et simplement, et dans son plein et entier contenu, celui qu'elle avait donné le 30 juin 1778.

La Communauté n'avait d'autre ressource que celle de se pourvoir en cassation de l'arrêt devant le conseil du Roi. Or, le conseil du Roi avait une manière de voir dans les questions de droits honorifiques toute contraire à celle des parlements, et en particulier à celle du parlement de Toulouse; il avait déjà cassé plusieurs de ses arrêts toujours favorables aux seigneurs. Il était à prévoir que, battue à Toulouse, la communauté triompherait à Paris.

L'affaire des droits honorifiques fut remise entre les mains du Roi, et les avocats royaux furent saisis des pièces du procès. Après les avoir étudiées, ils estimèrent que la communauté était en droit de demander la cassation de l'arrêt qui l'avait condamnée, parce que : 1° il portait atteinte au droit public, et 2° parce qu'il ne respectait ni les titres, ni la possession de la communauté. Nous résumerons leur rapport, qui fait connaître la jurisprudence admise en haut lieu. Ce fut, dirent-ils, sur les remontrances des états, et pour assurer le bon ordre et la tranquillité de la province que le conseil de S. M. rendit un arrêt le 4 7bre 1651, qui a servi de loi générale et formé le droit commun ; arrêt par lequel les habitants de la Province ont été maintenus dans la faculté, dont ils ont toujours joui, d'élire et de nommer les consuls. Cet arrêt a été confirmé par un autre du 3 mai 1675. En 1731, S. M. ordonna que les élections se feraient en Languedoc au temps et selon la forme accoutumée ; la cour de Toulouse constata, elle-même, en 1738 et 39, qu'il y avait des lieux où, par le fait de la possession, la communauté était en droit d'élire les consuls nouveaux sur la proposition des consuls sortants. Que si, en 1765 et 1766, le régime administratif changea, un instant, l'ordre établi, les communautés rentrèrent, en 1772, dans le droit de nommer leurs officiers. Il en fut ainsi au Pouget : ce lieu reconquit la faculté dont il avait toujours joui par la vertu de la concession de 1409, approuvée par le Roi en 1411. Quant aux arrêts de la cour de Toulouse, qui s'est toujours montrée contraire à ces principes, ils furent toujours cassés à la requête du syndic général. Les avocats citèrent plusieurs cas, et en particuler celui de la dame Dezabel, qui ne put conserver la faculté de la liste consulaire malgré le parlement. Laissant de côté la remise et le paraphe du Livre des Tailles, ils déclarèrent que la 3e clé des archives n'était qu'une innovation ; et quoique M. d'Alzon se fût désisté, sur ce chef, de ses prétentions, ils dirent qu'il ne fallait pas laisser subsister une disposition de l'arrêt, qu'on pourrait invoquer contre l'arrêt du Roi du 28 mars 1773. Ils allèrent plus loin, il refusèrent au parlement de Toulouse toute compétence en fait de questions d'archives, qui, d'après les Lettres-Patentes du 30 janvier 1734, ne relèvent que des commissaires du Roi et des États. Ils furent encore d'avis, relativement au siège de la Justice, que Lestang cédât au Pouget l'honneur qu'il lui avait ravi et qu'il ne pourrait conserver qu'au détriment des habitants de toute la Baronnie.

M. d'Alzon représenta en vain que les Barons du Pouget avaient toujours été en possession du droit de nommer les consuls, et qu'on ne pouvait lui opposer que quelques élections isolées, faites sans lui, et qui ne pouvaient amener une prescription ; il affirma en vain que, du moment qu'il faisait acte d'abandon de la troisième clé, on ne pouvait trouver là un motif de cassation de l'arrêt ; il eut beau démontrer que le haut-justicier avait le droit de fixer le lieu de sa Justice, et repousser les insinuations malveillantes de ses adversaires à l'endroit de Lestang ; l'arrêt du conseil fut tout en sa défaveur. En effet, « S. M., convaincue de » l'atteinte que l'arrêt du parlement de Toulouse a portée au » droit commun de la communauté, s'est empressée d'en » procurer la cassation par arrêt du 20 janvier 1787, sur la » requête des consuls, quant aux chefs relatifs à la nomi- » nation des consuls et au dépôt de la 3e clé des archives » entre les mains du juge du lieu ; voulant S. M. que la » 3e serrure soit enlevée aux frais du sieur d'Alzon..., et » que l'arrêt soit transcrit sur les registres de la commu- » nauté ».

Mais en ordonnant la cassation de l'arrêt, le Roi n'avait pas fait mention de la restitution des sommes déjà payées en conséquence de cet arrêt ; il n'avait rien dit au sujet de l'obligation imposée à la communauté de présenter aux officiers du seigneur le registre des délibérations, ni de celle d'avertir ces derniers, un jour à l'avance, au sujet des affaires à traiter dans les assemblées du conseil politique. Le syndic général, tout en s'intéressant au Pouget, n'était pas fâché de trouver une occassion d'amener le Roi à bien établir la jurisprudence qui devait prévaloir contre les décisions du parlement toulousain. Il fit donc observer à S. M. que la question des droits honorifiques, comme les débats entre les officiers des seigneurs et les officiers municipaux ne relevaient d'aucun juge, mais uniquement du souverain; et que seul, l'intendant avait mission et charge de s'occuper de ces sortes de difficultés. Donc la cour de Toulouse n'avait pas à se mêler de l'affaire du Pouget; elle ne pouvait attribuer au Baron aucun droit vis-à-vis des archives, puisque les arrêts lui refusaient la 3e clé qu'il convoitait, et que, comme tout le monde, il pouvait seulement demander les copies collationnées des titres et documents de la maison consulaire; il ne lui était pas permis de faire dépendre la validité des délibérations de la présence du juge, car les lettres-patentes des 20 et 31 7bre 1740 n'imposaient aux conseils d'autre devoir que celui de l'avertir pour qu'il assiste à l'assemblée, à l'effet d'assurer l'ordre, sans pouvoir ni proposer, ni opiner, ni autoriser la délibération. C'est pourquoi il concluait à la restitution en faveur de la communauté des sommes indûment attribuées au Baron par la cour, et à la cassation nouvelle et plus explicite de son jugement. Aussi bien, « le Roy, estant en son Conseil, a cassé et annulé, » casse et annule les arrêts du parlement de Toulouse du » 30 juin 1778 et du 21 mai 1785, ainsi que tout ce qui s'en » est ensuivi ou qui peut s'ensuivre, quant aux chefs relatifs » à l'exercice de la police, à la présence des officiers et » autres droits honorifiques attribués audit Daudé d'Alzon » et à ses officiers. Ce faisant, S. M. a évoqué et évoque à » Elle et à son Conseil toutes les contestations nées et à » naitre entre le Seigneur et ses Officiers et les Consuls et » Communauté du Pouget à raison des objets ci-dessus, » pour y estre par S. M. fait droit, à l'effet de quoi or- » donne S. M. que les Parties remettront les pièces et » mémoires relatifs à leurs prétentions respectives ez- » mains de l'Intendant du Languedoc, lequel en dressera » procès-verbal, ainsi que de leurs dires et réquisitions, » pour le tout estre vu et rapporté au Conseil avec l'avis du » sieur Intendant, et estre par S. M. ordonné ce qu'il appar-

» tiendra, faisant défense aux Parties de se pourvoir » ailleurs, sous peine de nullité, de cassation de procé» dures, et de tous dépens, dommages et intérêts; et en » outre, S. M. a déchargé et décharge la Communauté de » toutes condamnations,... voulant que le sieur Daudé » d'Alzon soit tenu de lui restituer toutes les sommes qu'il » pourrait avoir exigées en exécution des condamnations. » Fait au Conseil du Roy, S. M. y estant, tenu à Versailles, » le 29 juin 1787. De Breteuil signé ».

L'exposé des motifs, que les avocats et le syndic général firent valoir auprès du conseil du Roi pour obtenir les deux arrêts que nous venons de rapporter, montre jusqu'à quel point les communautés étaient soustraites à l'influence des seigneurs, et comment après avoir été constitués les maîtres des villages, ceux-ci en étaient arrivés à être considérés tout au plus comme les premiers des habitants. On voit clairement que la Monarchie, ennemie déclarée de la Féodalité, prêtait son concours au peuple pour humilier la noblesse en la dépouillant peu à peu de ses prérogatives. Pourrait-on soutenir qu'avant la Révolution, les peuples étaient encore tyrannisés et laissés à la discrétion et à la merci de maîtres omnipotents? Ne serait-on pas, de quelque manière, en droit de penser qu'à force de jeter du discrédit sur le seigneur qui, en définitive, ne tenait son pouvoir et sa juridiction que du Roi, la monarchie a appris au paysan à s'affranchir du Roi lui-même?

Lorsque nous avons perdu de vue l'affaire de la mouvance des lieux de la Baronnie du Pouget pour nous occuper de la question des droits honorifiques, qui étaient contestés à M. le Vicomte d'Alzon par ses vassaux, les sieurs d'Aumelas et du Pouget s'acheminaient vers la cour de Toulouse. Toute la précédente procédure avait été cassée et annulée; on allait donc plaider à fond. Il semblait aux intéressés que la solution de l'affaire ne serait pas retardée longtemps;

les Parties n'avaient plus à fouiller dans les archives pour trouver leurs titres ; toutes les pièces qui devaient servir à former la conviction de la cour étaient sous les yeux des juges. Lequel des deux puissants adversaires mis en présence remporterait-il le triomphe au parlement de Toulouse? Le vicomte d'Aumelas saurait-il, pendant les débats, faire admettre à la cour que tant la Baronnie du Pouget que les lieux adjacents étaient dans la mouvance de sa Vicomté, et que son titre d'engagiste était assez explicite pour lui avoir conféré un droit certain sur les lods de tous ces lieux ? Le Baron du Pouget, au contraire, démontrerait-il victorieusement que non seulement sa Baronnie relevait du Roi à cause de sa couronne, et non à cause de sa vicomté d'Aumelas, mais aussi que ses auteurs tenaient réellement des seigneurs de Montpellier exclusivement les droits utiles des arrière-fiefs ; pourrait-il, au pis aller, repousser les prétentions du sieur de Guérin sur les biens ruraux et allodiaux unis patrimonialement à sa baronnie? Le Domaine, d'un autre côté, parviendrait-il à faire voir à la cour que le contrat de vente ne faisait pas et ne pouvait pas faire, vu le prix de l'objet vendu, mention du droit de lods de toutes les terres de la vicomté? Chacune des Parties en cause appuyait ses demandes sur des titres et des précédents qui militaient en sa faveur ; mais ces titres et ces précédents, qui remontaient à des époques où il n'y avait eu en France que troubles et confusion, rendirent, en se combattant les uns les autres, les magistrats hésitants et perplexes.

Suivant son habitude, le parlement procéda avec une sage lenteur; d'un autre côté, la mort de M. de Guérin Desfléaux vint encore contribuer à ralentir le cours du procès.

§ IV

M. de Saint-Victor et M. le Vicomte d'Alzon

L'héritier de M. de Guérin, M. de Saint-Victor, reprit l'affaire; mais en 1788 il se sentit, aussi bien que M. d'Alzon, fatigué de la lutte. Ils considérèrent l'un et l'autre la longueur du procès, qui était en instance depuis soixante-un ans, et les frais immenses qu'il avait occasionnés. D'un commun accord, ils passèrent la transaction suivante : 1° ils mettaient fin au procès en s'interdisant toutes poursuites ultérieures ; 2° M. de Saint Victor reconnaissait que les terres de Saint-Amans, de Tressan, de Plaissan, d'Adissan, de Jourmac, de Carabottes et le fief de Pouzols étaient de la mouvance du Pouget, et consentait à ce que M. d'Alzon se fît payer les lods échus et à échoir de ces terres et fief, ainsi qu'il aviserait, renonçant lui-même à toute prétention contraire. 3° L'entière justice de Saint-Amans, les droits de fief et de champart dépendant de cette terre devaient sans contestation appartenir au sieur du Pouget, comme ils avaient appartenu aux précédents Barons. 4° M. de Saint-Victor avouait n'avoir aucun titre pour justifier le droit de mouvance sur les biens ruraux et allodiaux unis patrimonialement à la seigneurie du Pouget, tels que le courtage, le moulin à huile, les maisons du Pouget et le domaine de Lestang, qui avaient été acquis en divers temps et n'avaient jamais été compris dans les hommages et dénombrements des seigneurs, avant M. Viel de Lunas, et en conséquence il renonçait à tout droit de lods sur ces biens. 5° A l'égard des biens et droits féodaux de la Baronnie et les emplacements nobles des vieux châteaux du Pouget et de Saint-

Amans, il était convenu que M. d'Alzon en paierait les lods à M. de Saint-Victor, au fur de cinq un, avec les intérêts échus depuis le jour de la demande, tant pour la vente à lui faite par les héritiers Viel de Lunas que pour celle qui avait été consentie à M. de Lunas par le sieur de La Cassaigne ; lesquels lods avaient été réglés à 43,000 livres.,.. somme qui serait tenue en compte sur les sommes qui étaient dues à M. d'Alzon par M. de Saint-Victor. 7° Enfin, les dépens du procès resteraient compensés de part et d'autre ; et de plus, M. d'Alzon s'engageait à rendre taisants les administrateurs du Domaine envers M. de Saint-Victor et les Viel de Lunas.

Cette transaction était sans doute le parti le plus sage à prendre et le plus conforme au droit et à la justice. Outre qu'il s'agissait d'un procès ruineux, qui aurait pu en prédire le terme et le résultat ? Il convenait donc de lui donner une fin et une solution acceptable pour les Parties. Le Vicomte d'Aumelas savait certainement que le fief du Pouget, donné comme une compensation du sang versé, n'avait pu suffire à fournir les avantages stipulés et que les arrière-fiefs lui avaient apporté chacun son appoint. Que le Roi de Majorque se fût réservé ou non les hommages des seigneurs, il avait certainement cédé les droits utiles à Arnaud de Roquefeuil. Mre d'Alzon n'ignorait pas que, l'hommage et les lods de sa Baronnie appartenant au Roi, le Roi aurait pu céder les lods à l'engagiste.

Le sieur d'Alzon, en accordant à l'engagiste les lods des biens féodaux, avait rendu taisant M. de Saint-Victor ; il lui restait à s'entendre avec le Domaine. Il lui fit connaître d'abord le motif qui l'avait amené à traiter avec le sieur d'Aumelas « Le procès, lui dit-il, semblait être devenu in-
» terminable, ayant reçu la plus grande consistance par la
» multiplicité de trente-cinq parties principales défendues
» par dix-huit procureurs, et, de l'avis des hommes de
» loi, le succès était fort douteux pour ce qui le concernait,

» tant lui que le Domaine; 300,000 liv. avaient été dépen-
» sées en pure perte, tant pour les seigneurs d'Aumelas
» que pour ceux du Pouget ». Il fallut ensuite débattre la question d'intérêt. M. Philips réclama pour sa caisse la somme de 10,000 liv. qu'il avait tenue, un moment, en 1770, à titre de lods, mais qu'il avait été forcé de remettre à M. de Guérin, après le jugement de 1771. M. d'Alzon, dans un mémoire motivé, fit observer qu'il n'était pas juste qu'on l'obligeât à payer deux fois le droit de vente, surtout après qu'il avait supporté de grands frais pour le compte du Domaine. Toutefois, « accoutumé déjà aux plus grands sacri-
» fices, pour acheter son repos et terminer un procès capa-
» ble de consommer plusieurs fortunes, il offrit de s'im-
» poser encore un sacrifice pour rendre taisant le Domaine,
» et se dit prêt à verser la somme de 5,000 liv. 16 sols
» et 8 den., à dater du jour de la décision du Domaine ou
» dans le courant de la présente année 1792 ».

....

....

Mais déjà la tourmente révolutionnaire avait emporté tous les droits seigneuriaux, et anéanti tous les titres féodaux. La Vicomté d'Aumelas, la Baronnie du Pouget et autres avaient vécu. Le Pouget comme Aumelas, jusqu'alors chefs-lieux de terres de dignité, n'étaient plus que de simples et vulgaires localités, dépouillées de toute suprématie sur les villages voisins; et ces derniers avaient recouvré leur indépendance pour se trouver incorporés dans de nouvelles circonscriptions territoriales. Les vicomtes, barons, seigneurs n'étaient que de simples citoyens d'un État qui leur avait enlevé leurs mandats et prérogatives pour en revêtir des fonctionnaires, et leur influence pour en jouir à lui seul.

Déchus de la haute position sociale qu'ils avaient occupée de père en fils pendant des siècles, ces hauts et puissants châtelains se trouvèrent tout-à-coup en face de leurs sujets exaltés par les idées de liberté et d'égalité. Disons tout de suite que, dans nos pays, les tours des maisons seigneuriales, les prisons des châteaux, les carcans et les fourches patibulaires, portèrent seuls le poids des rancunes populaires et expièrent, sous le marteau démolisseur de quelques citoyens imbus des doctrines nouvelles, le crime d'avoir été le siège et le signe de la Justice du Maître, ou, selon le langage de mode, du tyran du lieu.

Quand l'orage fut passé,la plupart des anciens seigneurs, que l'effervescence populaire avait contraints à fuir ou à se cacher, reparurent dans leurs châteaux et dans leurs villages et y résidèrent.,. Mais, s'ils avaient perdu leurs titres officiels et leur puissance civile, ils avaient néanmoins conservé une autorité morale très grande sur les populations. Celles-ci ne faisaient aucune difficulté de joindre à leurs noms les titres et dignités des jours meilleurs, et s'efforçaient de leur faire oublier les mauvais traitements de la Révolution. Ainsi, en particulisr, la famille de M[r] d'Alzon, dont l'influence fut grande au Pouget, reçut des marques d'estime et de vénération de la population entière...; à Paulhan, la bonne marquise de Bernis recouvra toute la sympathie dont elle avait joui autrefois. Les visites de Mgr François de Bernis, archevêque de Rouen, son neveu, et son héritier à partir de 1811, apportèrent un éclat tout particulier dans sa maison. Il en fut de même partout ailleurs.

Depuis longtemps les grandes familles, dont nos villages avaient le droit de s'enorgueillir, se sont éteintes ou ont disparu de chez nous. Seule, celle des vicomtes d'Alzon occupe encore le manoir patrimonial ; elle y conserve, avec les titres qui relèvent Lestang et la contrée, les vieilles traditions des ancêtres, qui lui attirent la respectueuse sympathie de tous les lieux de leur ancienne Baronnie.

Quant au château vicomtal d'Aumelas, déchu de toute dignité, il se voit arracher, une à une, les pierres de ses murailles par la main impitoyable du temps.

Mais il lui oppose tant de résistance, qu'on dirait qu'il se souvient de sa grandeur passée et qu'il attend que des cœurs généreux viennent à lui pour sauver ses nobles débris.

Que le lecteur nous suive au milieu de ces imposantes ruines; leur aspect fera naître en lui l'admiration et la tristesse.

Bien que ce soit en vain que l'esprit cherche à reconstituer cette colossale construction dans ses diverses et multiples parties, il n'en demeure pas moins convaincu que ce fut l'une des plus grandioses de l'époque féodale. Son grand âge est écrit partout sur le granit dont on la forma, mais plus clairement sur les lits de pierre superposées en dents de scie qu'offre le rempart du côté de l'ouest. Pour retrouver la trace de sa première origine, il faudrait peut-être aller, au-delà du VIIIe siècle, jusques aux Goths ou aux Romains.

Mais c'est le séjour de la désolation et de la tristesse. Au milieu d'un silence de mort, on ne marche que sur des débris. A chaque instant, on se heurte à des murs délabrés qui ont encore la force de se tenir debout à côté d'autres qui s'effondrent. On risque souvent de tomber dans des souterrains entr'ouverts. Dans cette immense enceinte, on erre à l'aventure, sans pouvoir se rendre compte de la disposition des lieux ni de la destination des bâtiments.

Il est pourtant deux constructions qui sont assez conservées pour être facilement distinguées dans ce chaos, où tout est bouleversé et confondu. C'est d'abord l'église du château, enfermée dans les murs de la forteresse; c'est ensuite l'église rurale, qui se trouve adossée à la muraille, au côté du nord.

La plus grande partie de l'église intérieure subsiste

encore. Ses murs sont bâtis en petit appareil du XIe siècle; le chœur en voûte supporte un donjon qui, à partir du sol, mesure douze mètres de hauteur. Cet édifice, comme ceux qui l'entourent, n'a pas eu le temps seul pour ennemi; la main de l'homme l'a mutilé, à son tour, par haine et aussi par calcul. A la place de la porte d'entrée, qui devait être de belle architecture, on ne voit qu'un large trou béant; les rapaces paysans en ont volé les pierres de taille pour le bénéfice de leurs vulgaires demeures.

Hélas! dans quel état se montre la splendide église construite jadis par les moines de Saint-Benoît. Comme l'église matrice d'Aniane, elle était dédiée à Saint-Sauveur, en 1114, quand Assalty, fils de Vierne, y prêta serment de fidélité aux officiers de Guillem d'Ermengarde, pendant que ce seigneur était en expédition contre les Maures d'Espagne.

L'église extérieure a survécu à l'ouragan révolutionnaire, mais il y a longtemps qu'elle est abandonnée et elle dépérit tous les jours par le manque d'entretien. Cette église, réservée à la population rurale, fut le siège du prieuré de N.-D. d'Aumelas et eut un jour le titre d'archiprêtré. Les nervures de la porte d'entrée accusent son existence, pour le moins, dès le XIVe siècle.

A la vue d'une aussi grande détresse et au souvenir de tant de gloire évanouie, nous ne pouvons que formuler un vœu. Il serait à désirer que l'État prît sous sa haute protection les nobles et malheureuses ruines d'Aumelas, si exposées au ravage du temps et à l'indiscrétion des villageois. Si, grâce à des dévouements dignes d'éloge, l'église de Saint-Sauveur était rétablie avec ses dimensions et son style des beaux jours, elle deviendrait un monument et la vie renaîtrait autour d'elle. Bien moindres cependant seraient les frais occasionnés par la restauration de l'autre église. Nous croyons savoir que le desservant de la paroisse d'Aumelas (1) a le louable dessein de la rendre au culte, et

(1) M. l'abbé Mandon.

nous souhaitons que l'Autorité ecclésiastique aide ce prêtre zélé et ses successeurs à relever l'autel du Seigneur sur les débris de la gloire du monde pour prouver que, si tout passe ici-bas, Dieu seul reste à jamais.

Nous ne quitterons pas ces lieux si remarquables et si délaissés sans signaler dans le voisinage du château les vestiges des fourches patibulaires des anciens vicomtes et l'église romane de Cardonet. Et pour compléter ces notes, nous ajouterons qu'on a découvert dans les montagnes d'alentour des haches de pierre taillées et non taillées, qui sont l'indice non équivoque de l'existence d'une population préhistorique dans la contrée.

Les Héritiers présomptifs des couronnes de Hollande et d'Angleterre et le Chateau d'Aumelas

En 1121, Guillem V d'Ermengarde partagea les biens de la baronnie de Montpellier entre les fils qu'il avait eus d'Ermessinde : à l'aîné, qui fut Guillem VI, échut la seigneurie de Montpellier; le cadet, autre Guillem, eut pour apanage la vicomté d'Aumelas dont il prit le nom (1).

Le seigneur Guillem d'Aumelas épousa Tiburge, veuve et héritière de Raimbaud II, comte d'Orange, mort en Terre-Sainte; elle lui apporta en dot le comté d'Orange (2). La vicomté d'Aumelas et le comté d'Orange, ayant été unis dans leur maison, passèrent aux mains de leur fils et héritier, Raimbaud, lequel « quitta le nom d'Aumelas pour prendre le surnom d'Orange (3) » et devint Rimbaud III, avec la qualité de comte. Le château d'Aumelas fit dès lors partie du domaine des sieurs d'Orange et se trouva sous leur juridiction.

C'est à raison de ces circonstances et comme successeurs médiats du seigneur Raimbaud d'Orange, que les héritiers présomptifs des couronnes de Hollande et d'Angleterre ont droit à s'occuper de notre château. Le prince d'Orange et le prince de Galles remontent, en effet, au sire Raimbaud par Guillaume III, qui fut en même temps roi d'Angleterre et stathouder de Hollande : nous allons le démontrer.

Guillem d'Aumelas eut, de Tiburge d'Orange, deux fils et deux filles : l'aîné des fils, Guillem, s'établit dans la terre d'Orange, du vivant de sa mère; Raimbaud, fils puîné,

(1) Testament de Guillem V; *H. G. L.*, t. IV, Pr. XLVII, p. 378.

(2) *H. G. L.*, t. IV, p. 72.

(3) *Ibid.*, p. 164.

hérita d'Aumelas et d'une partie d'Orange réservée à Tiburge, sur laquelle reposait son titre de comtesse, 1150 (1).

Le comte Raimbaud, n'ayant pas d'héritier direct, laissa ses biens, en 1173, à ses deux sœurs du nom de Tiburge d'Orange. L'une d'elles, femme d'Aymard de Murviel, eut, pour sa part, le château d'Aumelas et toutes les terres que son frère avait possédées en Languedoc; l'autre, veuve du sieur de Mornas et épouse de Bertrand de Baux, eut, pour la sienne, toutes les possessions, droits et titres dont Raimbaud avait joui dans le comté d'Orange (2).

Le château d'Aumelas resta au pouvoir de Tiburge de Murviel et de sa descendance jusqu'à la fin du XIIe siècle ; de Tiburge, il passa à son fils Raymond Aton, et ensuite aux filles de ce dernier, qui le vendirent, en 1197, à Guillem VIII, seigneur de Montpellier. Rentré dans la baronnie de Montpellier, il fut possédé par les Guillems et les rois de Majorque jusqu'au moment où, pour motif ou prétexte de félonie, il fut confisqué sur les fils de Jacques II par Philippe de Valois, en 1350, au profit de la couronne de France (3). Pendant ce temps, Tiburge et Bertrand de Baux et leurs héritiers en droite ligne avaient considérablement agrandi leur domaine et obtenu des empereurs d'Allemagne, alors rois de Provence, l'érection de leur comté en principauté. Cette maison avait conquis le titre de Prince d'Orange (4).

La descendance de Raimbaud s'éteignit entièrement en 1350. Héritiers de la principauté, les sieurs de Châlons en jouirent jusqu'en 1530, et, à cette date, l'on vit apparaître, à Orange, la branche Ottonienne des ducs de Nassau, qui règne aujourd'hui en Hollande (5).

(1) *H. G. L.*, t. IV, p. 164.
(2) *Ibid.*, p. 165.
(3) *Ibid.*, t. VII, p. 146.
(4) *Ibid.*, t. IV, p, 272.
(5) Dictionnaire de Bouillet.

Guillaume le Taciturne, stathouder de Hollande, reçut la principauté de son oncle, René de Nassau, et l'incorpora aux provinces des Pays-Bas qu'il tenait de son père, Guillaume le Vieux. comte de Nassau, 1544. Il prit le titre de prince d'Orange, et tous les stathouders le portèrent à sa suite. Depuis 1714 cependant, époque à laquelle la Hollande fut reconnue par le traité de Vienne comme un royaume particulier, l'héritier présomptif du trône a seul droit à ce titre et il le revendique, bien que la principauté ait été alors réunie à la France et annexée au Dauphiné, pour être comprise, en 1789, dans le département de Vaucluse (1).

La maison de Nassau a ainsi fixé chez elle le souvenir de la principauté d'Orange dont les révolutions l'ont dépouillée. Mais à ce souvenir se trouve lié celui de la vicomté d'Aumelas, qui fit un jour partie du domaine perdu pour elle, et c'est surtout au prince qui se fait un titre d'honneur du nom d'Orange que ce nom doit rappeler le château d'Aumelas et ses belles ruines.

Notre château a droit aussi à l'attention du Prince de Galles. La maison d'Orange, établie en Hollande, s'allia, dans le XVIIe siècle, à celle des Stuarts d'Angleterre : Guillaume II de Nassau, prince d'Orange, épousa Marie Stuart, fille de Charles Ier, roi d'Angleterre. Leur fils, Guillaume III, qui fut élu, en 1673, stathouder de Hollande avec le titre de prince d'Orange, obtint la main de la princesse Marie, fille du roi Jacques II, et s'empara du trône, en 1689, au détriment de son beau-père. Devenu roi d'Angleterre, Guillaume III conserva néanmoins le stathoudérat de Hollande et le titre de Prince d'Orange. Comme la Hollande, l'Angleterre avait donc pour souverain un prince d'Orange, un successeur de Raimbaud, seigneur d'Orange et d'Aumelas (2).

(1) Dictionnaire de Bouillet.

(2) *Ibid.*

Guillaume III étant mort sans enfants, la couronne anglaise fut donnée à Anne, sœur de sa femme, autre fille de Jacques II. Anne mourut en 1714, après avoir perdu tous ses fils et sans avoir pu, malgré tous ses efforts, procurer le souverain pouvoir à son frère, Jacques III. On élut, pour lui succéder, son mari Georges, fils de Ernest-Auguste, premier électeur de Hanovre, et de Sophie, petite-fille de Jacques Ier (1).

La maison de Hanovre avait donc pris la place des Stuarts-Orange. George II, George III, George IV régnèrent l'un après l'autre, et depuis 1837 l'Angleterre a pour souverain Victoria, fille du duc Kent, frère de Georges IV, et mère du prince de Galles, qui doit occuper après elle le trône anglais. Le prince de Galles remontera donc, par la succession, à Guillaume III, et par lui à Raimbaud sieur d'Orange et d'Aumelas (2).

(1) et (2) Bouillet.

APPENDICES

APPENDICE I

AN. 841. — TESTAMENT DE TEUBERT.
(Cartulaire de l'abbaye d'Aniane, f° 123. — H. G. L., T. II. Pr. LV, p. 628, c. 2.)

In nomine Domini, Ego Teudericus et Graginus et Terdericus presbyteri et Terrerius, qui sumus eleemosinarii quondam qui fuit Teuberti, commendavit nobis suam eleemosinam per suum andalangum per paginam testamenti sui..... Ità commendavit nobis, ut omnes res suas... donare fecissemus, tàm in sacerdotibus quam in pauperibus, vel etiam in monasteriis. Sed quia jam sua mancipia deliberare fecissemus, vel etiam, ut de suum alodum ad Amalberto donare fecissemus, ita nos ...donamus tibi Amalberto in villa Franconjca, que vocatur Stagno Piperella, qui est in territorio Bitterrense, quamtumcumque in ipsa villa..... ille habebat quesitum, vel ad inquirendum, vel adhuc Deo propitio conquirere potueris, et cum ipsa ecclesia, que fundata est in ipsa villa in honore Sancte Marie, similiter tibi donamus ad justissimo ordine hereditatis. Sed in alio loco, qui est in predicto territorio Bitterrense, in villa Marguliano, vel in villa Barcianicas et in villa Vappes tibi donamus ad proprio ; et in villa Pupiana similiter tibi donamus quantum in ipsas... ibidem habet... Facta donatione III° Kal. octobris, anno tertio, quo obiit Hludovicus imperator, tradidit regnum in ipsius manus Hluterio.

APPENDICE II

An. 990. — Déguerpissement de Guillaume vicomte de Béziers et d'Agde en faveur de l'abbaye de St-Thibéry.
(*H. G. L., T. III, Pr.* lxxxiv, *p. 462, c. 2.*)

Hec est carta noticionis seu guirpicionis de rebus sancti Tiberii, vel de alode suo quem dimisit dominus Willelmus vicecomes Bitterrensis et dominus in totum de Sancto Thiberio quando perrexit Romam..... In Dei nomine ego Willelmus... guirpisco, atque dimitto Domino Deo ipsam ecclesiam Sancti Tiberii....., quam injuste et violenter vi abstuli... Et post mortem Arsindis uxoris mee castrum quem vocant Paulianum totum et ab integrum revertatur ad sanctum Tiberium, et ecclesia ipsa que est constructa in honore S. Marie in eadem villa cum quatuor mansos, et in terris et in vineis... Gondaldus scripsit indictione tertia, pridie Kal-Martii..

APPENDICE III

An. 990. — Testament de Guillaume de Béziers.
(*H. G. L., T. III, Pr.* lxxxv, *p. 464, c. 1.*)

Hic est brevis testamenti quem destinavi... Ego Guillelmus vicecomes ad manumissores suos his nominibus : Matfredus episcopus, Stephanus episcopus, Arsindis comitissa..... Et ordinavit a sancto Petro in villa Trenciano mansos duos... Et ordinavit a sancto Salvatore de Anagna villam Centones... Et dono tibi, Garsindis, villa Adillano..... Et dono tibi, Garsindis, villa Vairago... Et dono tibi, Arsindis, ecclesia, que vocant S. Pontii, et villa que vocant Malos Canes... Et divisi tibi villa Pavallano, cum ipsa turre, et cum suas adjacentias, et alium alodem quantum ibidem habeo... in tale pactum quod... et in viduitate manseris....., teneas ista omnia... in vita tua, ...revertat a filia mea Garsindis et ad infantes suos.........

APPENDICE IV

An. 1036. — Serment prêté par le Comte Guuillaume a Pierre Vicomte de Béziers et d'Agde son frère.
(*H. G. L., T. III, Pr.* cxxxiv, *p. 502, c. 1.*)

De ista hora in antea non decebra Willermus filius Garsindis Comitisse Petrone fratre suo de sua vita ne de sua membra que in corpus suum portat, ne non o fara ni non enganara sua prisione ad suum damnum se sciente, nec Willermus suprascriptus, nec homo nec femina ap suo ingenio vel suo consilio, nec apud foris-factum nec sine foris-facto. Non decebra, ni non tolra ad Petrone fratre suo.... ne castello, quem vocant Pauliano, nec castello.... Poieto de Inglino, ne castello.... Omelares de Guidone qui est in monte Gamelo.

APPENDICE V

An. 1059. — Promesse de Raymond Comte de Rasez a Rangarde comtesse de Carcassonne.
(*H. G. L., T. III, Pr.* clxvii, *p. 525, c. 2.*)

..... Et ego Raymundus non decebrai Rangardem de ipso castello de Pedenatis, nec de castello de Sancto Tyberio, nec de castello Pontio de Maloscanos, nec de castello de Mesoa, nec de castello de Pogeto Ingeleno, nec de castello de Paulio, nec de castello de Murezes,.....

APPENDICE VI

An. 1059. — Promesse faite a Guillem de Montpellier.
(*H. G. L., T. III, Pr.* clxvi, *p. 525, c. 1.*)

De aquesta hora adenant, non tolra Berengarius lo fil de Guidinel lo castel del Poget que so den Golen, a Guillen lo fil de Beliarde.....

De esta hora in antea Raymundus filius Guidinelde lo castel de Sancto Pontio non tolra a Guillelmo filio Beliardis.....

APPENDICE VII

AN. 1114. — TESTAMENT DE GUILHEM V DE MONTPELLIER.
(*H. G. L., T. IV, Pr.* XXVI, *p. 361, c. 1.*)

In Dei nomine. Ego Guillelmus Montispessulani pergens contra Paganos ad expugnandam Insulam Majoricam anno Incarnationis MCXIIII tale facio testamentum... Si omnes mei infantes moriantur sine herede..., dono et reddo Deo... et Galterio ejusdem sedis (Monspeliensis) episcopo... et totum quod habeo ab eodem episcopo in toto terminio parochie sancti Martini de Pruneto; que villa nomine Prunetum est in terminio de Monte Carvials... Illa vero castella, videlicet Frontiniani, Montbazen et Popianum cum omni allodio quod acaptavi et acquisivi cum istis castellis ubicumque sit et Cornumsec et Montemferrarium cum omni allodio... reddo, solvo et guirpisco per allodium omnibus qui per manum meam ad fevum habent ea et eorum successioni. Dimitto étiam et dono Sancto Guillelmo et monachis ejusdem loci totum quantum habeo in villa Santi Paragorii... Dimitto et dono Ecclesie Sancti Salvatoris de Aniana et monachis... totum illud quod habeo in honoribus illis quos habeo simul communes cum eis... Dimitto quoque Bernardo de Anduzia fratri meo et infantibus suis castrum d'Omelas et totum illud alodium quod habeo in toto terminio de Mont-Carmels, et castellum de Mazernes, et castrum de Sancto Pontio, et castellum de Pogeto, et totum fiscum quem habeo de vicecomite Bitterrensi, et totum fiscum quem habeo de vicecomite Narbonensi... Castrum verum de Monte-Arnaldo dimitto et reddo Eliziaro Berengario et posteritati sue... Hoc testamentum laudo et confirmo ego Guillelmus Montispessulani.....

APPENDICE VIII

AN. 1121. — TESTAMENT DE GUILLEM V.
(*H. G. L., T. IV, Pr.* XLVII, *p. 378, c. 2.*)

In nomine Dni..... Anno Incarnationis Dominice MCXXI, Ego Guillelmus de Montepessulano tale facio testamentum... Dimitto autem Guillelmo filio meo minori castrum Omelas cum suo terminio... et castrum de Monte-Arnaldo, et castrum de Popiano, et castrum de Mazers.....

APPENDICE IX

AN. 1129. — DONATION FAITE A GUILLEM D'AUMELAS PAR GOGON ELZEAR ET SA FEMME AGNÈS DE CERTAINS BIENS DANS LES LIEUX DU POUGET ET DE VENDÉMIAN.

(*Archives de Lestang*)

Ego Guoguo Eliziarius et ego Agnes ejus uxor vendimus et solvimus et prorsus relinquimus et tradimns tibi Guillelmo de Omelatio et cuicumque dimiseris ad faciendas plenas voluntates tuas...totam nostram portionem nostrumque universum jus quem nos habemus... in toto castro de Pogeto... et in tota parochia S. Marcellini de Vendemiano..., videlicet nostram portionem totius castri et quartam partem totius parochie Vendemiani et quartam partem omnium usaticorum, hominum feminarumque, terrarum cultarum et incultarum, arborum fructiferarum atque infructiferarum, vinearum, etc. Si autem aliquid ex his tibi vel tuis fuerit evictum, semper jure prestabo tibi evictionem...... Et propter hanc venditionem et guirpicionem, tu Guillelme de Omelatio, donasti mihi 700 solidos melg. pro emptione..... Preterea sciendum est quod, si ego Guillelmus... decessero sine liberis legitimis, totus iste..... honor quiete ad Guillelmum Montispessulani remaneat..... Acta sunt hec anno Incarnationis millesimo centesimo vigesimo nono, mense madio.

APPENDICE X

AN. 1140. — DONATION DU CHATEAU DE PAULHAN FAITE PAR BÉRENGER RAYMOND A GUILLEM VI DE MONTPELLIER.

(*H. G. L., T. IV, Pr.* cx, *p. 433, c. 1.*)

In nomine D. N. J. C. Ego Berengarius Raymundi, comes Mergurii et marchio Provincie, ..trado tibi Guillelmo Montispessulani... et universe posteritati tue ad feudum et ad totos honores... totum castrum quod vocatur Paulhan..... Et sciendum est quod pro hac donatione... tu, Guillelme, dedisti mihi Berengario comite quinque millia solid. monete Merguriensis..... ; insuper etiam propter hoc mihi firmasti dare quinque millia solidatas ad primam festivitatem S. Michaelis que erit anno MCXL...; preterea redimes castrum predictum, tu vel successores tui, de CXX marchis argenti (6,000 sols environ) quibus est obligatum pignori..... Et facio convenientiam tibi Guillelmo..... quod predictam donationem..... faciam laudare et confirmare Raymundo Berengario Barchinonensium comite fratre meo..... ; et similiter Beatrix uxor mea, cum legitime etatis fuerit, sine dolo et sine datione honoris et pecunie tue.... Hec facta sunt anno supradicto, mense septembri, retro capellam sancte Crucis, ad caput scilicet ecclesie sub presentia et testimonio...........

APPENDICE XI

AN. 1146. — TESTAMENT DE GUILLAUME VI.
(*Archives de Lestang.*)

In nomine Dni, anno ejusdem Inc. 1146 3a id. Xbris Ego Guillelmus de Montepes. filius Ermessende, sic facio testamentum..... Et filio meo Guidoni dimitto castrum de Paollano cum omnibus suis pertinenciis et cuncta que ad dominium ejus pertinent.... ita scilicet quod tunc cum Guido etate 20 annorum fuerit, dominus Montispessulani redimet illud castrum et persolvat illam pecuniam pro qua illud in pignore misi, et persolvat quinque millia solidatas comiti Provincie cum ipse eas petierit propter castrum de Paollano. Dimitto etiam Guidoni castrum de Poget....

APPENDICE XII

AN 1155. — TESTAMENT DE GUILLEM D'AUMELAS.
(*H. G. L., T IV., Pr.* CLXII, *p. 480*, C. I.)

In nomine Dni. Anno Incarnat. ejusdem MCLV, Ego Guillelmus de Omelatio sic facio testamentum meum... Imprimis dimitto jure institutionis filie mee Tiburgie, uxori Adhemari de Murovoteri, castrum de Montebazeno... ; et dotem quam ei dedi, scilicet villam de sancto Georgio, de Cornone-sicco, et totum honorem quem hrbeo... in Narbona et Narbonensi patria... Alie filie mee Tiburgie, uxori quondam Gaufredi de Mornas, dimitto jure institutionis villam de Muro-Veteri... Et cum filius meus miles fuerit persolvat ei M sol. melg. in augmentum et supplementum hereditatis. Raimbaldum filium meum in aliis bonis meis heredem mihi facio, scilicet de Castro Omelas cum suis pertinenciis et senioriis, villis, mansis, bailliis, et de castro Montis-Arnaudi, et de castro de Popiano, et de castro de Poget, et de castro Sancti-Pontii, et de castro Frontinianio... Dimitto filium meum Raimbaldum, sub defensione et custodia Guillelmi de Montepessulano carissimi nepotis mei... Dimitto pro sepultura corpus meum in Anianensi monasterio, et relinquo ibi pro eleemosyna mansum de Centon. Volo etiam, si predicti filius et nepotes et filie etcorum posteritas sine herede ex uxore decesserint, postremo loco predictorum hereditas devolvatur Guillelmo de Montepes., vel Montis pessulani domino.

APPENDICE XIII

An. 1174. — Donation des moulins de Paulhan a l'abbaye de Valmagne.

(*Archives de l'abbaye de Valmagne. — H. G. L., T. IV, Pr.* ccxxxiii, *531, c. 1.*)

Ego Guido Guerrejatus, quondam filius Guillelmi Montispessulani monachi, dono Deo et monasterio Vallis-Magne et Joanni abbati quidquid habeo vel aliqua persona de me in molendinis de Paolan..... Actum est anno MCLXXIV.

APPENDICE XIV

An. 1177. — Testamrnt de Guy Guerrejat.

(*Archiv. de Montpellier. — Livre vert contenant les privilèges de Montpellier, n° 1, folio 44 au verso.*)

Anno Dni 1177°, mense Februarii. Ego Guido Guerrejatus... sic facio ultimam voluntatem in rebus meis. Dispono, reddo et dono meipsum Deo et B. Marie Vallis-Magne... Imprimis dono et laudo molendinos de Paollano et terram de Vallautre et terram de Cocone, vivam aut moriar, monasterio Vallis-Magne in sempiternum. Dimitto Guillelmo de Montepessulano Castellum novum... et villam de Sostanson et villam de Crez, ita tamen ut 20,000 solidos persolvat in debitis et clamoribus meis... Dimitto Burgondioni nepoti meo scilicet Paollanum cum pertinenciis suis, exceptis molendinis... Dimitto castellum de Pogeto.. eidem Burgondini... Dimitto medietatem honoris de Salzeto uxori mee in vita sua... Dispono adhuc quod si Burgondio decesserit absque herede legitimo, domus Vallis-Magne habeat totum honorem de Paollano..... Preterea voluit et precepit quod si Burgondio decederet sine legitimo herede, domus Vallis-Magne haberet castrum de Paollano et honorem castelli, ità tamen quod domus V. M. persolveret 20,000 solid. in debitis et clamoribus persolvendis. Quod si domus V. M. hoc totum facere noluerit, hoc totum faciat domus Militie et habeat castellum de Paollano. Quod si domus Militie hoc totum facere noluerit, hoc totum faciat domus Hospitalis Jerusalem et habeat castellum de Paollano et honorem castelli. Quod si non valet jure testamenti valeat jure ultime voluntatis. Item sciendum est quod anno et mense quo supra hanc ultimam voluntatem juraverunt... verum esse sicut scriptum est Aguillonus de Castronovo, Guillelmus de Alba-terra et Johannes V. M. abbas..... Facta sunt hec sacramenta... in castello Montispes., in porticu juxta cameram, in presentia dni Johannis Magalonensis episcopi; adfuerunt testes Bernardus de Anduzia, Guillelmus Maurini prior sancti Firmini, Petrus prepositus Magalone, etc... Factum est hoc in porticu prescripto juxta cameran castelli in presentia et testimonio dni Raymundi, Guillelmi abbatis Anianensis, Poncii de Vailhauquez, Bernardi de Insula, Aguilloni de Castro-novo, Guillelmi de Alba-terra, Raymundi de Veruna, etc.

APPENDICE XV

An. 1187. — Don en franc alleu fait par Raymond Aton a Guillem de Montpellier.

(*H. G. L., T. V. Pr.* IV, *p. 534, c. 2. — Arch. de Lestang.*)

Anno Inc. 1187° 7° Kal. Julii. Ego Raymundus-Ato trado et titulo perfecte donationis in perpetuum derelinquo tibi d. Guillelmo Montispessulani, filio quondam Mathildis ducisse, pro allodio libero, et tuis et quibuscumque dimiseris, videlicet illis dominis et dominabus qui Montempessulum habebunt, totum castrum de Omelacio, et cum fortiis et munitionibus, quecumque ibi sint et in antea fuerunt; et totum castrum de Pogeto;... et totum quod habeo in castro de Popiano, sive in fortiis, sive in aliis rebus. Et totum quod habeo vel in postero habebo in castrum de Sancto Pontio;... et totum castrum de Monte-Arnaldo cum omnibus fortiis et munitionibus; et totum quod habeo in castro de Piniano, et... de Cornone-sicco, et... de Montebazeno et... de Frontiniano; et totam fortiam de Valle;... et totum quod habeo in castro de Villanova; et totum quod... in castro de Sancto Paragorio, et in villa de Adeillano, et in villa de Playssano, et in villa de Abeillanicis, et in villa de Vendemiano et de Sancto Amantio, et in villa Sancti Baudilii, et in villa de Carcares, de Pozols, de Vallemala, et in villa Sancti Pauli de Montibus Camelis, et in villa Sancti Stephani de Pruneto, et in tota villa de Muroveteri, Sancti Georgii, et generaliter totum quod habeo... a flumine Eraudi usque ad pontem Amancionis, et a ponte Sancti Guillelmi usque ad mare, sint fevales, homines, femine, castra, ville, mansi, forcie, munitiones, domus, ostaria, campi, deveze, vinee, horti, quartas, usatica, alberge, expelcta, tolte, financie, justitie, dominia, consilia, dominationes, herema et condreisa, culta et inculta; et totum castrum de Mazens. Totum hunc honorem... ego Raymundus-Ato de Muroveteri dono et laudo vobis et vestris, qui domini et domine erunt Montispessulani in perpetuum, pro libero allodio;... et me divestio, ... et vos investio. Et ego Guillelmus dnus Montispes... hanc donationem recipiens totum predictum honorem cum omnibus castris et omnibus pertinenciis reddo, laudo et concedo ad feudum honoratum in perpetuum tibi Raymundo-Atoni et tuis; insuper dono, laudo et concedo ad feudum honoratum totum castrum de Paollano cum fortiis, munitionibus, fevalibus, hominibus, feminis et omnibus suis pertinenciis et quecumque pertinere possunt et debent; et totum hoc quidquid sit quod habeo a flumine Eraudi usque ad Fontes;... et totum quod habeo in castro de Poieto,... et in villa de Vendemiano; et insuper dono et solvo tibi... totum pignus 5,000 solidorum melg. quod habebam in fortia vallis de Cavaillano... Secundum quod ego Raymundus-Ato et successores tenemur tibi dño Guillelmo et successoribus... reddere omnia prædicta... excepto castro de Omellacio, et .. de Cornone-sicco, et... de Popiano, cum quibus debeo vob's valere et adjuvare cum bona fide ad vestram fidelitatem; et si cum istis tibi et tuis, ut dictum est, de omnibus guerris tuis et placitis contra homines et feminas non valuero, debeo vobis et vestris hec predicta tria castra reddere et tradere. Et guerris pacificatis, debetis mihi et meis restituere predicta castra; et nomine hujus feodii et honoris ego et mei sumus et erimus homines et femine fideles vestri. Et hæc tria castra debemus tibi reddere et tuis ad vestram commonitionem; sed tamen tu, Guillelmus..., vel successores, non potestis hunc honorem relinquere alicui persone nisi tantum illis qui domini vel domine erunt Montispessulani... Ego Guillelmus... et ego Raymundus-Ato in bona fide tenebimus et observabimus... Sic Deus nos adjuvet et hec Sancta Evangelia. Testes sunt Raymundus Guillelmi abbas Anianensis, Petrus de Vabre prepositus Magalonensis, Guido de Ventador prior Sancti Fermini, G. de Fleix, Ugo de Centrairanicis, Michaël de Moureza, etc., et Guillelmus Raymundi notarius qui hanc cartam scripsit.

APPENDICE XVI

Ann. 1197. — Donation de Martinsac au monastère de Cassan.
(*Arch. de Lestang.*)

Anno 1197°, 7° Feb. Ego Guillelmus Dei gratia dominus Montispessulani et castri de Omelatio et totius ejus honoris, Dei amore dono... B. Marie de Cassano... videlicet totam dominationem et jus quodcumque habeo.... in toto manso de Martinsac Sancti Amantii, et generaliter totum hoc quod ecclesia de Cassano quolibet modo acquirere potuit a fevalibus vel aliis a flumine de Rouegia usque ad caminum de Plano-Majori, et usque in caminum qui venit de Leuserio. Insuper etiam dono... pasturalia seu pascua et liberum usum omnibus animalibus seu pecoribus ejusdem domus... in toto Cauceri et in toto terminio de Omelatio in perpetuum pro libero et franco allodio ; et, si forte terras nostras de Plano-Majori... vobis colere et laborare quocumque tempore placuerit, libere eas pre omnibus habeatis..., data mihi et retenta 6e parte fructuum... Insuper te Petrum de Grangia fratrem dicti monasterii et omnes bestias et res domus de Cassano modo et in perpetuum per me, amicos et homines meos in custodia, protectione . . . et firmos guidatico nostro recipio in omnibus locis... Acta fuerunt.....

APPENDICE XVII

AN 1200. — DONATION DE TRESSAN FAITE PAR RAYMOND DE CASTRIES A GUILLEM DE MONTPELLIER.

(*Arch. de Lestang.*)

Anno Dominice Incarnat. 1200° mense aprili. Ego Raymundus de Castriis, filius Raymundi de Castriis et Ermessens quondam uxoris ejus, consilio, voluntate et assensu sapradicti patris mei, ... irrevocabiliter dono per me et omnes successores meos, pro libero et franco allodio, tibi dño Guillelmo Montispes., filio quondam Mathildis, et omnibus successoribus tuis tantummodo dominis Montispessulani, scilicet... castrum de Tressano cum omnibus munitionibus, turribus, fortiis que ibi sunt, vel in antea construentur, vel et 4am partem quam habeo in castro de Pogeto cum omnibus munitionibus, etc., tibi dono... et omnibus successoribus dñis Montespes. in perpetuum pro libero et franco allodio... Dono et in presenti trado, et exinde me divestio, et quod nomine meo posidebam vestro nomine possidere incipio et possidebo ; et per stipulationem vobis efficaciter promitto et successoribus vestris supradicta castra quod iratus et pacatus, in pace et in guerra, ego et successores mei tibi d. Guillelmo et successoribus reddam cum omnibus munitionibus... Sciendum est quod omnia arma que ibi erunt tempore redditionis castrorum debent nobis remanere salva, et ea debemus recuperare. Adhuc ego Raymundus de Castriis profiteor... quod tu d. Guillelmus in presenti dedisti mihi MMD (2500) solidos melg... Et ego Guillelmus... recipio te Raymundum de Castriis et successores tuos et res vestras in valentiam et manutentiam. vel et specialiter etiam nomine supradicto castrorum accipio vos et successores vestros... in valentiam ... nunc et in perpetuum. Preterea ego Raymundus accipio a te d. Guillelmo... castra cum omnibus pertinenciis... Adhuc ego Guillelmus per stipulationem jurejurando promitto quod supradicta castra... numquam dabo, numquam transferam ... nisi in eum qui dominus erit Montispes... Et nomine istorum castrorum et redditionis eorum Raymundus de Castriis fecit hominium et sacramentum dño Guillelmo... Fuerunt testes Guillelmus de Mesoa, Raymundus Auriardi, Rostagnus de Monte-Olivo... et Hugo Laurentii notarius qui hec scriptit.

APPENDICE XVIII

AN. 1204. — PIERRE D'ARAGON ET MARIE DE MONTPELLIER ACCEPTENT LA MOITIÉ DE POPIAN ET DONNENT TOUT POPIAN EN FIEF A PIERRE DE GANGES.

(*Arch. de Lestang.*)

Ego Pontius de Agantico per me et successores meos dono et in perpetuum concedo tibi Petro, Regi Aragonum... et dño Montispes. et castri de Omelatio nomine domine Regine Aragonum uxoris tue, et successoribus tuis dominis Montispes... allodium, seignoriam et jurisdictionem et medietatem pro indiviso castri de Popiano; quam medietatem mater mea Vierna modo habet et possidet; et generaliter quidquid juris habeo vel ex successione matris mee... Ego Petrus, Rex Aragonensis..., recipiens donationem nomine meo et Marie Regine uxoris mee, dono et in perpetuum concedo tibi Pontio Petri et successoribus tuis..... ad feudum honoratum totam dictam medietatem quam in dicto castro habemus..., scilicet seignorias, dominationes, justicias, dominia et consilia, feuda et fevales, homines et feminas, et generaliter omnia jura que in dicto castro cum suis adjacentiis habemus,... ita scilicet ut jam pro dicto castro de Popiano debetis tu et successores tui mihi et dño ville Montispes. et castri de Omelacio facere hominium et jurare fidelitatem et reddere dictum castrum... Et ego Maria, filia quondam Guillelmi dñi Montispes., Regina Aragonum..., et domina ville Montispes. et castri de Omelatio, per me et successores predictam donationem medietatis castri de Popiano... mihi et marito factam,... laudo et in perpetuum confirmo, et dono ad feudum honoratum tibi Pontio Petri et tuis successoribus totam medietatem castri... et aliam medietatem, quam in dicto castro de Popiano habebamus, eodem modo et pactis... quibus a dño Rege superius tibi datum est... Et ego Pontius Petri sub juramento hominium tibi dñe Marie... facio de presenti... Testes fuerunt... et Guillelmus Raymundi notarius.

APPENDICE XIX

An. 1261. — Vente de la 16e partie de Popian
a Raymond Pierre de Ganges.
(*Arch. de Lestang.*)

In nomine Dñi, amen. Anno 1261° pridie cal. Junii, Ego Guillelmus Jordani domicellus, filius quondam d. Raymundi Rostagni militis,. vendo.. tibi Raymundo Petri domicello filio quondam Poncii Petri de Agantico militis et tuis, salvo tamen jure illustrissimi Jacobi Regis Aragonie et dñi Montispes. a quo tenebam ad feudum honoratum hanc rem quam tibi vendo, sextam decimam partem quam pleno jure habebam et habere debebam in perpetuum, ego et mei, in toto castro de Popiano, et in toto territorio, mandamento et districtu ejusdem castri, et in mero et mixto imperio et in omni juridictione et cohercitione ejusdem castri..., asserens quod dominatio, territorium ac juridictio dicti castri extenditur de ipso castro usque ad caminum quod ducit de Giniaco versus Pedenatium...; pro pretio hujus pleno jure vallate venditionis scio et confiteor me a te habuisse et recepisse 15 libras melg., quas sine omni diminutione mihi exsolvisti.... Testes sunt Paulus de Duabus-Virginibus monachus Aniane, Gaucelinus de Duabus-Virginibus, Raymundus Saraman, Bernardus Lauterii de Popiano et Guillelmus Paratoris Montispessuli notarius.

APPENDICE XX

AN. 1266. — L'ÉVÊQUE DE LODÈVE AUTORISE RAYMOND PIERRE DE POPIAN A CONSTRUIRE UNE CHAUSSÉE SUR L'HÉRAULT.
(*Arch. de Lestang.*)

Authoritate et testimonio hujus instrumenti omnibus sit notum quod nos Raymundus (de Rocozels) miseratione divina episcopus Lodovensis ...damus et tradimus in emphyteosim sive accapitum tibi Raymundo Petri de Popiano et quibuscumque tibi placuerit t adere...., exceptis personis regum, comitum, clericorum, militum et Baronum, videlicet jus, licentiam et plenariam potestatem habendi, faciendi, construendi paxeriam...., necnon habendi portum liberum equitum, peditum, navis seu navium perpetuo in flumine Eraudi versus nostram diocesim a medio flumine extra prout extenditur a parte castri Giniaci sito super flumen predictum usque ad flumen Lerge in quocumque loco vobis videbitur expedire ad majorem utilitatem molendinorum..., servata indemnitate illorum qui vicinas habent possessiones... Item volumus et concedimus ut persone et res que vehantur cum dictis navibus, ...ac persone et animalia que insistent et veniant vel recedant deferendo bladum seu farinam... sint liberi et quitti ab omni onere cujuslibet nove prestationis seu servitutis per totam diocesim... Et scimus et recognoscimus ...nos habuisse a te Raymundo Petri solvente et portionariis tuis nomine accapiti 40 lib. melg..... Sciendum est tamen quod tu et portionarii tui et successores vestri teneamini nobis et successoribus nostris pro omnibus vobis superius concessis singulis annis pro usatico tres heminas pulchri frumenti et tres heminas pulchri hordei solvere. Nolumus quod in premissis lapsus longi seu longissimi temporis prejudicet in futurum..., et volumus quod predictum usaticum persolvatur bajulo nostro in villa sancti Andree. Acta sunt Lodove, in aula episcopali, anno 1266°, 4a die martii, presentibus Bernardo Guiraudi canonico Lodovensi, Raymundo Argenterii et Petro de Fabrice clerico, Guillelmo Saladi bajulo Lodove, et me Bernardo de Soiolis notario Lodovensi qui hec scripsi.

APPENDICE XXI

An. 1276. — Hommage de Raymond Gaucelin fait a Jacques, roi de Majorque, seigneur de Montpellier et d'Aumelas

(*Archives de Lestang du Pouget.*)

Anno 1276° Ego Raymundus Gaucelini... recognoscens vobis illustrissimo Jacobo Regi Majoricarum et dño Montispes. me a vobis tenere in feudum quidquid habeo in castro de Omelatio et in caucio de Omelatio... Ideo sponte et debite vobis, flexis genibus, homagium facio... Testes sunt Jauredius vicecomes de Lacabertino, Petrus de Claro-Monte miles.

APPENDICE XXII

An. 1281. — La juridiction de Journac est reconnue au Roi de Majorque

(*Archives de Lestang.*)

Anno 1281°, 5° idus aprilis, pactiones et conventiones inhiuntur et celebrantur inter illustrissimum dominum Jacobum D. G. Regem Majoric. et dñum Montispes. et Omeladesii..... ex una parte, et Bernardum de Lieurano camerarium et Petrum de Villabona priorem monasterii sancti Guillelmi de Desertis procuratores ven. in X° patris Guillelmi de Duabus virginibus..... abbatis dicti monasterii ejusdem ex altera... Declarant, videlicet, quod totum tenementum Jusmiac inferius designatum, salvis infra dicendis, sit et esse debeat sub potestate, terra et dominatione majori dicti d. Regis dñi Omeladesii et suorum successorum,...et quod merum imperium dicti loci et etiam membrorum detruncatio, cognitio, definitio et executio... in ipso toto tenemento sit et pertineat ad d. dñum Regem dnum Omeladesii ..... Stant quod, salvis precedentibus et sequentibus pro utraque parte, dominium consilium, laudimium, acapitum, foriscapium et jus pre ceteris retinendi, necnon et mixtum imperium et quelibet jurisdictio et banna et adulterium simplex et etiam cognitio, definitio et executio omnium pertinentium ad mixtum imperium seu quamlibet juridictionem sint et esse debeant dictorum abbatis et monasterii et successorum eorumdem et ad ipsos debeat perpetuo pertinere, ita quod predicta omnia et feudum quod ab eo tenetur in predicto tenemento et quidquid aliud in eodem tenemento habent, dñus Abbas et successores et monasterium teneant in perpetuum ad feudum a dño Rege dño Omeladesii... et prestent et faciant dño Regi unas chirotecas factas e serico usque ad valorem sex denariorum melg. singuli annis. Item quod licet dicte chirotece post requisitionem quantiscumque annis non solvantur dictum feudum non possit nec debeat cadere in commissum. Item quod quicumque pro tempore abbas fuerit mutato nomine, hinc et inde recognoscent... in feudum se tenere a dño Omeladesii infra decem dies...; quam recognitionem faciat in terra Omeladesii vel in terra Montispessuli ubi dñus Omeladesii maluerit... Item quod dictus abbas et successores possint in dicto tenemento facere castrum, villam et fortalitias quascumque quarum habitatores servitium exercitus et ostem et cavalcadas dñis Omeladesii pro defensione et adjutorio terre Omeladesii et Montispessulani facere teneantur, de quibus fortalitiis et habitatoribus dñus Omeladesii valeat se juvare sicut de aliis castris que ab ipso tenentur ad feudum... Est etiam actum... quod Bernardus Raymundi domicellus et uxor ejus et Guillelmus Jordani, feudatarii dicti monasterii...habeant ... mixtum imperium et quamlibet juridictionem sine tamen mero imperio et membrorum detruncatione, banna et simplicia adulteria et cognitionem... predictorum in his que tenentur ab eis in tenemento Jusmiac, ita quod ipsi predicta omnia et quidquid in ipso tenemento teneant ab ipso abbate, et ipse abbas ea teneat... in futurum a dño Rege...

Est etiam actum quod prime appellationes pertineant ad abbatem; ...secunde vero... ad dñum Regem. Item fuit actum quod si ex casibus pertinentibus ad dictum Regem in tenemento predicto bona immobilia aliqua contingerit confiscari et ad manum Regis ... pervenire, dñus Rex et successores debeant ea omnia extra manum ponere et alienare in personas non prohibitas infra annum a confiscatione computandum. Item quod abbas et conventus sancti Guillelmi et feudatarii predicti... laudent, approbent et confirment et servare et custodire promittant omnia... supradicta. Dictum autem tenementum est in parochia S. Vincentii de Popiano et S. Amantii de Pozolis et confrontatur ex una parte cum via publica qua itur de castro Giniaci versus castrum de Belergar, et ex alia cum camino veteri quo consuevit iri de Clapo-latronis versus mansum Berengarii..., et ab inde usque ad medium Erauri, quod caminum est et esse consuevit juxta nemus Audeberti,... et ex alia cum medio fluminis Erauri descendendo, ... per medium Erauri, usque ad honorem Guillelmi de Ortis, qui honor appellatur Orti-veteres, et ex alia parte cum dictis Ortis-veteribus et cum honore Guillelmi de Pozolis et alio honore Raymundi de Albenatio et cum honore Rixendis qui confrontatur cum via publica qua itur a castro Giniaci versus Belergar. Has pactiones... dicte partes debent invicem tenere... Testes sunt Guillelmus de Caneto, Pontius de Gardia milites, Petrus Baudini, Petrus Capuc, probi homines jurisperiti, Johannes de Rocafolio, monachus S. Guillelmi de Desertis prior S. Martini de Londres, etc. et ego Petrus Domini not. pub. Monspelii qui supredicta scripsi de mandato dñi Regis et procuratorum predictorum.

APPENDICE XXIII

An. 1286. — Confirmation de la cession des moulins de Carabottes faite a l'Évêque de Lodève.

(*Archives de Lestang.*)

Noverint universi quod nos Jacobus D. g. Rex Majoricarum dñus Monspeliensis per nos et successores nostros laudamus, approbamus et ratificamus alienationem factam per abbatem et monasterium S. Guillelmi in episcopum Lodovensem de toto quod habebant idem abbas et monasterium in molinario et molendinis de Carabottes in tenemento vocato de Jusmac, salvo tamen et retento nobis et nostris quod dñus eppūs et sui successores prestant et prestare teneantur nobis, ratione eorum que ad ipsum ex dicta alienatione pervenerint in dictis molendinis et eorum pertinentiis, duos denarios censuales secundum quod dictus abbas et monasterium tenebantur ante dictam alienationem solvere unas chirotecas valentes sex denarios, de quibus dictis duo denarii deducantur, illis videlicet annis quibus fuerint requisiti, salvis etiam nobis et nostris in predictis omnibus mero imperio et membrorum detruncatione, cognitione, etc, et servandis appellationibus;... et quod predictus eppūs et sui successores nobis et nostris successoribus Omeladesii facere teneantur recognitionem predicti feudi... Quod si contingeт in dicto molinario facere castrum, villam, seu fortalitias,... habitatores loci servitium, exercitus et ostes et cavalcatas nobis... pro defensione... terre Omeladesii et Montispes. teneantur facere... ; et salvis nobis et nostris... dominio et laudimio et jure nostro... Datum in Montepes., 16° cal. 9bris 1286. Signum Jacobi D. g. Regis Majoric. et dñi Montepes.... Testes sunt Arnaudus de Lupiano, Arnaldus Bajuli. Poncius de Gardia, etc.....

APPENDICE XXIV

AN 1286. — SENTENCE ARBITRALE DU PRÉVÔT DE MAGUELONE ENTRE LE PRIEUR DE SAINT-AMANS ET LE ROI DE MAJORQUE

(*Archives de Lestang.*)

In nomine Patris. Amen. Notum sit... quod exorta materia questionis inter ven. Patrem dñum Pontium de Canilhac D. g. abbatem Aniane et religiosum virum dñum Robertum priorem Sancti Amantii de Teuleto et gentes et officiales predictorum dñorum abbatis et prioris... ex una parte, et nobilem virum Bremundum de Monte Ferrario, legum doctorem locum tenentem illustris Regis Majoric., pro dicto dño Rege et gentes et officiales dicti Regis ex altera parte super eo 'quod abbas dicebat...; item quod prior sancti Amantii constanter asserebat ad se nomine ecclesie et prioratus Sancti Amantii pertinere merum et mixtum imperium et omnimodam juridictionem, et se et suos esse et fuisse in quasi possessione juris exercitii predictorum in castro S. Amantii de Teuleto et toto ejus territorio..., et super eo quod prior dicebat homines de castro S. Amantii habere... usum et explectam in terra Homeladesii, dictis dño locum tenente et bajulo Montespessuli non solum inficiantibus omnia et singula, sed etiam dicentibus ad dñum Regem pleno jure et omnimoda juridictione omnia pertinere... Compromiserunt unanimiter in discretos viros Stephanum Sabols et Bartholomeum Boriane jurisperitos et Raymundum de Bociacis prepositium Magalonensem. Acta fuerunt in domo prioris S. Firmini, anno 1285°, 3e id. Febr.. Et post hec, anno 1286°, 4° cal. junii... Arbitramur quod ad dñum abbatem et Robertum priorem tanquam ad dños castri et ville sancti Amantii pertinet pleno jure omnis juridictio et cohertio, definitio et executio ipsius juridictionis dicti castri S. Amantii, exceptis casibus in quibus jure et consuetudine pena mortis vel membri abscissio potest seu debet inferri seu infligi; in quibus casibus cognitio, etc. ad dñum Regem et successores suos dño castri Homelacii pertineant... pleno jure, cum dictum castrum sit in terra et Baronia Montispes. Item cum invenerimus dictum priorem prestitisse dño Regi 20 sol. melg. annuos, dicimus et arbitramur quod dictus prior et successores sui faciant... in perpetuum singulis annis dño Regi albergam decem militum vel saltem dent 20 sol. Item... quod dictus prior et succes. ac etiam homines habitatores S. Amantii habeant usum et explectam in herbis, aquis, lignis, et pascuis in terra Homeladesii sicut hactenus habere consueverunt. Item quod dñus abbas et succes. habeant juramentum fidelitatis in homines dicti castri..., Quantum vero ad exercitum et cavalcatam quas dñus locumtenens dicebat dñum Regem habere in hominibus castri... nihil intendimus diffinire tacite vel expresse..... Acta sunt hec in Montispes., in domo dñi prepositi Magalonensis, in presentia et testimonio Raymundi de Serignano doctoris rectoris et prioris de Salviano, dñorum Petri Boniols coquinarii Aniane, Raymundi Rostagni prioris de Giniaco, Petri Raymundi de Castris prioris ecclesie de Cornone-Terrali canonici Magalon., dñi Amalrini prioris Vallis-erose... Arnaudi de Bernaco castellani Homelacii et Johannis de Figueriis pub. Montispes. notarii qui... notam recepit.

APPENDICE XXV

AN. 1291. — PIÈCE QUI PROUVE L'AFFRANCHISSEMENT DU VILLAGE DE PAULHAN AU XIIIe SIÈCLE.

(Archives de Paulhan.— Inventaire des pièces de la Communauté fait en 1624.)

Petit Instrument de l'an mil deux cent nonante-un retenu et signé par Pierre Bertrandy, notaire public à Paulhan, par lequel Pierre Bertrand du pourtal et Pierre Conté, caritadiers de Paulhan, par le conseil de l'université dudit lieu donnent à Bernard Archasan à perpétuité une pièce de terre assise au terroir de Paulhan, confrontant d'une part l'honneur de Jean Alafredy, d'autre part avec le chemin public que l'on va au gué de Saint-Guilhem, à la charge de payer tous les ans à la Charité dudit lieu pour l'usage ou loyer de la dite terre, à la feste de S. Nazaire, trois cestiers de mescle, et un quartal d'huille pour le luminaire de l'église dudit Paulhan.

APPENDICE XXVI

AN. 1310. — ORDONNANCE DU ROI JACQUES TOUCHANT LES BIENS ACQUIS PAR LES NOBLES DU POUGET.

(Arch. de Lestang.)

Noverint universi quod nos Jacobus D. g. Rex Aragonum et Majoricarum, etc... concedimus vobis universis hominibus de Pogeto..., ac etiam statuimus in perpetuum quod totum illud quod dare et solvere vos de cetero oportebit tam ratione queste, alberge seu alterius cujulibet regalis vel... exactoris tallie vel demande donetis et solvatis et dare et solvere teneamini per solidum et libram, volentes et concedentes vobis quod milites, et filii militum, et clerici, et alii qui in terminio de Pogeto habent vel habebunt de cetero aliquas hereditates de servicio nostro ratione emptionis vel alio quocumque modo, donent et solvant pro ipsis hereditatibus partes suas in predictis vobiscum insimul, ut est dictum. Volumus etiam et mandamus ut qui sunt vel fuerunt milites vel filii militum donent et solvant, ac dare... teneantur in predictis partes suas pro bonis suis vobiscum insimul per solidum atque libram, et ad hoc complendum et faciendum illos compellere possitis. Concedimus insuper vobis hominibus antedictis ac etiam statuimus quod aliquis non sit ausus de cetero bestiarum seu bestias aliquas ad pascendum ponere... Suit l'approbation d'une défense faite par les consuls en 1301 de tenir des chèvres dans le lieu du Pouget. — Acta fuerunt apud Pogetum 1310°, et fuerunt testes Petrus Andree, Guillelmus de Giniaco..., et ego Guillelmus de Stagno, not. Homeladesius.

APPENDICE XXVII

An. 1311. — Reconnaissance faite au Roi Sanche par André de Gissan.

(*Arch. de Lestang.*)

Recognitio facta per Andream Gissanie, filium Guillelmi Gissanie, de Aspirano, recognoscentem se tenere in feudum a dño Rege Majoricarum... quarta-quinta, census, usatica et tasquas, quas habet in territorio de Pogeto, de Homelassio et de Vendemiano, pro quod tenetur prestare sacramentum.

Noverint.... (sequitur juramentum fidei). Acta sunt in Montipes., in palatio Regis anno 1311, cal. Decembris, testibus.... et me Petro de Cremaraco not°. pub°.

APPENDICE XXVIII

AN. 1312. — HOMMAGE DE BERNARD GAUCELM AU ROI SANCHE.

(Arch. de Lestang.)

Anno 1312°, 8° cal. Junii, dño Philippo Francorum Rege regnante, Ego Bernardus Gaucelmi domicellus, filius quondam dñi Raymundi Gaucelmi militis de Pozolis, scio et confiteor.. me tenere.. a vobis Illustris. dño Sancio D. g. Rege Majoric... omnia dominia, foriscapia, census, usatica... et quidquid aliud habeo.. in castro de Pozolis.. et in tota parochia S. Marie de Rouegia... Excipio tamen ea que monstrare possum me habere in alodio.... Acta sunt hec in Montepessulano in presentia et testimonio dñi Petri de Fenoilleto, dñi Bertrandi de Podio milite, etc.

APPENDICE XXIX

AN. 1313. — AVISSAMENTUM JURIS QUOD REX FRANCIE HABET IN TOTA VILLA MONTISPESSULANI ET EJUS BARONIA, IN QUA BARONIA REX ARAGONUM CONTENDIT SE JUS HABERE.

(Archives de Lestang.)

Primo sciendum est quod Dnus Karolus quondam Rex Francie qui se Imperator vocabat, fundavit ecclesiam Magalonensem et dedit eppo et ecclesie Magalonensi plures villas, loca et castra, et inter cetera dedit eidem ecclesie Montempessulanetum et feudum Montispessulani cum sua parochia et castrum de Lattis (quod tenebat tunc Guillelmus de Montepessulo), adjiciendo idem dñus Rex quod tam eppus quam sui feudatarii in locis, villis et castris altam et bassam justitiam auctoritate regia exercerent. Item quod Guillelmus ...et sui ex tunc successores recognoverunt se tenere in feudum ab eppo Magalon. Montempessulum et castrum de Lattis.... It. quod in tota villa Montispes. sunt tantum due parochie, una B. Firmini, alia B. Dyonisii et dividitur villa in duas partes, videlicet in Montempessulanetum in qua est parochia S. Dyonisii, que pars erat olim eppo Magalon. et in ea habebat omnimodam... juridictionem, et durabat olim dicta pars... quantum durat parochia S. Dyonisii et ultra ad muros antiquos dicte ville ; quam partem hodie tenet dñus Rex noster sed non totam ; alia pars vocatur Monspessulanus in qua est pars S. Firmini et durare debet quantum durat parochia S. Firmini et non plus, prout predicta apparere possunt et debent per informationem dudum factam in Montepessulo per dños Johannem de Bergetis, Bernardum de Mesoa et Guillelmum de Vinaco commissarios per dñum Regem, quinque sunt anni elapsi super predictis deputatos. De qua parte Montispessulaneti, hec vocata est pars Regia. Rex Majoric. et sui predecessores occupatam tenent et tennerunt magnam partem, videlicet 700 focos, in quibus sunt plures boni et divites homines et quinque portalia quasi meliora et fortiora aliis totius ville que debent esse dñi notri Regis et pro parte Montispessuli....

It. in villa Montispes. sunt XII consules, quorum electio fit singulis annis in Kal. Martii, qui habent regere totam universitatem Montispess., in quorum electione eppus Magalon. ut superior dñus Montispessuli debebat interesse vel ejus vicarius, et habebat in dicta electione sex voces, et consules novi ..jurabant fidelitatem....; quas sex voces et juramentnm...; Rex Majoric. tenet occupatum..... It. dña Maria filia Guillelmi Montispessulani, patre mortuo, contraxit matrimonium cum dño Petro Aragonum secumque ipsi Regi in dotem constituit Montempessulanum ac etiam ejus Baroniam sub eo pacto quod dñus Rex dictam Baroniam nunquam a domino Montispes. separaret ....It. sciendum est quod, anno 1283° die mercurii post festum Assumcionis B. Marie, dñus Jacobus Rex Aragonum et dñus Montispessuli ..ex certa scientia recognovit.. dño Philippo.. villam Montispes. et castrum de Lattis et omnia alia loca et castra Baronie Montispes., prout quondam fuerunt Guillelmi de Montepessulo, esse infra regnum suum Francie; recognovit etiam dño Regi villam Montispes. et castrum de Lattis ...esse retrofeudum ipsius dñi Regis. It. recognovit dñus Rex Majoric. Regi Francie omnia dicta loca fore de ressorto ipsius Regis Francie.

Sequitur de dicta Baronia in qua dnus Rex Majoric. contendit jus habere. Sciendum quod dnus Carolus... vel dnus Ludovicus ... fundavit monasterium Aniane et inter alia castra et loca dictus dnus Rex dedit et concessit abbati monasterii Omelatium et plura alia que nunc sunt Baronie Montespessuli ; quod Omelatium et alia loca et castra abbas dicti monasterii recognosebat se tenere in feudum a dno Rege Francie.

Constat etiam quod dnus Rex successit comiti Tolosano in suo comitatu. It. insuper est animadvertendum quod cum dudum inter dnum Regem Francie ex parte una et Regem tunc Aragonum pro parte altera discordia esset de comitatu Tolosano predictus Rex Aragonum remisit et transtulit dno nostro Regi quidquid juris habebat in Bitteris et Bitterresio, Agde et Agadesio et in pluribus aliis locis et diecesibus regni Francie ac etiam in toto comitatu Tolosano.

Constat etiam quod totus vicecomitatus Homelacii et fere omnia castra et loca dicte Baronie sunt in Bitterresio et diecesis Bitterrensis, cetera loca Baronie sunt intra comitatum Tolose... Et de predictis stant et sunt antiqua testamenta, littere et alia legitima documenta. Quare ex predictis concluditur quod Rex Aragonum nihil juris habere debet in dicta Baronia, imo pertinet et pertinere debet ad dnum Regem Francie quidquid Rex Aragonum ibidem habere potest et deberet.

It. sciendum est quod in causis predictis et rationibus procurator regius in senescallia Bellicadri petiit et petit a Rege Aragonum Homelatium et castrum Frontinianum et plura alia loca et castra Baronie tanquam commissa ex eo quod Rex Majoric. indebite recognovit dictam Baroniam in feudum tenere a Rege Aragonum.

APPENDICE XXX

AN. 1316. — ACCORD ENTRE LE ROI SANCHE ET L'ABBÉ DE VALMAGNE TOUCHANT LE LIEU DE CABRIALS.

(*Archives de Lestang.*)

Noverint quod, cum diverse questiones suborte fuissent inter dnum Sancium Regem Majoric. seu ejus gentes et officiales vicecomitatus Omeladesii, mote jam pluries tempore Jacobi Regis

Major..., et ven. et religiosum Pontium, abbatem Vallismagne, Cisterciensis ordinis, diecesis Agathensis... Tandem dnus Sancius et frater de Bozio monachus... Vallismagne ac syndicus et procurator abbatis, dictis questionibus finem imposuerunt. Prefatus dnus Rex tam jure suo quam ex compositione presenti... habeat in dicto loco de Caprilis omnem juridictionem altam et bassam et omnes justicias civiles et criminales... et specialiter minorem juridictionem quam abbas se dicebat habere, ... salvo quod abbas propria auctoritate possit cogere facientes in dicto loco monasterio V. M. usutica, census, agraria, etc., et pignorare eosdem; ita tamen quod non possint illi extrahi ex vice-comitatu Homeladesii, nec ea alienare absque licentia speciali curie dni Regis. Item quod abbas et monasterium de propriis tenentiis possint dare aliqua loca ac devesia hominibus dicti Caprilis, una cum castellano de Homelasio pergentes..., sub pacto expresso quod dnus Rex et successores... habeant medietatem integrorum omnium usaticorum seu censuum et intratam seu acapitum, quod et que habebuntur ex devesiis concedendis per abbatem; consilium vero, laudimium et foriscapium devesiorum ipsorum sic concedendorum sit in solidum et integre dicti monasterii, ac etiam totum jus directi, dominii, etc.

Fuit et actum et in hac compositione expresse deductum quod pro eo quia dicti abbas et monachi dimitterent dno Regi minores justicias... possint... acquirere 150 lib. tur. rendales in rebus que non sunt de feudo vel retrofeudo aut allodio Regis sine amortisatione pro quibus contribuant ad tallias, questas, servitia, onera... Item cessit et concessit dnus Rex dno abbati et monasterio in vicem et compensationem usus depascendi animalia monasterii et juris ejusdem quod monasterium dicebat se habere per totum Homeladesium 60 sexteriatas terre ac devesiam juxta aliam devesiam dicti monasterii in quibus teneat et ponat... pro libitu abbatis banderium qui custodiat eas et habeat bannum a quibuscumque depascentibus ibi bestiaria extra voluntatem et licentiam ..., et pignora capta non extrahantur a Baronia, nec vendantur sine licentia speciali Curie Regis. Item quod abbas et monasterium recognoscant se tenere in feudum a dno Rege et suis tanquam pro domino vicecomitatus Homeladesii villam de Caprilis et omnia que habent in dicto loco...

Acta et laudata sunt in camera castri Perpiniani ejusdem dñi Regis per ipsum dñum Regentem et fratrem Odonem de Boscho syndicum, ...cal. martii anno 1316°, presentibus nob. Guill° de Caneto, ...Nicolao de S° Justo thesaurario Regis et Jacobo Scuderii scriptore.

APPENDICE XXXI

AN. 1329. — GUILLAUME DE NARBONNE REÇOIT DU ROI DE MAJORQUE LES VILLAGES D'ADISSAN ET DE PLAISSAN EN ÉCHANGE DU CHATEAU ET DE LA VALLÉE DE MOSSET.

(*Arch. de Lestang.*)

.....Guillelmus de Narbona ...absolvit omnes et singulos homines castri et vallis de Mossetto ac Bastida.., ac nobilem Ademaricum de Mossetto.. ab homagiis et fidelitatis juramentis quibus ei tenentur... et eos transfert in plenum jus et dominium Regis Majoricarum, et mandat eis per idem instrumentum ex nunc eidem Regi ut eorum domino pareant et obediant in omnibus et per omnia. Hinc fuit quod prefatus dñus Rex Jacobus recipiens a nobis Guillelmo de Narbona omnia et singula predicta et de eis se pacatum reputans vigore et ex causa permutationis et excambiationis presentis dedit et tradidit Guillelmo de Narbona ...castra sua de Pleixano et de Adissano que sunt in Baronia Homeladesii cum terminis et pertinentiis, ...et hominibus et feminis, aquis, sylvis, etc., censibus, agrariis, laudimiis, feudis et retrofeudis cum omnimoda juridictione alta et bassa etiam ac merum et mixtum imperium...., salvo tamen quod ea omnia ipse Guillelmus a Narbona et sui perpetuo haberent et tenerent in feudum ab ipso Rege Majoric. et suis perpetuo, et proinde sint fideles et legales homines et vassalli et faciant inde ei et suis homagium et prestent fidelitatis juramentum quoties in feudo ipso mutetur dominus vel vassallus, ac irati et pacati dent sibi potestatem plenam de dictis castris..., ad consuetudinem Barchinonie quoties fuerint requisiti, et salvo eo quod idem dñus Rex Majoric. sibi et suis retinuerit ..correctionem et punitionem portationis armorum, modo et forma quibus princeps illustris dñus

Rex Francorum habet ..in terris Baronie sui regni; salvo tamen quod dñus Guillelmus et sui possint ...pro defensione et tuitione personarum suarum familie, curialium suorum, precipere hominibus suis... quod ipsos et suos sequantur cum armis et possint se defendere contra extraneos invasores.

Affrontat autem castrum de Pleixano cum suis terminalibus, et protenditur versus castrum de Pogeto usque ad furnum tegularem vocatum Pontii Jordani... et ascendendo ad locum .. *lo tox del vas*, et alibi confrontatur in tenentia Raymundi Andree de Pogeto que est in loco del *tox del vas*, et deinde eundo usque ad predium vocatum olim de Sant-Aulari que nunc est Raymundi Andree, et deinde descendendo confrontatur cum Podio Mejane, et..... cum ecclesia Sancti Gervasii, et deinde..... cum molendino Johannis de Monte-Darderio domicello de Pogeto, et inde sequendo medium rivi de Rouegia... cum rivo de Cabrials; et eundo versus castrum de Belergas, sequendo ipsum rivum per medium de Cabrials... cum itinere vocato de la Caune quo itur versus Sanctum Paragorium ; et deinde... per medium rivi vocati de Dardolo confrontatur cum terminali de Sancto Paragorio, Sequendo dictum rivum ad terminalia de Cabrials... confrontatur cum bodula sive claperio posito in tenentia Andree de Plexano, et ab inde descendendo... cum bodula lapidea posita in medio itineris... de Cabrials versus Vendemianum ; et deinde ... cum bodula posita in tenentia Stephani et Pontii de Bayss. ..., et descendendo usque ad iter publicum de Plexano versus Vendemianum... cum bodula posita in tenentia Raymundi Andree de Vendemiano, et deinde cum furno tegulario Petri Jordani.

Dictum autem castrum de Adissano... confrontatur ex una parte versus Pahollanum in itinere migrerio quo itur de Cassano versus Aspiranum, et versus Cassanum confrontatur in vinea Petri et Guiraldi Pauasserii fratrum de Casulis, et deinde descendendo confrontatur ab alia parte in tenentia liberorum Bernardi de Pereto de Nizatio, et versus partem de Nizatio sequendo medium aque seu riparie vocate de Bossen confrontatur in tenentia Deodati Claperii de Nizatio, et deinde sequendo medium dicte aque seu riparie versus Fontesium confrontatur in tenentia Petri Regis de Fontesio ubi est quedam bodula lapidea signata dñi Regis

Majoricarum, et deinde descendendo et sequendo carrieriam qua itur de Aspirano versus Caucium confrontatur in capite vinee dels fabregues de Aspirano, que tota vinea est infra terminalia dicti castri de Adissano, et recedendo... versus iter de Masclaros confrontatur in vinea Deodati Raynaldi de Aspirano, et deinde eundo versus Rupem (La Roque) affrontat in tenentia Merarii de Aspirano, et recedendo versus recum vocatum Domimi Eymerhic (rec d'Aymeric) confrontatur in ten. liberorum Raymundi Textoris de Aspirano et recedendo versus Aspiranum confrontatur in campo Petri Textoris de Aspirano, et exinde confrontatur cum itinere migrerio quo itur de Aspirano versus Adissanum.

In testimonium autem et fidem omnium premissorum dñus presenti charte suum jussit apponi sigillum, et de eisdem tam ipse quam dñus Guillelmus requisiverunt instrumenta publica eis fieri et tradi. Que fuerunt facta in camera consilii castri regii Perpinhani, 3° id. feb. anno 1329°..., presentibus testibus ven. Guillelmo de Duraforti canonici. Aniciensis, Jacobo de Meredine majore domus, Petro de Fulcio locum tenente Rossilionis, etc., etc. (Acte reçu par Pierre Beauvoisin, not.)

APPENDICE XXXII

AN. 1330. — DONATION DE LA VICOMTÉ D'AUMELAS A L'INFANT FERRAND PAR JACQUES DE MAJORQUE SON FRÈRE

(*Archives de Lestang*).

Jacobus D. g. Rex Majoricarum, comes Rossilionis et Ceritanie et Dnus Montispessulani Inclyto Infanti Ferrando fratri nostro carissimo salutem. Nostris honoribus adaugeri regalis benevolentia sedula meditatione prospiciens quibus donis et gratiis singulorum merita congruit repensare, illos propensius satagit grandiori favore liberalitatis amplecti quos naturalis conjunctio sanguinis nexu sibi propinquiore constringit... Attendentes igitur quod vos, Infans Ferrandus, frater carissime, tanto nobis estis conjonctionis propinquitate et amore conjunctus ut que vobis dederimus a nobis abesse per omnia non credemus, licet non ignorantibus jura illa que regnorum et principatuum prohibent sectionem.. ;

animadvertentes insuper quod nos dudum sub certis modis et conditionibus vobis.. assignavimus 3,000 librarum monete Barchinonensis annuatim..., damus et concédimus vobis et vestris sub tamen modis et conditionibus infrascriptis Vicecomitatum de Homelacio, sub quoquidem Vicecomitatu comprehendi intelligimus castra et loca ac etiam feuda inferius scripta, videlicet castra et loca de Homelacio, de Pogeto, de Posols, de Sancto Baudilio, de Vendemiano, de Sancto Paolo, de Sancto Georgio, et castrum de Paulhano, de Cabrials, de Valmaya cum omnibus terminis et pertinenciis suis et cum omni juridictione civili et criminali alta et bassa, exceptis tamen casibus que nobis inferius retinemus, et cum omnibus feudis, albergiis, juribus, servitiis, redditibus, émolumentis quos in dictis castris et villis habemus et possidemus... causa, modo et titulo quibuscumque; damus insuper et concedimus pure et perfecte donationis titulo Vobis et Vestris feuda omnia tam militarium quam aliarum personarum que ad nos spectant et pro nobis tenentur... castrorum et locorum de Adyssano et de Playssano, de Tressano, de Popiano, et de Sancto Amantio, et de Jusmaco, et de Carabottes, et de Cornone-sicco, de Montebazeno, et de Monte-Arnaudo, necnon emolumenta quecumque nobis competere possint castrorum et locorum de Piniano et de Salzano, feudis tamen exceptis et nobis ex causa speciali retentis; feudum etiam Carladesii nobis specialiter retinemus. Et etiam damus Vobis alia omnia que habemus in dictis castris,... necnon dominia juridictionis et jura quecumque eorumdem, exceptis casibus quos nobis inferius retinemus... Vobis damus et assignamus ad vitam vestram tantummodo castrum nostrum de Frontiniano... Hanc autem donationem facimus Vobis Infanti Ferrando... ita ut vos et Vestri successores ex vestro corpore de legitimo matrimonio descendentes teneatis, possideatis ut veri proprietarii ..., et debeatis inde facere homagium et dare protestatem castri de Omelatio pro toto Vicecomitatu secundum usus et consuetudines Catalaunie approbatos; retinemus insuper expresse nobis et successoribus nostris in omnibus castris... primas appellationes si a vobis... appellari contingeret, ut eo casu ad nos seu ad nostrum Locumtenentem Montempessulanum debeat appellari..., preterea retinemus... punitionem hereticorum et confiscationem bonorum ex ea causa, et punitionem falsariorum monete...;

item retinemus punitionem persone vestre et officialium vestrorum in officio suo delinquentium. Item retinemus jus faciendi monetam in Vicecomitatu et locis supra nominatis... Hanc insuper donationem vobis facimus sub hac conditione et modo quod predicta omnia vobis cedant pro illa summa 3,000 librarum que vobis dudum primo assignavimus in nolarium et demum vobis assignavimus pleniore jure vobis et vestris sub certis pactis contentis in quibusdam litteris nostris... Si vero, quod absit, vos fratrem nostrum predictam vitam finire contingeret absque legitimis liberis, ... eo casu volumus et in expressam conventionem deducimus quod Vicecomitatus Omeladesii et omnia alia... ad nos et successores nostros libere revertantur... Datum Perpiniani sub bulla nostra aurea, 4° cal. Junii, anno millesimo tercentesimo et tricesimo. Et quia est nostre intentionis ut predicta integra gaudeant firmitate, nos Rex predictus presentem subscriptionem nostra regia manu facere dignati sumus.

APPENDICE XXXIII

AN. 1330. — ACCORD FAIT ENTRE LE ROI JACQUES DE MAJORQUE ET LES SEIGNEURS DE MONTARNAUD.

(*Arch. de Lestang.*)

In nomine Domini, Anno Incarnat. 1330° 7° id. Xbris, Dño Philippo regnante. Noverint universi quod cum inter Jacobum Regem Majoric. et dñum Montispess., seu gentes suas, ex una parte, et dños de Monte-Arnaudo ex altera, fuissent orte multe et diverse questiones ratione jurisdictionis dicti castri, ...certi de facto et de jure consulti et instructi infrascriptum paratgium et associationem fore utilem tam dño Regi quam prefatis nobilibus, voluerunt, concesserunt et ordinaverunt, transegerunt transactionem et societatem inter eos. Imprimis Adzemarius dominus de Mossetto, procurator regius, associat, recipit, et donat medietatem alte jurisdictionis civilis et criminalis dicti castri ejusdem nobilibus ...et dicti dñi recipiunt dictum Adzemarium in tota juridictione quam habent in dicto castro et territorio, tam in hominibus habitantibus et extraneis contrahentibus et delinquentibus in dicto castro, sic quod tota et omnimoda juridictio alta et bassa... sit communis inter... Regem et dominos per indivisum, et quod ad quemlibet ipsorum pertineat medietas per indivisum. Item quod omnes nobiles, aut pars eorum major, eligant quolibet anno unum ex ipsis qui habeat potestatem pro omnibus aliis cum Loeumtenente Baronie, vel cum castellano Homellii, vel ejus vicario, ad eligendum bajulum, judicem et servientem et preconem, ad regendum et gubernandum dictum castrum; et si convenire non possent, ponat dñus Rex et instituat curiales per unum annum, et dñi per alium annum. Et isti officiales, sive curiales, sint annuales, nisi eligentes ad confirmandum illos ad majus tempus concordarent. Et quod dicti officiales exerceant et teneant juridictionem dicti castri communiter pro dño Rege..., et pro dominis et ad communes expensas. Item quod.. servientes portent baculos signatos per medietatem signo... Regis, et pro alia medietate signo Dominorum. Item si tallia sive questa aut servitium debitum imponeretur hominibus... castri, quod illa tallia sive questa aut servitium sint communes inter... Regem et ..nobiles, equis partibus dividendo, nisi... tallia imponatur habitantibus per.... Regem, ratione expensarum vel sumptuum factorum propter exercitum aut propter cavalcatam.

Item convenerunt ad invicem quod furche et carceres dicti castris sint communes intra eos. It. convenerunt quod dñus Rex non possit facere gratiam vel remissionem alicujus condempnationis, nisi hoc fieret a parte sua tantum de rebus communibus inter eos. It. convenerunt quod... delinquentes... non trahantur nec incarcerentur extra... castrum nisi hoc fieret per viam vel modum ressorti in casibus pertinentibus ad dñum Regem qui inferius retinentur. Imprimis retinet... Rex sibi et suis in presenti paratgio ... superioritatem et primas appellationes, ac cognitionem et punitionem et emendam criminum incendii domorum et false monete..... et trabucationis ejusdem monete..., et crimen heresis et lese-majestatis, et omnem juridictionem altam et bassam in omnibus personis, et in bonis eorum in castro, habentium juridictionem vel partem juridictionis in castro, et in omnibus officialibus communibus delinquentibus in officio, et aliorum officialium dñi Regis item delinquentium...It. retinet dñus Rex homagium et fidelitatis sacramentum in feudis quod nobiles tenent a dño Rege. Et quod istud peratgium sit pro parte... Dñorum in recognitione feudorum que... tenent a Rege. Et retento dño Regi insuper pedatgio Montis-Arnaudi consueto, quod possit et sibi liceat per se aut per ministros suos levare prout ab antiquo consuetum est et ad eum pertinet jure suo ab antiquo... It. quod... Domini associant... Regem in medietate nemoris Rouerii et in jure quod ibi habent, retento sibi usu et explecha. Et quod... Rex simili modo, et Locumtenens in Montipess., et vicarius qui moratur apud Sanctum Paulum vel apud Vallem-malam habeat usum etexplecham in...nemore Rouerii. It. quod... Rex non possit eam dividere, nec vendat, nec donet in acapitum sub usatico vel aliter concedens, nec in alium transportare, nisi in dominum de Homellio, nisi hoc faceret de voluntate ipsorum Dominorum. It. assóciant Regem in medietatem patuorum... castri et in usu quod ibi habent, retento Regi et Dominis usu et explecha, exceptis et retentis Dominis usaticis et tasquis que modo ibi habent. Et retento quod... Rex et... Domini non possint patus dare in acapitum in totum vel in parte, nisi hoc fieret de ipsorum omnium voluntate. It. omnia supradicta concedunt Domini de Monte-Arnaudo dño Regi pro eo quod nunc et in futurum habitatores non habeant nec habere possiut consules, si de jure et ratione ipsos habere non deberent. It. quod, quotiescumque de jure aut ratione syndici debeant concedi dictis hominibus Montis-Arnaudi, debeant concedi auctoritate Bajuli et Judicis communis. It. quod omnis inquesta condempnationis facta usque nunc sit cassa et nulla de gratia speciali in recompensationem predictorum..... Acta sunt apud Paollanum anno et die de quibus supra in presentia et testimonio ven. virorum dñi Nicholay de Sancto-Justo thesaurarii-majoris et consiliarii dñi Regis, Raymundi de Saraguериis domicelli, Jacobi Scuderi, consiliarii ejusdem Regis, magistri Bede de Quaranta judice Baronie, Bernardi Desprats, Gautherii de Bossuges, Guillelmi de Manso-Dei jurisperitorum, Guill. Catalini, Bartholomei Roardi, Guill. Garnerii de Pogeto. Guill. Gasqui notarii, et aliorum plurium, et mei Petri de Aennacho not[i] Montispes[i]. qui requisitus... in notam recepi. .—Post hoc anno 1333°, 7° Idibus 7bris, dño Philippo regnante, Nos Jacobus, D. g. Rex Majoric. et dñus Monspel., ipsum peratgium... laudamus et confirmamus in testimonio ... ; ego Petrus de Aennacho not. pub. in notam recepi.

APPENDICE XXXIV

An. 1347. — Vente du Lieu de Cabrials a l'abbaye de Valmagne.

(Arch. de Lestang.)

Anno nativitatis Xti 1347° idib. maii, Philippo Rege Francorum regnante. Noverint ....quod Nos Jacobus, Rex Majoric. et dñus Montispes...., confitemur hodie vendidisse, cessisse et ad feudum honoratum concessisse titulo pure, perfecte et irrevocabilis venditionis Monasterio B. Marie Vallis-Magne, Cisterciensis Ordinis, ac Patri Ven. fr. Guiraudo, D. g. abbati...., videlicet castrum et villam nostram de Caprilis in Baronia Homeladesii cum omnibus ejus pertinenciis ; ...necnon et duo alia loca seu tenementa que habemus extra districtum et locum de Caprilis, quorum unum est in territorio de Vendemiano et aliud in territorio dicti Homeladesii, quequidem castrum de Caprilis et duo loca sunt designata in instrumento venditionis, statim immediate recepto seu sumpto per te notarium infrascriptum. Quam venditionem fecimus cum mero et mixto imperio, juridictione alta et bassa et eorum exercitio et cognitione, cum dominatione et dominiis directis, censibus et usaticis que habebamus de jure, consuetudine, usu seu observantia, in hominibus et feminis presentibus et futuris dicti castri et duorum locorum .....Ipsam venditionem, cessionem et ad feudum honoratum concessionem fecimus pretio quingentarum septuaginta quinque librarum turonensium, quas habuimus ...ab Abbate et Conventu predictis. Acta fuerunt in castro de Pogeto in hospitio Johannis de Montelisderio domicelli, in presentia dñi Pagani de Majoricis militis, Pontii Calcrs, Philippi de Auriaco domicelli, Rhutenensis diocesis, ...Guillelmi Salgerii de Paulhano, mag. Ferrerii notarii Regis qui una mecum mag. Petro Bajuli not. pub. Regis. notam recepit.

APPENDICE XXXV

An. 1349. — Hommage de la Vicomté d'Aumelas fait au Roi de France par le Roi de Majorque.

(*Archiv. de Lestang.*)

In nomine Dñi amen. Anno ab Inc. ejusdem 1349° et 18° aprilis apud Montem-altum prope Villam-novam, diecesis Avenionensis, in aula inferiori B. Marie de Monte-alto, illustriss. dño Philippo R. F. regnante ....cum illustrissimus Rex Majoric. assereret se tenere in allodium Vicecomitatum Homeladesii et territorium et districtum ejusdem, castra de Frontiniano, de Miris-vallibus, et de Castro-novo prope Montempessulanum, et alia loca, nec pro eis prestare homagium juramenti seu fidelitatem diceret se alicui teneri, regio Procuratore ..Regis Francorum asserente Vicecomitatum Homeladesii, castra et loca supra designata ...in feudum a prefato Rege Francorum teneri, homagium et fidelitatem ac juramentum prestari deberi pro eis... Hinc est quod Jacobus Rex Majoric. sponte, bona fide, ex sua certa scientia, omnibusque dolo et fraude et errore cessantibus, ...confessus est ...et recognovit nob. Guillelmo Flottes militi, dño de Revello ac nostris notariis... se tenere debere ac velle a serenessimo Rege Vicecomitatum Homeladesii, et castrum de Frontiniano... ; pro quibusdem Vicecomitatu, castris, villis et terris ... ex tunc teneri vult se suosque successores facere homagium et fidelitatem servare et juramentum prestare..... Quequidem fecit in manibus dñi de Revello, promittens ronovare predicta quam primum ad presentiam dni Regis nostri pervenerit, laudimiumque solvere quotiescumque Vicecomitatum, etc., vendere, alienare et in alium transferri contingeret..... Actum est anno, die, loco, et regnantibus quibus supra, testibus Rev. in X° Patre dño Johanne de Factanis abbate Ferraris (Ferrières), Petro de Bedra, mon. Cluniacensi, Berengario de Monte-alto, mag. Johanne de Caillo auctoritate apostolica not° pub° et Petro de Borgia ..Regis Franc. notariis, qui predicta in notam receperunt.

APPENDICE XXXVI

An. 1349. — Décharge du serment de fidélité envers le Roi de Majorque pour les gens du Pouget et autres Lieux.
(*Arch. de Lestang.*)

Universis presentes Litteras inspecturis Guigo de Capite-Luco domicellus..... notum facimus : « Jacobus, Rex Majoricarum.... fidelibus nostris consulibus et probis hominibus castrorum de Pogeto, de Sancto-Baudilio et de Pozolis salutem...... Cum sub certis modis... in feudum donaverimus, cesserimus et transportaverimus in nobilem nostrumque charum consanguineum Arnaudum de Rocafolio militem castra predicta cum illorum territoriis, anno 1348° 8ª die ante penultimam januarii, ideo vos a sacramento fidelitatis et homagio... ducimus tenore presentium absolvendos, volentes ut in omnibus dicto nobili et gentibus suis ex nunc pareatis et obediatis ».

Datum Avenione 26ª aprilis 1349°.

APPENDICE XXXVII

An. 1349. — Confirmation de la donation du Pouget et autres Lieux faite a Arnaud de Roquefeuil par Jacques de Majorque.
(*Arch. de Lestang.*)

Philippus, D. g. Franc. Rex, Bellicadri et Carcassonne senescallis, necnon Guigoni de Caprelico domicello salutem. Cum super discordia et debato inter consanguineum nostrum Jacobum de Maiorica, tunc in humanis agentem, ex una parte, ac dilectum Arnaudum dñum Rocafoliensem militem ex parte alia occasione mortis Bernardi filii dicti Arnaudi per dñum Jacobum, ut dicitur, inhumaniter interfecti motis, dicti Jacobus et Arnaudus tractantes, sanctissimo in X° Patre Clemente sanctissime Ecclesie Romane et universalis Ecclesie Papa 6° interveniente, ad pacis et concordie beneficium devenissent, ...dictusque summus Pontifex, concordie seu reformationis causa, Jacobo et Arnaudo presentibus et postmodum hec ratifficantibus et omologantibus, ordinasset quod Jacobus in Baronia et Vicecomitatu Homelladesii certos redditus, focos et castra in perpetuum Arnaudo et suis successoribus traderet et dimitteret et assignaret, videlicet castra, sive loca, de Pogeto, de Sancto-Baudilio et de Pozols vicecomtatus et Baronie Homelladensis, cum suis mandamentis et pertinenciis, cum omnimoda juridictione, primo ressorto et cognitione, et aliis privilegiis, libertatibus et juribus, que consanguineus noster in predictis castris habebat et sui predecessores habere consueverant. In quibusquidem castris Jacobus tenebatur facere, firmare et complere pro Arnaudo et suis..., inter alia, 360 focos bonos et 10 homagia nobilium cum suis feudis et retrofeudis et juramentis fidelitatis pertinentibus ad castrum de Pogeto, exceptis aliis homagiis que pro aliis castris debentur seu fieri consueverunt, et domos quas ibidem habet, necnon et 40 millia libras feudorum et proprietatum emphyteotarum secundum valorem et estimationem temporis Ordinationis Summi Pontificis, cum directo dominio et laudimio quatuor solidorum pro libra, et etiam 240 libras turon. in puris et veris redditibus in blado, vino, oleo et amygdalis et denariis censualibus, ita quod si in predictis castris, locis et pertinenciis non reperirentur, in proximioribus locis Vicecomitatus seu Baronie Homeladensis assideri et compleri debebant, et ad requisitionem et electionem Arnaudi, excepto castro de Homelacio, per certos electos ab ipsis partibus, prout hec et alia in Litteris Papalibus, seu instrumento publico inter ipsas facto latius cum certis obligationibus, submissionibus et renuntiationibus, penis et juramentis dicitur contineri. Et quia in locis predictis de Pogeto, de Sancto-Baudilio et de Pozols predictus focorum, reddituum, nobilium feudorum et proprietatum emphyteotarum numerus et aliarum rerum et conventionum inter ipsos juxta dictam Ordinationem Papalem initarum reperiri non potuit seu compleri, castra sive loca de Vendemiano et de Monte-Arnaudo cum suis pertinenciis et mandamentis, juridictionibus, juribus, libertatibus ac feudis cum suis juramentis fidelitatis et homagii, ac etiam feuda et ressorta et jura omnia quecumque que dñus consanguineus noster et sui predecessores habuerunt in locis de Sancto-Amantio de Teuleto, de Popiano et de Playssano, de Tressano et de Adyssano, de Jusmaco, de Carabottis, de Cabrials et de Aussanis, Vicecomitatus et Baronie predictorum, eidem Arnaudo per electos ab ipsis concorditer in instrumento conventionum inter ipsos facto nominata, in supplementum et complementum predictorum focorum, nobilium feudorum, proprietatum emphyt., reddituum, etc., prefato Arnaudo assideri debitorum seu debendorum ... tradita fuerint ac etiam assumpta, prout premissa omnia per instrumentum seu instrumenta publica ... dicuntur.

Cumque exstitisset revelatum auditui per nostras gentes quod talis nostra Vicecomitatus seu Baronia sine nostra auctoritate et licentia dividi seu demembrari non potuit, nec sine consensu nostro alienari castra, res et loca predicta, vosque, Guiguo predictus, ad regendum et gubernandum castra, loca et res predictas ex parte nostra fueritis deputatus donec foret per nos aliud super hoc ordinatum. Propter quam manus nostre appositionem, Arnaudus in assisia seu assignatione predictis sibi, ut premittitur, factis, taliter impeditus quod ipsis gaudere et uti non potest, ut debet, rebus, diu nobis humiliter supplicavit sibi super hoc per nos de gratioso remedio provideri. Nos, attentis et consideratis predictis et potissime contemplatione dicti sanctissimi Patris qui super hoc nos attente rogavit, habita in Nostro Consilio deliberatione diligenti, concessionem, traditionem et assignationem predictas approbantes, ratifficantes ac etiam confirmantes, Vobis et Vestrum cuilibet mandamus tenore presentium, committendo quatenus manum nostram predictam de castris, locis et rebus predictis, visis presentibus, levantes et amoventes, realiter et de facto Arnaudum ac causam habentes ab ipso, castris, locis ac rebus predictis cum suis pertinentiis juxta dictarum concessionis et assignationis de quibus liquebit tenorem videre, gaudere et uti, fructusque, exitus et reditus, a dictis locis, castris et rebus manu nostra in ipsis existente perceptos et levatos eidem militi reddi et liberari pacifice faciatis; quodcumque impedimentum per gentes nostras occasione premissorum in castris, etc., fuerit impositum penitus amovendo, nonobstante quod dictum fuerit Vicecomitatum, seu Baroniam, sine nostra licentia demembrari seu dividi non debere; que prefata Arnaudo concessimus et concedimus de gratia speciali. Datum apud Monscellum juxta pontem Sancti Maxentii, die 20° martii, anno Dñi MCCCXLIX.

APPENDICE XXXVIII

An. 1350. — Prise de possession du Pouget par Arnaud de Roquefeuil.

(*Arch. de Lestang.*)

Nos Theodoricus Le Comte miles.., Gubernator Monspelii et Baroniarum Montispes. et Homeladesii, coram nos perlegi fecimus per notarium quemdam rotalium in pergameno et in octo pellibus continens certum expletum super amotione manus regie, ac litteras regias super amotione dicta.., necnon prestatione juramentorum fidelitatis et diversas recognitiones homagiorum, quorum tenor sequitur :

Anno Inc. 1350°, 23° aprilis. Noscant... quod constitutus apud Pogetum in carriera publica mag. Bernardus de Sancto Privato, procurator nob. et potentis viri Arnaudi de Rocafolio,... coram nobili viro Guigone de Capluco domicello commissario ad regendum certa castra dño Rocafoliensi per dñum Jacobum regem Majoric. quondam tradita..., assignata sub manu et potestate regia..., certificavit... quod castrum de Pogeto ac etiam castra de Sancto Baudilio, etc., que dño Rocafoliensi per ipsum Regem Majoric. fuerant tradita, esse translata sub manu Regis et ejus gubernatoris...; petens et requirens omne impedimentum levari et amoveri... Quiquidem nob. Guigo commissarius et regens omne impedimentum levatum et amotum esse voluit; et de facto omnes bajulos, servientes et alios officiarios nomine regio institutos... deposuit; offerens se paratum de fructibus... perceptis eidem dño de Rocafolio rationem reddere. Et idem procurator ... clavem aule castri de Pogeto de manibus Guigonis recipiens, ... et portam aperiens, et intrans et exiens possessionem corporalem castri de Pogeto et per eamdem castrorum de Sancto-Amantio, de Pozolis et aliorum et omnis juris et pertinentiarum... adeptus, nactus fuit et apprehendit, et in signum adeptionis possessionis corporalis castri de Pogeto et aliorum... quoddam scutum armis dñi Rocafol. et castrorum predictorum depictum in pariete, sive muro aule., subtus porticum, clavis posuit et affixit..... Idem procurator ad portam muri, sive fortalium, castri de Pogeto, a parte occidentis, juxta hospitium nob. Petri de Monte-Darderio domicelli de stagno, et in castro et fortalitio intrans et exiens in signum adeptionis possessionis, portam clausit et aperuit, et posuit scutum armis dñi de Rocaf. depictum et affixit; et postea exiens protestatus fuit quod non intendebat recedere a possessione. De quibus omnibus petiit... instrumentum... Quibus sic factis, instituit bajulum dicti castri Johannem Mauricii, et servientes et precones publicos... quamdiu placuerit dñi sui voluntati, prius prestito ab eis juramento... Et incontinenter per Johannem Tamin, alias Boulaigne, servientem per loca assueta fecit fieri ex parte dñi Rocafol. proclamationem istam « manda la Cour de Monsegnur de Roquefeuil, seignour desta villa, que negun home, de qualqua condicion que sia, no aude portar armas devidadas sur pena de perdre las armas et de soixanta soous dounadous audit siur ». Quiquidem serviens paulo post iens, mediante suo juramento, et de mandato dñi sui, proclamationem per sex loca dicti loci fecit;... et exinde procurator et serviens petierunt sibi fieri instrumenta publica.

Anno 1351° 14 7bris. In ecclesia B. Catharine de Pogeto Arnaudus de Rocaf... convocatos homines... requisivit ut sibi facerent fidelitatis sacramentum..., ut in dicto castro ab antiquo fieri consuetum est. Unanimiter responderunt quod parati erant facere,... et tunc Arnaudus de Rocaf., sedens super quoddam scamnum ante altare majus et tenens missale opertum, ad dictum sacramentum admisit et recepit, tamquam eorum dominus, salvo in omnibus et sine prejudicio eorum jure, suo et quolibet alieno... Quiquidem, flexis genibus et ambabus manibus super missale positis, promiserunt esse bonos et fideles dicto domino. Acta fuerunt apud Pogetum... et fuerunt testes ven. Arnaudus archidiaconus Valentii, Stephanus Cardonetti prior Sancti Felicis de Po... Johannes Taillandy archypresbyter de Pogeto, Jacobus de Sancto-Germano, etc., et ego Herbertus de Brenella.

(L'archidiaconné de Valence était une dignité du chapitre cathédral de Montpellier.)

APPENDICE XXXIX

An. 1351. — Hommage de la Terre de Tressan fait a Arnaud de Roquefeuil par Guillaume du Puy.

(*Arch. de Lestang.*)

Anno 1351° et die 12ª octobris. Ego Petrus Guillelmus de Podio domicellus, dñus Castri de Tressano ..confiteor Vobis ..Arnaudo de Rocaf., comptori Nanthensi et dño de Pogeto, me a Vobis tenere in feudum honoratum castrum de Tressano ...Acta fuerunt in ecclesia B. Marie de Rouegia.

APPENDICE XL

An. 1351. — Hommage fait au sieur de Roquefeuil des biens jouis par Pierre de Montdardier, Seigneur de Lestang.

(*Arch. de Lestang.*)

Anno 1351° et die 24° oct. Domino Johanne D. g. Rege Franc. regnante. Ego Petrus de Montedarderio, dñus de Stagno, juridictionis de Pogeto, ...confiteor ...me tenere in feudum a Vobis nob. dño Arnaudo de Rocafolio milite dño de Rocafoliensi... domania, laudimia, census ...et quidquid habeo.. in castro de Pogeto. Pro quoquidem feudo teneor Vobis homagium facere et prestare fidelitatis sacramentum. Ideoque sponte et flexis genibus et junctis manibus meis intra manus vestras, datoque manuum et oris osculo firmitatis et pacis, Vobis homagium facio et presto fidelitatis sacramentum...

Et nos Arnaudus de Rocafolio, dñus castri de Pogeto.... dictum feudum tibi Petro de Montedarderio confirmamus, salvo tamen jure nostro et alieno. Acta fuerunt hec in prioratu sive claustro B. Marie de Rouegia.

APPENDICE XLI

An. 1351. — Hommage des terres de Plaissan et Adissan fait au sieur de Roquefeuil par Guillaume de Narbonne.

(*Archiv. de Lestang.*)

Anno 1351° et die 24° oct. Dno Johanne Rege Franc. regn. Ego Johannes de Narbona dominus, filius unicus nob. Guillelmi de Narbona mente capti, domini castrorum de Playssano et de Adyssano, curatorque et legitimus administrator persone et bonorum ejusdem, confiteor ...me ut curatorem pro ipso tenere, et velle tenere in feudum de Vobis Arnaudo de Rocafolio.. dño de Pogeto, castra de Playssano et de Adissano.., cum eorum juribus et pertinenciis et cum juridictione alta et bassa, etc..... Acta sunt... in camera desuper viridarium, in prioratu B. Marie de Rouegia.....

APPENDICE XLII

An. 1351. — Serment de fidélité des hommes de Montarnaud.

(*Archiv. de Lestang.*)

Anno 1351° et 11° Xbris. Existens in castro de Monte-Arnaudo, dñus Arnaudus dñus de Pogeto et de Monte-Arnaudo pro se, et nob. Dalmatius Dalmatii dñus de Aussanicis, Bertrandus de Mugaleno, Bremundus Raymundi de Pradinas, Rostagnus de Monte-Alto et Deodatus Dalmatii et Bertrandus Adzemarii domicelli, condomini dicti castri, pro se et aliis condominis dicti castri, in mei notarii et testium presentia, idem dominus Rocafoliensis dominus superior castri de Monte-Arnaudo, ac dñus Dalmatius Dalmatii condominus pro se et aliis condominis, presentibus et absentibus, requisiverunt homines ibidem presentes ut facerent fidelitatis sacramentum consuetum fieri antiquis temporibus........ Et homines responderunt se esse paratos... requirentes pro se et aliis habitatoribus dicti castri et ejus ressorti dictos dominos, Superiorem et Dalmatium pro suis condominis, ut confirmare et observare velint eorum privilegia, franquesias et libertates sicuti eorum predecessores.... Et juraverunt homines... et receperunt Superior et Dalmatius eorum juramentum, et nihilominus per se et suos bona fide... privilegia, libertates et franquesias omnibus habitatoribus.. concessa per predecessores que nunc sunt et pro tempore erunt......... confirmaverunt...... Acta sunt Monte Arnaudo in hospitio Odoardi Dalmatii condomini dicti castri... ; et fuerunt testes Stephanus Cardoneti, Bernardus de Sancto-Privato, etc., et ego Herbertus de Brenella.

APPENDICE XLIII

AN. 1355. — ARRÊT DU PARLEMENT DE PARIS FORÇANT PELTRIC, SEÏGNEUR DE POPIAN, A SE RECONNATRE VASSAL D'ARNAUD DE ROQUEFEUIL.

(*Archives de Lestang.*)

Carolus D. g. Franc. Rex... Notum facimus quod nos de Registris nostri Parlamenti Curie fecimus extrahi quoddam arrestum sive judicatum, cujus tenor sequitur : In lite mota in nostra Curia inter dñum de Rocafolio militem ex parte una, et Petrum Peutrici ex altera, super eo quod dictus miles, iuter cetera, dicebat Pontium Petri et Raymundum Petri de Agantico quondam, et eorum antecessores dños castri de Popiano tenuisse et se teneri recognovisse a Regibus quondam Majoric. et aliis dñis vicecomitatus et Baronie Homeladesii in feudum ad homagium et fidelitatis sacramentum dictum castrum de Popiano cum suis juribus, ...necnon quod ortis certis discordiis... inter Regem Majoric., pro tempore dominum Baronie Homeladesii, ex parte una, et dictum militem ex altera, Papa Clemens VI, cujus ordinationi partes se submiserant, inter cetera ordinaverat quod Rex daret militi et suis in perpetuum castra de Pogeto, etc... ; insuper quod feudum castri de Popiano fuerat specialiter et nominatim assignatum, assiettum et traditum militi..., ac ad ipsum militem ex tunc pertinere debuit, et ab ipso recognosci per quemque vassallum feudatarium; ... intraverat miles proclamarique fecerat quod quicumque feudatrii..... recognocere haberent infra tempus certum... Dicebat insuper quod Petrus, in fraudem et in prejudicium juris quod miles habebat in feudatarios, feudum a Nobis seu predecessoribus nostris Regibus Francie advocaverat teneri et sacramentum fidelitatis fecerat, quamvis sciret ipsum a dicto milite tenere ; dicto Petro e contrario dicente quod....... Curia nostra per suum judicium predictum Petrum ab impetit ionibus absolvit et per suum judicium dictum fuit quod Petrus remanebit et erit homo et vassallus militis ratione castri de Popiano... Datum extractum hujusmodi Parisiis in Parlamento nostro 17° aprilis 1415 ante Pascha, et regni nostri 36°. (*Arch. de Lestang*).

APPENDICE XLIV

AN 1367. — ACCORD PASSÉ ENTRE PIERRE DE MONTDARDIER ET LES CONSULS DU POUGET POUR LE RÈGLEMENT DES TAILLES DUES PAR LED. PIERRE DE MONTDARDIER.

(*Arch. de Lestang.*)

Charles, par la grâce de Dieu Roy de France, à tous ceux qui ces lettres verront salut. Nous faisons assavoir que de la licence de Notre Cour, entre les Parties soubscrites ou leurs procureurs, a été traicté et accordé et paciffié ainsin que suit contenu en certaine cédulle concordiallement et unanimement par les Parties baillée à ladite Cour....., la teneur de laquelle cédulle s'ensuit : sur les débats et questions meues et pendantes en la Cour du Parlement de Paris du Roy de France notre Sire entre les syndics et université du lieu du Pouget d'une part, et Pierre de Montdardier gentilhomme de l'autre, a été traicté, déduit et accordé et paciffié, s'il plait à ladite Cour, entre Guillaume de Castel, procureur et acteur de Bertrand d'Albaygue gentilhomme, Guillaume André et Laurent André syndics d'une part, et Pierre de Verois procureur du Roy d'aultre, assavoir que ledit Pierre procureur du Roy, au nom dudit Pierre de Montdardier, esmologue, ratiffie et a pour agréable la sentence arbitralle cy-devant faicte par égrège Prince Monsieur Jacques, par la grâce de Dieu pour lors roy de Majorque et Seigneur dud. Pouget, par laquelle a esté prononcé entr'autre choses que led. Pierre et les siens soient tenus à toutes les tailles et subsides imposés par les consuls et habitants de lad. université et à imposer à l'advenir, tout ainsin comme les autres habitants innobles dud. lieu. Item a acquiescé led. procureur... à l'arrest et jugement n'a guère donné en lad. Cour de Parlement contre led. Pierre et pour lesd. syndics sur les choses susdites, par lequel led. Pierre et ses successeurs seront tenus contribuer esdites tailles... Item et parce que led. Pierre a été condempné envers l'université es arrérages desd. tailles... a été accordé que, oultre le prix des biens meubles vendus à l'inquant à l'instance des syndics, du mandement de maître Guillaume Durand, procureur du Roy de Carcassonne..., led. Pierre soit tenu de payer aux syndics 600 florins d'or bons et de poids payés de jour en jour à la voulounté des syndics; et si led. Pierre ne voulait payer lesd. 600 florins, ainsin que commodément il ne le peult pas, sinon avec distraction ou aliénation de ses biens, led. Pierre sera tenu de donner insoludement la paye et satisfaction des 600 florins d'or, recepvants lesd. syndics, auxquels seront allouées 60 sétérées de terre comprinses à la Condamine proche le Pouget et le reste au terroir de Lestan... tellement que les terres seront vendues ou données à nouvel achapt par led. Pierre à ceux qui donneront le plus à l'inquant, de sorte que pour chaque sétérée... sera compté et reçu par les syndics huit livres d'or..., et led. Pierre et les siens auront le lods, seigneurie directe et le droit de uzation d'ung denier Tourinois de cens annuel payable par les tenanciers... Donné à Paris le 7 août 1367, de notre règne le 4e. Mirabel ainsin signé.

APPENDICE XLV

An 1371. — Syndicat formé a Paulhan
(*Archives de Paulhan. — Inventaire de 1624*).

Syndicat fait en 1371 et le 17e jour d'avril par les habitants de Paulhan assemblés à son de trompette en la place commune près la Tour de la muraille et devers l'église de Notre-Dame, autorisé par le baïle du lieu avec consiitution de six conseillers pour assister les trois consuls sur les articles couchés au long aud. syndicat, sçavoir pour contraindre toute sorte de personnes nobles et non nobles à contribuer aux tailles et charges pour les biens qu'ils possédaient dans le terroir et juridiction de Paulhan. Item pour agir contre les Prieurs de Paulhan et de Saint-Jean-de-Vareilles qui occupaient le pâturage ou patus dudit Paulhan. It. pour défendre les habitants que l'on voulait tirer en instance hors de la Cour ordinaire dud. lieu. It. pour pouvoir imposer, vendre et incarter par l'advis des sixdits conseillers un gros d'argent pour chaque sestier de farine qui se cuisait au four dud. lieu ou ailleurs audit Paulhan, It. pour lever la 12e partie des chairs fraîches ou salées et poisson qui se vendaient aud. lieu. It. pour faire réparer les murailles, caves et fossés. It. pour tenir une ou plusieurs clés du coffre où se mettent les instruments et escritures de la communauté. Plus pour eslire et instituer des dizainiers en temps de guerre pour la garde dud. lieu, et mettre des bandiers, estimateurs de tailles, des sages-femmes, et les gages pour le service de la communauté. Signé par Jean du Mas de Dieu en deux grandes peaux de parchemin.

APPENDICE XLVI

AN. 1371. — DONATION DE LESTANG A PIERRE GUITARD PAR ARNAUD DE ROQUEFEUIL.

(Arch. de Lestang.)

Anno Dñi 1371° et die 15a feb. Dño Karolo D. g. Rege Franc. regnante. Noverint universi quod Nos Arnaudus de Rocafolio ...dominusque de Pogeto et aliorum locorum Baronie Homeladesii, scientes et attendentes quod hospitia, viridaria, et vinee et campi, et possessiones, et ipsa bona de Stagno que fuerunt Petri de Montedarderio, domicelli, empta nuper ad Inquantum curie nostre de Pogeto per Imbertum de Montijone militem pretio 500 francorum auri, fuerunt per nos jure prelationis retenta, et sic sunt ad manum nostram deventa..., attendentesque grata et laudabilia servitia nobis et nostris impensa per vos Petrum Guitardi militem et vestros, et que impendere speramus in futurum, inspectaque nostra evidenti utilitate de infra scriptis....., per nos et nostros successores damus et concedimus in acapitum seu emphyteosim perpetuam vobis Petro Guitardi... et successoribus vestris boriam de Stagno cum suis edificiis, viridariis, pratis, vineis, cultis et incultis, patuis et heremiis que a nobis tenentur in feudum, prout premissa confrontantur cum via publica qua itur de Leuzieyra al cami Salanier, et cum Petro Fabri de Veralli, et cum via publica qua itur de Huels ad Tressanum....., salvo et retento... in premissis omnimoda juridictione... necnon homagio et juramento fidelitatis, ac etiam retento consilio et laudimio, jure commissi et pre ceteris retinendi, ac censu annuo duorum carteriorum heduli in festo S. Andree receptori de Pogeto solvendorum, et aliis servitutibus consuetis....... Et nos Petrus Guitardi... genibus flexis, etc. Acta sunt... in castro de Podio-Lacterio, presentibus... Mag. Raymundo de Rouerio, Martino de Cogorleriis, Raym. Mattheo de Ponte..., et mag. Raymundo Atguerii notario qui... notam recepit.

APPENDICE XLVII

An. 1372. — Hommage d'Arnaud de Roquefeuil fait a Charles de Navarre, sgr de Montpellier et d'Aumelas.
(*Arch. de Lestang.*)

Anno 1372° Illustriss. Carolo Franc. Rege regn. Ego Arnaudus de Rocafolio domicellus, dñus castrorum de Pogeto, de Vendemiano, de Sancto Baudilio de Sylva, de Pozolis, de Pleissano et Adyssano, Baronie Homeladesii, scio et confiteor... me tenere... in feudum a vobis dño Carolo, D. g. Rege Navarre dñoque Montispess., omnia predicta castra et loca, sive villas superius dictas, et ejus territoria, et fortalitia dictorum castrorum; et dominia, consilia, laudimia, census, usatica et feudorum jura;... omnem juridictionem, ressortum et primas appellationes... Quare sponte et junctis manibus..., homagium facio... Et nos dictus Carolus, D. g. Rex Navarre, dnusque Montispess. et Baronie Homeladesii,

... dicta vobis dño de Rocafolio confirmamus... Acta fuerunt... in Montepessulano et in domo episcopali, et fuerunt testes... Leudegarius de Argienno miles, gubernator ville Monspeliensis et Baroniarum,... Johannes de Hauricoris cancellarius dñi Regis Navarre;... et ego Michael de Guerra not. in notam recepi,

APPENDICE XLVIII

An. 1372. — Hommage de Paulhan fait au Roi de Navarre sgr de Montpellier et d'Aumelas.
(Arch. de Lestang.)

Anno 1372° 27ª madii. Ego Raymundus de Vairaco domicellus, dnus castri et loci de Paollano, ressorti Baronie Homeladesii, ac filius et heres Guillelmi de Vairaco,... scio et confiteor... me tenere in feudum a vobis illustriss. Principe dno Carolo, D. g. Rege Navarre, comite Ebroicensi dnoque Montispessulani et Baronie Homeladesii,... totum castrum et villam de Paollano et quidquid ibi habeo... Acta in Montepess. et in camera... Regis Navarre...

APPENDICE XLIX

An. 1378. — Arnaud de Roquefeuil accorde a Guitard l'entière juridiction sur le lieu de Lestang.
(Arch. de Lestang.)

Anno 1378° ultima die mensis madii. Dno Karolo, D. g. Rege Franc. regn... Noscant... quod nos Arnaudus de Rocafolio... scientes et attendentes plura et acceptabilia servitia nobis et nostris predecessoribus gratanter impensa per dilectum Petrum Guitardi militem dnum de Luganacho et suos, cupientes sibi facere gratias speciales... dedimus et concessimus in toto territorio de Stagno ..., infra quatuor carrieras publicas dictas de Stagno, altam, mediam et bassam ac omnimadam juridictionem, merum et mixtum imperium et exercitium ejusdem prout nos antea habebamus, salvo et retento nobis et successoribus nostris dnis de Pogeto superioritate, ressorto et primis appellationibus, homagio ac juramento fidelitatis; et ipsam juridictionem et fortalitium a nobis in feudum tenebitis, prout alii vassalli Homeladesii habentes juridictionem ad causam castri de Pogeto a nobis tenent... Et nos divestimus de eisdem, salvis dictis retentionibus, dantes et concedentes vobis et vestris licentiam et auctoritatem accipiendi, nanciscendi et retinendi veram, realem et corporalem possessionem premissorum, officiarios instituendi, insignia justitie faciendi... Dictum territorium de Stagno, ubi dictus Petrus jam fecit fieri turrim et fortalitium, confrontatur cum... Acta fuerunt hec apud castrum de Combreto dicti domini de Rocafolio, presentibus testibus..., et me Raym. Atguerii auctoritate regia et imperiali notario, etc.

APPENDICE L

An. 1381. — Délimitation de la juridiction de Lestang.
(*Arch. de Lestang.*)

Anno 1381° et die 21ª apri... Noscant omnes quod, cum potens et nob. Arnaudus de Rocafolio... olim concessisset dño Petro Guitardi juridictionem omnimodam... in toto terminio de Stagno dicto Piberel, emergerunt aliqua dubia de confrontationibus dicte jurisdictionis, saltem de his que sunt a parte carrière que protendit de Pogeto versus ecclesiam B. Marie de Rouegia, prout incipit a capite cujusdam olivede que est Matthei Coleti que confrontatur cum tribus carrieris usque ad dictam carrieram de Rouegia, prout protendit versus mansos Rouegie usque ad carrieram que limitat aliam confrontationem jurisdictionis de Stagno; que carriera vadit ad Tressanum. Hinc est quod... Petrus Guitardi petiit declarari... an juridictio sibi... concessa se protendit usque ad carrieram dictam de Rouegia... Quapropter dñus Rocafoliensis de sua certa scientia declaravit et sic esse voluit, cognovit et ordinavit, et si opus sit, de novo dedit dño Petro Guitardi pro se et suis, salvis retentionibus,... quod juridictio dñi Petri Guitardi in loco de Stagno sese extendat... usque ad carrieram qua itur de Pogeto versus dictam ecclesiam... Sed tota carriera remanebit sub omnimoda juridictione dñi Rocafoliensis... Et fuit pactum inter dñum Rocafol. et dñum Petrum quod Petrus Guitardi nec sui furcas patibulares non erigant a parte carriera de Rouegia, sed alibi in dicta eorum juridictione; de quibus dñus Petrus petiit fieri instrumentum pub... Acta fuerunt infra locum de Cautio in domo Ray. Bedocii domicelli, presentibus testibus nobili Johanne de Rocafolio milite, dño de Montefrino, Johanne de Blancoforti, etc., et me Raym. Atguerii not. pub.

APPENDICE LI

AN. 1384. — ACHAT DE TRESSAN PAR ARNAUD DE ROQUEFEUIL.
(*Archives de Lestang.*)

Anno 1384°, 30a die madii, Carolo R. Franc regn. Noverint universi quod existentes et personaliter constituti apud locum Myndorette, diecesis Narbonensis, ego Adalaxis, soror et heres universalis nob. Guillelmi de Podio dño de Tressano, diecesis Bitterrensis, et ego Guillelmus Durbanni, dñus in alto et basso et mero et mixto imperio de Olonzaco, filius vestri nob. dicte Adalaxis et heres, substitutus vestri in dicta hereditate, confitens et recognoscens predicta fore vera, idcirco nos ambo dicti mater et filius ... vendimus, tradimus et concedimus nob. et potenti viro... Arnaudo de Rocafolio... dictum castrum et locum et juridictronem... loci de Tressano cum omnibus suis juribus... ad dictam hereditatem pertinentibus..., necnon et totam hereditatem nob. Guillelmi de Podio, prout ad nos... ab intestato vel ex testamento, jure institutionis seu substitutionis pertinet. Quod castrum tenetur... sub certa servitute a dño de Rocafolio et suis predecessoribus..., videlicet quod dictus dñus de Rocafolio et sui debeant solvere et supportare omnia onera que nos dicti Adalaxis et Guillelmus Durbannus tenemur et sumus obligati de jure adimplere... Pro eodem castro recepimus pro pretio et nomine justi ac legalis pretii 800 libras turon....... Acta fuerunt hec in loco de Myndoretta in presentia nob. Bernardi Jordani de Olonzaco, dñi Raym. Guiraudi presbyteri habitatoris de Villasicca, Bernardi Sapte loci de Myndoretta, et mei Bernardi Magnerii de Narbona, not. qui requisitus hoc instrumentum in notam suscepi.

APPENDICE LII

ANN. 1388. — LETTRE DU PARLEMENT DE PARIS ATTRIBUANT AU GOUVERNEUR DE MONTPELLIER LES 1res APPELLATIONS DES JUGES DE PAULHAN ET AUTRES LIEUX.

(Arch. de Lestang.)

Carolus D. g. Rex Franc. senescallo Bellicadri et Nemausi salutem. Nostre Curie Parlamenti pro parte Procuratoris nostri in Curia Palatii Montispess. expositum est cum querela quod castrum de Paollano cum omnibus juribus suis sit et ab antiquo simper fuerit de Baronia et membris Baronie Omeladesii, et consueverunt et debeant domini et habitatores dicti loci et pertinentiarum suarum in omni casu superioritatis et ressorti coram Gubernatore nostre predicte Curie Palatii Montespess. ressortiri.... Quocirca vobis committendo mandamus quatenus, non obstante appellatione predicta (appel du sgr de Paulhan au Parlement) compellatis dictum Raymundum de Vairaco et alios nobiles Baroniarum Montispess. et Omeladesii in omnibus prime superioritatis et ressorti coram dicto Gubernatore et Locumtenente suo... ressortiri et comparere, ipsoque Gubernatori et Locumtenenti tanquam eorum judicibus et superioribus parere et obedire. Datum Parisiis 17a septembris 1388.

APPENDICE LIII

AN 1395. — SYNDICAT OU POUVOIR DES CONSULS CONCÉDÉ PAR LE ROI DE FRANCE AUX GENS DU POUGET.

(Archives de Lestang.)

Syndicat ou pouvoir des Consuls concédé par le Roi au Pouget en 1395, sur les articles ci-après : pour agir et défendre contre le Seigneur de Lestan, qui refuse de payer les tailles de ses biens au Pouget, et empêche les gens du Pouget de jouir des franchises qu'ils ont à Lestan, et autres qui refusent également de payer leurs tailles aud. Pouget. Item pour pouvoir vendre et engager, si besoin est à la communauté, la 12e, la 16e, la 20e partie de ses biens. It. pour eslire les auditeurs de eomptes, pour ouïr les comptes des Consuls des années passées. It. pour nommer les Caritardiers rentiers de l'hôpital, les ouvriers, les bandiers, les visiteurs de chair et de poisson et du pain ; faire présenter les officiers à M. le Baïle pour prêter serment de bien et fidellement s'acquitter de leurs charges, excepté les ouvriers ; et tiendront les mesures de vin, huille et bled, les poids et les balances pour peser ainsin qu'il appartiendra à leur office. It. plus faire réparer les chemins publics et mauvais pas de la juridiction du Pouget et les cymbales, sive petites cloches, et les cloches, sive campanes, de l'église dud. lieu. Pour vendre et arrenter les fruits provenant des biens-fonds de lad. université et passer obligation et défendre. It. pour agir et défendre contre l'université de Vendémian et celles de Plaissan, d'Aumelas, Canet , Saint-Bauzile. Poupian, Pouzols, Tressan, Puy-Lacher, Saint-Amans de Teulet, qui empêchent et troublent celle du Pouget sur ses franchises, libertés, pâturages, terres cultes et incultes, abreuvages, tailles et autres choses. It. pour faire payer les usages accoutumés d'être payés au Seigneur. It. pour agir contre les sergents qui prenneut plus de salaire qu'il ne leur en revient. It. pour agir contre tous prêtres, clercs, recteurs, archiprêtres et autres personnes ecclésiastiques et laïques ayant terres et possessions qui refusent de payer les tailles; et que les ecclésiastiques n'ayent attiré les habitants hors de la juridictian ordinaire de lad. université et que la cause soit remise au juge ordinaire. It. pour payer les gages de l'avocat ou procureur ou aultre faisant les affaires ou négoces de la ville. It., s'il en est besoin, pour faire payer les tailles imposées ou à imposer. It. pour payer l'argent emprunté par les syndics ou consuls au nom du Pouget. It. pour régler la taille, du consentement de leurs conseillers et des 15 hommes choisis par les syndics et tirés des habitants du lieu et des étrangers ayant terres aud. terroir ; faire contraindre les collecteurs à tenir leurs rolles et faire les acquits avec pacte de ne plus rien demander. It. pour réparer les murailles et faire accommoder les armes... et artillerie dud. lieu.. It. pour faire crier par le sergent les choses nécessaires et accoutumées ; et que la puissance des consuls demeure un an complet. It. pour défendre les causes d'appellation en la Cour du Parlement de Paris contre M. Arnaud de Roquefeuil, seigneur du lieu, appelant d'une part, et lad. université d'autre part ; et, s'il est de besoin, créer d'autres procureurs.... Fait en l'an 1395, signé Pierre de Craizines not. royal.

APPENDICE LIV

AN. 1395. — JUGEMENT RENDU EN FAVEUR DE CATHERINE DE ROQUEFEUIL.

(*Archives de Lestang.*)

Guilbertus Duranti..., judex Sancti Africani, commissarius ad infrascripta per Regem deputatus, Johanni Rocambolo et cuicumque alteri servienti salutem. Litteras regias... nobis... pro parte Catharine filie et heredis nob. Arnaudi de Rocafolio, de Pogeto, etc., presentatas recepisse noveritis, que sunt hec : « Carolus, D. g. Fr. Rex, senescallo et judici majori Carcassone, Amuliani et Sancti Africani... salutem. Dilecta nostra Catharina ....conquerendo significare fecit quod cum inter... Arnaudum, ejus patrem dum vivebat, ...ex una parte, et Gubernatorem Montispes. et habitatores de Pogeto ex altera parte, ratione syndicatus, ressorti et superioritate loci de Pogeto et aliorum locorum et terrarum ac quarumdam aliarum rerum, certi processus et cause, diu est, in nostra Parlamenti curia fuerint introducti et pendeant, nihil acceptari vel innovari deberet, nihilominus Gubernator pretendens licet falso quod bajulus de Pogeto... quondam portalia loci mag. Petro Calvelli advocato et quibusdam officiariis curie Gubernatoris clausisset, rebellionem eidem Calvello faciendo.........., occasione ...rebellionum et excessuum..., locum de Pogeto, juridictionem et redditus ejusdem ad manum nostram cepit, officiarios domini destituendo ; a quibus... quondam dñus de Ruppefolio legitime appellavit. Cumque judex Giniaci, commissarius virtute Litterarum deputatus, ipsas Litteras vellet exsequi et juxta ipsarum tenorem et formam predictos locum, juridictionem et redditus, cum essent in casu recredentie, eidem Arnaudo restituere, tamen Gubernator et mag. Johannes

Rogeti, procuratorem nostrum se pretendens, de mandato ipsius gubernatoris in odium processuum et appellationum et executionum dictarum litterarum.............. impedivit a prefato judice et commissario executionem litterarum et recredentiam quam facere intendebat et debebat; ad nos seu nostram Parlamenti Curiam appellarunt, ipsumque judicem minis et terroribus taliter impediverunt... quod... litteras nostras, ..., nec recredentiam facere ausus est..... ; sed, quod deterius est, mala malis cumulando, vita functo Arnaudo, quanquam omnis executio, maxime funerariis suis impendentibus, cessare deberet, id. Rogeti, judex et commissarius Gubernatoris se dicens, ad loca et terras predictas se transferens, ipsa et ipsas, occasione quarumdam litterarum dudum a nobis contra dñum de Paollano obtentarum, predictas terras... iterato ad manum nostram posuit, ...officiarios dñi Arnaudi destituendo et alios instituendo nomine nostro per quemdam Jacobum Vitalis servientem nostrum se dicentem.., quasdam archas seu coffros in loco Sancti Baudilii, ubi instrumenta originalia ac pluria alia instrumenta et littere ejus conquerentis existebant, de nocte rumpere cum magno impetu fecit, ipsasque litteras et instrumenta rapuit, nonnullas injurias, oppressiones et gravamina eidem conquerenti inficiendo. A quibus omnibus... ipsa conquerens appellavit supplicans super nos provideri. Quocirca vobis .....mandamus quatenus Procuratorem nostrum Montispessuli et alias partes... adjornetis, intimetisque Gubernatori et commissario ut ad diem intersint..., inhibentes... sub magnis penis a nobis applicandis ne, appellationibus impendendentibus, aliquid... attemptent et innovent..... ; imo attemptata et innovata, si que sint, revocetis, et ad statum pristinum reducatis; predictasque terras, etc., nec non scripturas captas recredatis...; et insuper de attemptatis et excessibus diligenter et secrete informetis., et informationem fideliter clausam Procuratori generali mittere nullatenus omittatis... Datum Parisiis 13a Xbris 1395° et regni nostri 16° anno ». Verum, cum pro exequendis Litteris regiis ad locum de Pogeto nos transportaverimus et ibidem Procuratorem regium... coram nos evocari fecerimus, ...demumque altercato inter Catharinam et Procuratorem, ...per nos ordinatum fuit ut sequitur : Et nos Judex, attentis et consideratis appellationibus et inhibitionibus....., attento quod per Procuratorem regium Montispes. nihil sufficiens allegatum nec ostensum fuit quominus dicte littere nostre exsequi debeant, dictis, productis et probatis dne Catharine et informationibus per nos super hoc factis, ac dilationibus ipsi Procuratori per nos assignatis sufficientibus, ...attentis allegatis per partem dne Catharine et informationibus super hoc per judicem Giniaci et nos factis, volentes in hac parte tutius agere, recredentiam nobis mandatam fieri, ...locum de Pogeto et ejus juridictionem, redditus et emolumenta ex causa prime captionis Catharine recredimus, potestatem per ipsam et gentes suas habendi, regendi, explectandi sub manu regia laxa donec per metuendissimam Curiam Parlamenti dñi nostri Regis Parisiis aliud super hoc ordonatum fuerit. Quantum vero ad aliam captionem et cetera bona locaque et terram dñe Catharine capta post et contra appellationes predictas, considerato quod Procurator noster regius nihil sufficiens proposuit per quod justificare valeat captiones hujusmodi fieri debuisse..., attendentesque captiones factas esse et processus et omnia per modum innovatorum et attemptatorum revocamus et ad statum pristinum ac debitum reducimus, precipientes omnibus et singulis loci de Pogeto et aliorum locorum habitatoribus, ut de juridictione et aliis emolumentis et fructibus debitis et debendis loco et tempore opportunis per eos respondeant dñe Catharine, et obediant sicut ante captionem locorum faciebant, quousque, ut supra predictum est, per metuendissimam Curiam Parlamenti fuerit ordinatum, et hoc sub pena 100 marcharum argenti dño Regi dandarum. Presentem nostram ordinationem... in loco de Pogeto et locis de Vendemiano et aliis publicari volumus voce tube..... Igitur tibi mandamus quatenus ordinationem nostram executioni demandes et compleas.... Actum est et datum in loco de Pogeto die 6ª feb. an. 1395°.

APPENDICE LV

An. 1398. — Vente du lieu de Lestang par les héritiers de Pierre Guitard aux Saporis frères.

(*Arch. de Lestang.*)

... Noverint quod nos Stephanus et Petrus Guitardi fratres et Donatus Rotbaldi Petri curator... vendimus... et in perpetuum derelinquimus Vobis Leudegario Saporis et Pontio Saporis totum castrum de Stagno, quod confrontatur... cum quatuor carrieris publicis dictis de Stagno, infra quas habemus altam, mediam et bassam justitiam, merum mixtum imperium. (Suit l'énumération de 29 articles qui sont l'objet de la vente). Hanc autem venditionem... facimus pro pretio universali..., videlicet pro castro de Stagno et omnibus possessionibus castri que tenentur a dño de Pogeto 800 francos auri, et pro omnibus que tenentur sub directo dominio a Priore S. Amantii de Teuleto et a Petro de Montedarderio, et... Palavi, et pretio omnium tinearum et vaissellarum vinariarum et alterius explete castri de Stagno 400 francos auri boni ponderis regni Francie... Vos dicti frastres emptores debetis in deductionem d. pretiorum, videlicet 1200 francos, solvere nostro nomine Stephano et Petro Bernardo de Oratorio 416 francos, Izarno Teinturerii draperio Montispes. 85 francos, Petro de Piniano 9 fr., Stephano Martini not. Montispes. 8 fr. 9 solid. et 6 den. turon. (et autres créances jusqu'à la somme de 960 francs d'or).

APPENDICE LVI

AN. 1399. — MESURES DE CAPACITÉ EN USAGE AU POUGET.
(*Arch. de Lestang.*)

Anno Inc. 1399° 17a dec, Regnante Dño Carolo Rege Franc. Noverint universi quod Petrus Guiraudi Illustriss. Principis ducis Biturricensis et Almer. secretarius, Regens judicaturam loci de Poget, Bitter. diocesis, et Baronie Omeladesii et totius alterius terre ejusd. loci, pro evidenti utilitate totius reipublice et singularium d. loci, ad manum regiam capi fecisset omnes mensuras tam bladi, vini et olei quam alias, sicut eminales, quartales, ponherie, etc., voluit super ipsas providere, et ipsas mensuras allealiari facere pro utilitate; voluit id. dñus Regens coram se esse Johannem Roquette ætatis 80 annorum, bajulum loci de Pogeto, Petrum Magistri 70 ann., Guillelmum Bonnerie 50 ann. et Mattheum Coleti 60 ann., ut asseruerunt, proceres antiquiores loci, pro consultando et habendo colloquium super facto, usu et modo dictarum mensurarum vini, bladi, etc... Dixerunt nullum esse nec se habere in d. loco patronum mensurarum; sed esse quatuor vel quinque eminales cum quibus consueverunt mensurare eorum blada et legumina... Et tunc dñus Regens jussit illos apportari, visitari, mensurari; et alleallari fecit ibidem per Petrum Fabri servientem regium Curie Palatii Montispes., Bernardum Joannis, Petrum Ferrandi et Mattheum Coleti servientes Curie loci de Pogeto, et etiam per Joannem Sagerii procuratorem et per Berengarium Marcelli corraterium publicum et juratum loci, qui dixerunt se invenisse duos ex ipsis signatos signis curie d. loci de Pogeto meliores, legaliores pre ceteris, quoram unum Bernardi Porterii et alium Guillelme Alsone... Quibus sic peractis, Regens maturo consilio et deliberatione super hoc habitis cum Bajulo, proceribus et quamplurimis singularibus d. loci..., adjudicavit declaravitque esse bonos, veros, legales et sufficientes ad mensurandum bladum frumentum duos eminales, ipsosque pro vero, justo et bono patrono omnium aliarum mensurarum;... et inhibuit ab inde in antea... mensurare cum aliis quibuscumque ... sub pena 10 lib. turon. dño nostro Regi applicandas. Et ordinavit dñus Regens quod in alleatione mensurarum... esse debeat presens Bajulus; et signari debeant cum uno ferro calido ad modum et formam floris lilii Regni regii... Id (ferrum) ordinavit Regens Bajulo in custodiam et commendam tradi... Item declaravit Regens ad requisitionem consulum et aliorum quod una ex d. eminalibus teneatur in domo communi d. loci vel alibi, ut placuerit consulibus, dum tamen sit locus communis. Item voluit et consentiit Regens quod Consules in d. patronis et mensuris valeant apponere signum ferreum floris lilii supradictum... Voluit idem dominus alias mensuras non legales frangi,... et in signum hujus modi ordinationis poni et appendi in porticu curie d. loci ad perpetuam rei memoriam... Et d. Regens suam et sue curie auctoritatem judiciariam interposuit. De quibus consules instrumentum fieri petierunt per me notarium infrascriptum. Acta fuerunt hec in loco de Pogeto et in porta castri vocata de Sancta Catharina, d. dño Regente ibidem supra scamnum lapideum ad hoc sibi electum sedente, presentibus dño Bernardo Egidii alias Porterii, presbytero, Falgayrensis domicello, Petro de Cambono, Martino de Cogorleriis,... et me Francisco Johannis notario.

APPENDICE LVII

AN. 1409. — RÉTABLISSEMENT DES CONSULS AU POUGET.
(*Arch. de Lestang.*)

Anno Inc. 1409° die 5ª febr. Dño Carolo R. Franc. regn. Noverint universi quod apud ecclesiam B. Catharine loci de Pugeto, Bitterr. diecesis, coram nob. et potenti viro dño Anthonio de Ruppefolio, dñoque solo et in solidum locorum de Pogeto, Vendemiano, etc. situatorum in Baronia Homeladesii..., in meique notarii et testium presentia... existentes et personaliter constituti... Martinus de Cogorleriis, Guillelmus Banerie, Guillelmus Sabbati, Raymundus Textoris, Petrus Michaelis, Guill. Pasturalis, Joannes de Grèti, Nabus Obrerii senior, Michael Obrerii, Guill. Vitalis, Petrus Roqueta, Petrus Cardonarii, Bartholomeus de Meleto, Jacobus Riperii, Arnaudus Fizas, Bernardus Sijatii, Petrus Servetti domicellus, Bernardus Verdierisii, Petrus Rives, Joannes de Manso-Dei, Stephanus Andree, Petrus Bertrandi, Joannes Cavallerii, Joannes Mauritii, Franciscus Cordurarii, Bernardus de Manso-Dei, Jacobus Palaprat, Jacobus Gotas, Joannes Savini faber, Bernardus Limotges, Joannes Maurelli, Bernardus Fornerii, Raym. Gaillard, Raym. Fitzas, Raym. Schaussoni, Joannes Nougaret, Joannes Sagerii, Petrus Madarie, Joan. de Hortis, Joan. Verderii et Joannes Banerie, singulares homines Universatis loci de Pogeto, facientes majorem et saniorem partem habitantium, ac pro se et dicta Universitate..., eid dño Ruppefoliensi humiliter exposuerunt quod ipse locus sive villa de Pogeto fuit estque una de notabilibus et caput aliorum locorum Baronie de Homeladesio, estque villa sive locus populosus habito respectu ad alias villas..., quodque ab antiquo et maxime tempore quo dñus rex Majoric. erat dñus Monspelii et Baronie Homeladesii et loci de Pogeto, ipsa Universitas habebat et habere consuevit tres consules, corpus, consulatum, arcam communem, sigillum, consiliarios. Quiquidem tres consules per Universitatem eligi consueverant singulis annis die festo Pasche; et ipsi electi presentabantur Bajulo d. loci ad fidem; quod idem Bajulus ab iis reciperet et recipiebat sacramentum in talibus dari et prestari consuetum; et subsequenter d. consules eligebant novem eorum consiliarios; perque consules et consiliarios ipsa Universitas ac respublica d. loci consueverat et consuevit melius atque utilius quam alias regi et gubernari; de hisque ipsa Universitas gavisa fuit et gaudebat. Verumtamen postquam d. locus de Pogeto et alia loca. per dñum Regem Majoric. dñum Monspeliensem translata fuerunt in manu et potestate d. dñi Ruppefoliensis seu suorum predecessorum, ipsa Universitas caruerat consulibus, etc., in ipsius maximum damnum, ut dixerunt. Quare Dño Ruppefoliensi genibus flexis humiliter supplicaverunt quatenus dignetur eisdem supplicantibus et Universitati... dare corpus, consules, etc.; et ulterius ipsa Universitas eid dño Ruppefol. supplicavit quod custodiam et regimen clavium portalium d. loci committere et alias franchesias et libertates ejusd. consulatus, in quibus d. Universitas et singulares homines ejusd. hactenus fuissent, confirmare dignaretur. Et dñus Ruppef., certus de facto suo, ut dixit, et de jure consultus plenius, et instructus, pro se et suis futuris successoribus..., premissis attentis, et attento quod ipse dominus noviter declinavit in ipso loco de Pogeto, causa visitandi locum et subditos suos, volens ipsis favorabiliter tractare, et ratione sui novi et jucundi adventus ipsos subditos aliquod premium consequi et habere, existente et consulente sibi nob et pot. dño Hugone de Arpajone milite..., avunculo et socero suo, de sua certa scientia et de gratia speciali... dedit et concessit quod ab inde in antea habeant... tres consules, consulatum, arcam communem et sigillum et omnia alia que corpus approbatum habere potest et habet, et que sunt ad d. consulatum necessaria. Dedit et concessit quod consules habeant custodiam et regimen clavium d. loci, proviso quod consules, qui fuerint, in manibus Bajuli... claves deponent et ipse Bajulus ipsas claves in manibus consulum noviter creatorum realiter tradet...; omnesque et singulas franchesias et libertates ipsius Universitatis, in quibus erat tempore quo ipsa Universitas per syndicos regebatur, ... laudavit et confirmavit... Acta fuerunt hec in presentia nobilium virorum Johannis de Arpajone militis, Johannis del Fers, Emblardi de Bar, Gujotti Fayssotti, Hugonis Prunetti, Sicardi de Cantobrio scutiferorum d. dñorum de Arpajone et de Ruppefolio, dñorum Guill. Bolegonis sancti Joannis de Blaqueria,

P. de Podio de Podio-Lacterio presbyteri et mei Steph. Candocii not.

Carolus, D. g. Rex Franc., Notum facimus nos humiliter factam supplicationem consulum de Pegeto recepisse, continentem quod per Anthonium Ruppefoliensem dñum de Pogeto... ipsis certum consulatum aliaque privilegia, franchesie et libertates nuper fuerint concessa, prout in instrumento pub. latius continetur. Nos igitur supplicationibus... dilectorum consulum... formaliter annuentes, instrumentum superius scriptum et omnia singula in eodem contenta ratum et rata et grata habentes, approbamus et ratificamus, de gratia speciali plenitudineque nostre regie potestatis, senescallis Carcassone, Bellicadri et Gubernatori Montispes., mandamus quatenus consules et habitantes loci de Pogeto, nostris presentibus gratia, confirmatione et concessione necnon consulatu, privilegiis, franchesiis et libertatibus in presenti uti et gaudere pacifice et perpetuis temporibus faciant, non sinendo eis... impedimentum, contradictionem aut perturbationem aliquas pervenire vel in futurum sub iis fieri aliqualiter seu inferri. Quinimo si qua facta facta fuerint, in statum pristinum et debitum reducant... et ut hec omnia stabilitate fruantur... has presentes litteras sigilli nostri facimus appensione muniri; ..... nostro et alieno in omnibus jure semper salvo. Datum Parisiis ultima die m. ap. anno 1411°, regni nostri 31°. Per Regem Villebresme.

APPENDICE LVIII

AN. 1410. — LETTRES PATENTES DU ROI CHARLES AUTORISANT ANTOINE DE ROQUEFEUIL A VENDRE PLUSIEURS DE SES TERRES.

(*Arch. de Lestang.*)

Charles, par la grâce de Dieu Roi de France, à tous ceux qui ces lettres verront salut. Receu avons la requeste de notre amé Anthoine, seign. de Roquefuil, contenant comme par certain arrest donné en notre Cour de Parlement à l'encontre de lui et au proffit et utilité de Isabeau de Roquefeuil, jadis femme de feu Guillaume de Clermont en Lodèvois, ledit de Roquefeuil et ladite

Isabeau étant en différent en la somme de 7,000 livres et aussi aultres debtes, auxquelles il ne peut suppléer parce que une partie de sa terre est en Quercy en la frontière des Anglais....., et veult vendre aulcungs chasteaux existans en la Baronnie de Montpellier et ailleurs ; mais en tant que tous ceux, qui sont en la Baronnie de Montpellier, se doute se mesprendre envers Nous ou de encourir peine ou vice de chose litigieuse par tant que lesd. chasteaux et terroirs ont été mis entre nos mains....., nous a fait supplier humblement que nous lui veuillons donner licence ou congié de vendre là où bon lui semblera en la Baronnie du Pouget, et aussi le lieu de Tressan, lesquels nos officiers auraient aussi naguère mis en nostre main prétendant qu'il était de la Baronnie du Pouget. Pourquoy, considéré ce qui est dit, et attendu les bons et gracieux offices que les devanciers dud. de Roquefeuil nous ont fait le temps passé, et que le suppliant, qui est de l'âge de 24 ans ou environ, est tout prêt de faire à nostre commandement, et que nous ne voulons pas tenir sa postérité en désolation, aud. suppliant avons octroyé de grâce spéciale qu'il puisse vendre des chasteanx, forteresses, terroirs, rentes, juridictions et autres droits. Donné à Paris, le 2e jour de septembre 1410, de notre règne le 30e. Par le Roy, à la relation du conseil, J. Turant.

APPENDICE LIX

AN. 1410. — VENTE DE TRESSAN FAITE A JEAN LA VERGNE, ÉVÊQUE DE LODÈVE, PAR ANTOINE DE ROQUEFEUIL.

(*Arch. de Lestang.*)

Anno 1410°, die 2a Januarii. Notum sit quod nob. Anthonius de Ruppefolio, heres universalis dñe Catharine matris sue, sciens de necessario habere solvere Isabelle de Ruppefolio dñe de Claramonte, diec. Lodovensis, amite sue, 7,000 librarum summam ad quam pro dote sua solvenda per arrestum Parlementi Parisii exstitit condempnatus..., de licentia, consilio et consensu Rev. Patris dñi Berengarii de Arpagone monachi Villemontis, diec. Vabrensis, dñi Hugonis... militis, dñi de Ponte-Lapideo, dñi Caroli de Frontiniano, licentiati in legibus, de Montepessulano et nob. Marquisii de Mandagato dñi castri de Morinari curatoris sibi dati ad lites..., vendidit nob. et Reverend. Joanni Lavernha ... castrum et locum de Tressano, Bitter... diecesis..., et altam et bassam juridictionem, etc., franca et libera omnia ab omni onere servitii et pensionis, excepto onere cujusdam capellanie ab olim per dños...; et emptor et sui successores... sub directo dominio teneant ad feudum francum et honoratum et d. dño de Pogeto debeant facere homagium et prestare fidelitatis sacramentum, mutante domino vel vassallo, juxta formam antiquam..... Nob. vir Anthonius recepit summam 2,000 librarum turon..... Acta fuerunt hec Lodovica, infra aulam episcopalem, in camera paramenti, in presentia... dnorum et amicorum et consiliariorum ipsius nobilis, necnon ven. viri dñi Joannis Solent canonici et discretorum virorum Petri Laurosii subsacriste, Petri Capucii, Petri Roquette presbyt. beneficiatorum in ecclesia Lodovensi, etc., et mei Joannis Raymundi... notarii...

APPENDICE LX

An. 1410. — Vente de Montarnaud faite a Jean de Montlaur par Antoine de Roquefeuil.

(*Archives de Lestang.*)

Noverint quod nob. et potens Anthonius de Ruppefolio dñus de Pogeto et de Monte-Arnaudo, etc., vendidit nob. Joanni de Monte-Lauro dño castri de Murlis locum seu castrum de Monte-Arnaudo, diecesis Magalon., ac omnem juridictionem altam, mediam et bassam pro parte seu partibus ipsum d. venditorem tangentibus, in feudo honorato et sub homagio dñi nostri Regis ..., pretio universali 350 librorum turon. monete currentis in publico regno Francie. Acta est anno 1410° 24a die januarii...

APPENDICE LXI

An. 1414. — Établissement du pilori a Lestang en signe de juridiction.

(*Archiv. de Lestang.*)

... Petiit Leodegarius, in presentia ven. Petri Guiraudi procuratoris Regis ville Monspeliensis, ut d. commissarius tenoribus sue commissionis... ; et commissarius ordinavit in signum juridictionis d. castri de Stagno unum pillorium, sive costellum vulgariter nuncupatum, ponendum deversus d. castrum, et circa quatuor carrieras, de quibus supra facta est mentio, recredentia tamen, de qua in Litteris Regiis loquitur, durante ; ob quod commissarius precepit Johanni Sadeti peyrario ponere d. pillorium in area d. castri prope d. castrum....., in signum juridictionis et justitie fiende in eodem pillorio de delinquentibus. Quiquidem Johannes Sadeti, peyrarius viaticus, cum quibusdam aliis numero sex perquisiveruut lapides quadrantes, et habuerunt eosdem necnon calcem, arenam, aquam et alia necessaria pro uno pilari lapideo in d. loco faciendo, supra quod pillorium erigeretur. Hec omnia facta sunt extra castrum d. Stagni et in prato existenti deversus stabularia d. castri, in presentia et testimonio nob. virorum Petri de Monte-Darderio, Hugonis de Murassone domicellorum, religiosi viri Joannis Borgesia can. Vapinensis... et mei Hugonis de Manullis, notarii. Postque in diem crastinum lapidem quasi rotundum per Johannem Sadeti et alios consocios suos ductum, supra quod id. pilare Johannes Sadeti, de precepto mag. Petri Comitis commissarii, ... de facto erexit et plantavit unum pillorium sive costellum fusteum in quo erant tria foramina, in signum juridictionis castri de Stagno et pertinentium suarum et plantatus est visus per commissarium, procuratorem regium, me notarium et alios infrascriptos.

APPENDICE LXII

An. 1430. — Démarches de Jacques Saporis pour obtenir du baron du Pouget l'investiture de Lestang.

(*Archiv. de Lestang.*)

Constitutus in presentia egregii, magnifici et potentis Baronis dñi Johannis de Rocafolio militis, dñi in solidum loci et Baronie de Pogeto,... nob. Raymundus de Sancto-Martino, procurator nob. viri Jacobi Saporis, alias de Aramonte, exposuit quod dudum nob. et bone memorie Reveredissimus in X° Pater, dñus Leudegarius, Vapinensis episcopus, ut persona privata, fuit dñus utilis de Stagno... ; quodquidem castrum movet... a dominio directo et superioritate prefati dñi de Pogeto... ; item quod Rev. in X° Pater Leudegarius Saporis... dies suos clausit extremos, et traditus fuit sepulture in villa Monspeliensi 16° martii 1430°, cum prius testamento in notam sumpto per mag. Johannem Richezii not., anno 1430°, die penultima mensis febr... ; quoquidem testamento... disposuit et ordinavit pred. castrum de Stagno... pertinere ad prefatum Jacobum Saporis, alias de Aramonte, nepotem ipsius Leudegarii... ; item quod... Jacobus exinde die ultima mens. martii, antequam in d. castro de Stagno intraverit, accessit personaliter ad d. castrum de Pogeto et in presentia nob. Johannis Andree, Bajuli loci de Pogeto... testamentum,... mortem et sepulturam d. Leudegarii notificavit... Bajulus pro audienda sua responsione certam diem assignavit; ad quam diem... Jacobus se presentavit... Quiquidem Procurator iterato... aliam diem assignavit; ad quam diem nob. Jacobus direxit suum procuratorem ad locum de Pogeto ; ... dixit Locumtenens Bajuli quod ipse Jacobus teneatur in persona ipsa homagium et fidelitatis juramentum prestare, et quod totam causam remittebat ad dñum de Pogeto ; item quod nob. Jacobus se personaliter transtulit ad d. locum..... quiquidem officiarii Jacobum remiserunt ad dñum Rocafoliensem..., in patria Ruthenensi degentem... Cumque erant evidentia discrimina itinerum ad causam armigerorum discurrentium d. patriam Rhutenensem, ipse Jacobus direxit nob.

Raymundum de Sancto Martino ad personam dñi de Rocafolio. Respondit dñus de Rocaf. gratanter quod ipse ierit ad terram suam de Pogeto..., et recipiet eumdem Jacobum ad fidem, eidem investituram pollicendo ; item quod... d. dñus de Rocafolio non venit ad terram suam de Pogeto, et consequenter Saporis eumdem ... adire non potuit... Verumtamen quia annus et dies est ad obtinendam fidem et homagium ac investituram....., volens et cupiens prefatus Saporis devotionem et diligentiam erga dñum Rocafol., ut dominum suum, ad causam d. Stagni exhibere,..... dixit iterato per nob. Raymundum procuratorem suum ad personam et presentiam d. dñi de Rocafolio et de Pogeto se paratum esse facere que incumbunt facienda. Idcirco nob. Raymundus procurator... et ipse Jacobus exhibet premissa dñi de Rocaf... supplicans et requirens quod eumdem Saporis ut vassalum suum recipere.... dignetur ad fidem, etc., investituram sibi prestando. De omnibus... predictus de Sancto Martino petiit fieri instrumentum pub. per me notarium.....

APPENDICE LXIII

An. 1433. — Nouvelle offre d'hommage de Jacques Saporis au seigneur de Roquefeuil.

(*Archives de Lestang.*)

Anno 1433° et die ultima m. aprilis. Noverint quod apud locum Sancti Amantii et infra portalium ejusdem castri et coram dño de Rocafolio..., nob. Jacobus de Saporis exposuit quod anno 1433° et die 15ª martii, ipse se presentavit..... ut supplicaret..... ut dñus de Rocafolio ipsum admitteret ad homagium... ad causam juridictionis de Pogeto..... Quiquidem dñus Rocafol. respondendo dixit quod nondum ipse mandaverat aliis nob. vassalis suis... pro exhibendo homagio... ; et cum ipse mandaret aliis..., ipse mandaret nob. Jacobo. Et tunc nob. Jacobus... requisivit sibi fieri instrumentum... Et tunc dñus Rocafol. dixit quod ipse habere vult consilium super premissis, et quod ipse Saporis se representet... ad 15 dies... De quibus nob. Saporis petiit et dñus Rocafol. concessit fieri instrumentum... Hec acta fuerunt ubi supra, testibus... viris Hectore de Montelauro, Anthonio de Murassone, ... de Salsano domicello, Bartholomeo Peultrici dño de Popiano, et me Anthonio Gaufredi notario regio.

APPENDICE LXIV

AN. 1456. — IMPOSITION DES TAILLES DANS LA BARONNIE DE MONTPELLIER ET CELLE D'AUMELAS.

(Archives de Lestang.)

De Baronia Montispessulani :

De Villa Montispessulani	366 libras	13 solidos	4 denarios
De Lattis	14	13	4
De Monte-Arnaudo...........	2		
De Sancto Paolo de Monte-Calmelo	2		
De Salsano................	2		
De Jacono.................	2		

De Baronia de Omelas :

De Omelas	12		
De Pouget.................	26	14	4
De Paolhan................	16		
De Plaissan................	4		
De Sancto Amantio...........	2	13	4
De Poupiano...............	8		
De Sancto Baudilio..........	6	13	4
De Pozolis.................	2	13	4
De Vendemiano	20		
De Tressano	8		
De Adissano	9	6	8

APPENDICE LXV

AN. 1456. — SEQUUNTUR NOMINA LOCORUM BARONIARUM MONTISPES. ET HOMELADESII ET SUMME PECUNIARUM, QUAS LOCA TENENTUR SOLVERE SERVIENTIBUS QUANDO PER GUBERNATOREM FIT EIS MANDATUM DE FACIENDO EXCUBIAS, BONAQUE RECOLLIGENDO ET ALIA SIMILIA QUE CONCERNUNT UTILITATEM GENTIUM, LOCORUM; ET COMMUNITER TRES SERVIENTES CUM TRIBUS CETERIS MANDANTUR. 1456.

Summa		Loca	Foci
	12 den. tur.	De Lattis	1
9 sol.	6	De Miris-Vallibus	6
3	9	De Frontiniano	22
2	6	De Montebazeno	6
	15	De Cornone-sicco	2
2	6	De Piniano	9
	15	De Salsano	1
	15	De Sancto Georgio	1 1/2
		De Castriis	4
		De Bailhanicis	2
		De Pissanicis	1
	16	De Castro-novo	6
	15	De Jacone	1
	15	De Claperio	1
2	2	De Monte-ferrario	6
2	6	De Monte-Arnaudo	2
	15	De sancto Paolo de Monte Camels	1
3	9	De Homelatio	5
5		De Pogeto	11
2	6	De Vendemiano	8
		De Pozolis	
7	6	De Sancto Baudilio	3
5	9	De Tressano	3
	20	De Adissano	1
2	2	De Popiano	3
3	9	De Pauliano	6
	20	De Playssano	2
	20	De Sancto Amantio de Teulcto	1

APPENDICE LXVI

AN. 1467. — PÉAGE DU POUGET ATTRIBUÉ AUX BARONS DU LIEU.

(*Arch. de Lestang.*)

Charles, par la grâce de Dieu Roi de France, aux sénéchaux de Carcassonne, Beaucaire, du Rouergue, etc., et au Gouverneur de Montpellier, salut. Notre amé et féal chevalier Jean sg[r] des Baronnies, Terres et Châtellenies de Roquefeuil, Blanquefort, Castelnau ...et du Pouget, nous a fait exposer que, à cause des susdites Baronnies il a plusieurs beaux droits, prérogatives et devoirs, et entr'autres il est en possession et saisine de prendre, avoir et percevoir certains droits de péage sur les manants et portants marchandises par lesd. Baronnies et autres lieux appartenants aud. chevalier....... ; desquels droits icelui chevalier et ceux dont il a droit et cause ont jouy et usé par tel et si long temps qu'il n'est mémoire du contraire au veu et seu de nos Procureurs esdites Sénéchaussées et Gouvernement de Montpellier, sans aucun empêchement ; et combien que selon raison il ne puisse et doive être empêché en la perception desd. péages, néanmoins aulcuns de nos Procureurs, n'a guère, par vertu de certaines nos Lettres ont saisi en notre main lesd. péages et se sont efforcés de contraindre led. exposant à montrer comment lesd. péages lui appartiennent, ...ce qu'il ne pourrait faire parce que si Lettres en a eues ou ses prédécesseurs, elles ont été perdues durant les guerres et divisions qui longtemps ont eu cours en notre Royaume..... Voulant les droits de nos vassaux et sujets être entretenus et gardés, comme raison est, vous mandons, ...s'il vous appert des droits dud. Exposant en péages, ports et passages par Lettres et Titres, ou qu'il en ait jouy paisiblement et d'unanimité par luy et ses prédecesseurs le temps qu'il n'est mémoire du contraire, vous, en ce cas, laissiez led. Exposant jouir paisiblement de ses droits de péage..... Donnée à Tours, le 1er d'avril 1457 et de notre règne le 36e avant Pâques. Par le Roy, à la relation du Conseil. Platut signé.

APPENDICE LXVII

AN. 1485. — INFÉODATION DE JOURMAC A JEAN DE CHANDOS.

(*Arch. de Lestang.*)

Anno 1485° et die 5ª..... post celebratam missam majorem in ecclesia monasterii Sancti Guillelmi de Desertis, et in aula capitulari, coram Rever. dño Johanne, Lodovensi episcopo (Jean IV de Corguilleray) et abbate abbatiarum Sancti Guillelmi et Sancti Thiberii, ordinis S. Benedicti, ad Curiam Romanam nullo, etc., congregati ad sonom campane, scilicet fr. Raym. Moniton prior-major ejusd. monasterii, fr. Laurentius Conste eleemosynarius, fr. Antonius Petrus de Capite-Luco prior Sancti Bartholomei ejusd. ville, fr. de Mandagoto prior Sancti Paragorii, fr. Joannes de Salsano prior Sancti..., fr. Arnaudi de Cambonibus, fr. Antonius Flotardi, fr. Stephanus de Vilaneguis, fr. Philibertus de Ruppeforti, etc., majorem et saniorem partem facientes illius monasterii..., scientes habere stare et feudum nobile ultra riperiam Eraudi, vulgo la Terre et juridiction de Jourmac, et in quoquidem molinaria de Carabottis pertinentia et spectantia ven. Capitulo ecclesie Cathedralis Lodovensis cum navi...; pro eo quod nullam utilitatem afferebat ipsi monasterio ...illud tradidisse Pontio Puelli sub prestatione pensionis annue 50 solidorum turon.; in quo Capitulo erant pauci religiosi et in iis semper retento beneplacito Dñi commendatarii. Ad que ipse Commendatarius et abbas minime se consentire vult....... Cassaverunt, irritaverunt..... Hoc vero presenti et publico instrumento... infeodaverunt ac in nobile feudum in accapitum et emphyteosim perpetuam tradiderunt, ...et cum juridictione alta, media et bassa, meroque et mixto imperio, etc., ven. et scientifico viro dño et mag. Joanni Chandocii, in utroque jure licentiato, habitatori loci de Giniaco..., scilicet dictum stare territoriumque terre et totius dominationis et jurisdictionis de Jormaco..., una cum herbagiis, pascuis, etc., prout confrontatur cum terris de Giniaco et... Sancti Andree de Sangonis, ...de Popiano ...et cum rivo de Lauzela. Hanc autem infeodationem... fecerunt... de prestatione annua 50 solidorum singulis annis solvendorum.

APPENDICE LXVIII

AN. 1493. — RÈGLEMENT DES CONSULS DU POUGET SUR LA DÉPASISSANCE DES TROUPEAUX.

(Archives de Lestang.)

L'an de l'Incarnation 1493 et le 16 mars. Sachent tous que comme il y eut procès entre Requirand du Pouget... et prud'hommes Pierre Toulouse, Guill. Verdier et Raymond Blanc, consuls, ... sur ce que, en vertu de certaines lettres impétrées de la Cour Présidiale de Montpellier contre les Consuls, led. Requirand avait fait enjoindre aux Consuls de mettre à la taille royale et au so! la livre tous les bestiaux à laine,... et que les tropeliers n'eussent à mettre les bestiaux dans les olivettes du lieu; et au contraire les Consuls disaient... qu'ils avaient l'usage et explect de faire pâturer et entrer leurs bestiaux dans les olivettes pendant toute l'année sans aucune contradiction jusqu'au mois de septembre... Les Parties désirant terminer leur différend,... lesd. Consuls et Conseillers... étant assemblés dans le four dud. lieu et tenant leur conseil... ont transigé comme suit : les olivettes seront gardées de tout bétail depuis fin mai jusqu'à la Saint-Hillaire, jusqu'à ce que les olives soient cueillies; plus, que le bétail à laine (en dehors de ce temps) aura l'entrée et la sortie dans les olivettes pour fumer les champs; plus, que le bétail à laine, passé un an, sera tenu de payer pour centaine, une fois l'an, 1 florin, qui sera employé pour les affaires de la communauté ......; plus, que les mules, mulets et ânes pâtureront depuis la fin may jusqu'à la Toussaint... enchaînés du pied par derrière; les bœufs et vaches n'entreront point dans les olivettes ; on ne pourra *réclamer* les amandes qu'après la Saint-Michel, et les olives qu'après la Purification ; on ne pourra entrer dans les champs qu'à six pas des gerbes ; plus, qu'aucun n'ose couper du bois dans toute la juridiction, si ce n'est dans ses propres terres ; ... que personne n'ose cueillir les raisins qu'on appelle les verdals, si ce n'est dans ses propres possessions ; plus, que les Consuls, une fois leur année finie, rendent leurs comptes dans sept jours. Fait au

Pouget en présence d'Amans Imbert de Pozols, de Jean Forestier de Gignac et de moi Pierre Peplon, not. apost. et royal de Gignac.

APPENDICE LXIX

An. 1555. — Cession de la Baronnie du Pouget par Antoine de Roquefeuil a autre Antoine de Roquefeuil, son oncle.
(*Archives de Lestang.*)

Henri, par la grâce de Dieu Roi de France, à tous ceux qui ces Lettres verront, salut. Comme le 23 du mois et an que dessous, comparants en notre Cour de Parlement de Toulouse, maître Antoine de Roquefeuil protonotaire apostolique, requérant autorisation de l'accord cy-après d'une part, et Antoine de Roquefeuil sgr. et Baron de Roquefeuil, défendeur et faisant semblable réquisition,... maître Jean Gay, procureur dud. demandeur, dit que, pendant procès en notre Cour entre Parties pour raison de droit de légitime et autres biens à lui appartenants en la maison de Roquefenil,... icelles Parties avaient requis leur accord estre authorisé suivant la charte au procureur donnée... Faisons savoir que notre Cour a authorisé led. accord. Sachent tous que procès fut meu par devant le sénéchal de Quercy, au siège principal de Cahors....; que led. sieur protonotaire disait le droit de légitime à lui appartenir ez biens de feu Bringnon de Roquefeuil et de damoiselle Anne,. .. dame de Fornel, ses père et mère, lesquels il disait estre trépassés estant possesseurs de plusieurs biens à eux délaissés, et survivants led. sieur protonotaire ensemble Charles de Roquefeuil, ses enfants naturels et légitimes, ensemble ung aultre enfant qu'estait commandeur de St-Jean de Jérusalem, et huit filles, quatre estant mariées et dotées par le père, et les quatre autres religieuses. Conséquemment, disait le protonotaire tous les biens desd. père et mère avoir été....... et personnels de lui et de son frère Charles...; que la moitié des biens devait lui estre adjugée avec restitution des fruicts depuis le trépas de Bringon son père, et à ce Antoine de Roquef., comme fils de Charles défunt, devait être condamné et contraint. Au contraire, Antoine alléguait prescription contre le demandeur son oncle et disant son oncle avoir été son tuteur et avoir eu le maniement de tous les biens et documents de la maison et que luy ayant plusieurs bénèfices par le moyen et secours de Monsieur Charles de Roquefeuil n'avait aucun droit de demander la légitime ni aucun droit. Led. prétendant disait n'y avoir prescription parce que sond. frère n'était trépassé que l'an 1530, et n'avoir été oncques administrateur de son propre nepveu ; même n'avoir receu aucuns deniers de la maison pour reconnaissance de ses bienfaits... A été accordé que entr'eux sera dorénavant bonne paix,..... Item a esté faict pacte que led. sgr. de Roquefeuil baille et cède à perpétuité au sieur protonotaire son oncle, présent et acceptant, pour tous droits de légitime, part, portion ou restitution de fruicts..., savoir, etc., la place et baronie del Pouget assise au pays de Languedoc , dioc. de Béziers, avecque toute justice, haute, moyenne et basse, rentes, ventes, revenus et aultres droicts en la manière accoutumée de la maison de Roquefeuil. Pareillement lui accorde la place de Salveterre au pays de Quercy... Fait au lieu et place de la Barthe, le 23 9bre 1555..... Donné à Toulouse le 27 9bre 1555 et de notre règne la 9e année.

APPENDICE LXX

An. 1572. — Le Courtage du Pouget.
(*Archiv. de Lestang.*)

L'an 1572 et le 14 avril, régnant Charles, Roi de France, furent établis Barthélemy Théron, Jacques Pégurier et Pierre Rosset, consuls du Pouget, avec leur Conseil...; et ont arrenté et baillé le courtage appartenant à la Communauté à Mathieu Vordier et Antoine Bouis, pour un an, pour le prix de 35 livres...; lesquels seront tenus de porter tous les dimanches l'eau bénite à l'église du lieu, sonner les *campanes* tous les dimanches et à toutes les processions et temps dangereux de tempêtes; seront aussi tenus de faire crier toutes les marchandises qui se vendent au présent lieu, etc.

APPENDICE LXXI

AN. 1577. — VENTE D'AUMELAS ET DE CABRIALS AU BARON DE LA MOUSSON.
(*Arch. de Lestang.*)

Sachent tous... Le Roi Henry, par la grâce de Dieu, Roy de France... Cejourd'huy, 26 février 1577, établis en leurs personnes, les Commissaires députés de S. M., pour la revente des Terres et Seigneuries d'Omelas, Cabrials, etc...., ont cédé, vendu et transporté sous le titre de rachat et réméré perpétuel aud. messire Louis de Bucelly, sieur et baron de la Mousson, et à ses hoirs et successeurs... les Terres, Seigneuries et Baronie d'Omelas, Cabrials, Saint-George d'Orques, Valmale, Saint-Paul de Montcamel, leurs appartenances et dépendances, fours banniers, ensemble les droits de justice y appartenants, qui sont de l'ancien domaine de S. M., et dont les prédécesseurs Rois onttoujours joui et les précédents acquéreurs, sans aucune chose y réserver et retenir au Roi, avec puissance d'y mettre et établir de nouveau tous officiers.

APPENDICE LXXII

AN. 1595. — VENTE D'AUMELAS A GUILLAUME DE BONNET.
(*Arch. de Lestang.*)

Les Commissaires députés par le Roy pour l'aliénation et Revente de son domaine..... Comme par Lettres-Patentes du Roy en forme d'Edit, données au Camp de Noyon, au mois de septembre 1591, S. M. aurait ordonné que de son Domaine cy-devant aliéné à la faculté de rachat perpétuel, serait fait aliénation et revente à perpétuité jusques à la somme de 120,000 écus de rente, par tout le Royaume de France, en suivant lequel Edit, lesd. seigneurs commissaires auraient exposé et mis en Revente la juridiction haute, moyenne et basse, mère, mixte, impaire de la Baronnie, Terre et Seigneurie d'Omelas, Cabrials, Saint-Paul de Mont-Camel, Valmale et autres, premièrement engagés au feu sieur de la Mousson, et advenu le 15 fév., le sieur de Bonnet, amplifiant son enchère, aurait surdit à la somme de 1,000 écus, et en outre, les deux sols pour livre, à la charge toutefois que ladite vente serait faite à perpétuité, tant du prix de la première adjudication que pour la dernière enchère... à la somme de 4,319 écus 17 sols outre les loyaux-coûts.....; et considéré que lad. Baronie d'Omelas et seigneuries susd. ne s'arrentaient que 60 ou 70 écus au plus par an..., à cette cause cejourd'hui... lesd. Commissaires ont vendu, cédé et aliéné à perpétuité aud. sieur de Bonnet... moyennant la somme de 4,319 écus 17 sols.....

APPENDICE LXXIII

An. 1610. — Cession du devois du Pouget aux Consuls du Lieu par le Baron.

(*Arch. de Lestang.*)

L'an 1610 et le ... du mois de mai,... le seigneur de Roquefeuil ... a baillé à nouvel achapt et emphytéose perpétuelle... à Jean Sigas, Jean Philip et Noël..., consuls et syndics de l'Université du Pouget, un ténement de garrigues, terre herme et debvois assis dans le ténement de Saint-Bauzille de la Sylve, Baronie du Pouget, un terroir appelé le debvois du Pouget à Garaphac, confrontant du levant la juridiction d'Aumelas, chemin du Pouget à Montpellier, du midi le terroir de Vendémian, led. chemin et le fil de la Combe, etc., saufs et retenus... les droits de directe et seigneurie haute et basse et l'usage annuel de 20 sols tourn. chaque an, payables à la S. Michel, au château du Pouget; et en outre, lesd. acceptants et les leurs seront tenus de payer... de 10 en 10 ans la somme de 10 livres de 20 sols pour le droit de lods et amortissement...; et pour le droit d'entrée mond. seigneur a confessé avoir reçu la somme de 678 liv. tournois et a investi la communauté... Fait au Lieu de Saint-Bauzille, dans la maison de François Coustol. Jean Thibaud not. roy. de Ribaute.

APPENDICE LXXIV

An. 1618. — Vente du la Baronnie du Pouget a Paul d'Arnaud de la Cassaigne par Antoinne de Roquefeuil.

(Arch. de Lestang.)

Au nom de N. S. J. C. soit faict. Sachent tous... que l'an 1618. et le 16e jour de 9bre, après midy, régnant très-chrétien Prince Louis,... au Lieu du Pouget, par devant nous Mathieu Arnaud not., et présents les témoins bas nommés, Messire Antoine de Roquefeuil, Seigneur et Baron du Lieu, etc., a vendu, cédé, quitté, remet et transporte... sans espérance de rachapt, à perpétuité, à Messire Pol d'Arnaud, seigneur de La Cassaigne, chevalier, conseiller du Roy, son Trésorier-Général de France, Intendant des Gabelles en Languedoc,... la Baronnie du Pouget,... consistant en la juridiction haute, moyenne et basse, mère, mixte, impère dud. Lieu du Pouget, de Vendémian, Saint-Bauzille, Pouzols, moitié de la juridiction de Saint-Amans de Teulet dépendants d'icelle, chasteau ruyné du Pouget, avec tous les usages, censives, rentes, émoluments, péages, molin de Roviège, champs, terres et preds, comme aussi les homages à lui deubs par le seigneur de Poupian... ; par le seigneur de Castelnau pour le chasteau de l'Estang de Montdardier; par le sieur de Bellarga pour les seigneuries de Pleyssan et d'Adissan; par le sieur de Jormac... ; par le sieur de Montarnaud... ; par le Prieur de Saint-Amans... ; par le sieur de Tressan... ; par le sieur de Clermont pour le bateau de Canet... ; par le sieur de Larcare pour sa métairie de la Vernède, autrement Brignac, et molins de Carabottes... Ladite vente est faicte pour la somme et prix de 64,500 liv. tourn... Fait et publiquement récité au Pouget, maison Fabre, logis du seigneur vendeur, présents messire Jean Gras prêtre et viquaire perpétuel de Vendémian, maître Pierre Maraiguargues du lieu de Calvisson, diocèse de Nîmes, noble chevalier de Peyre, sieur de la Garde en Gévaudan..... et nous, Mathieu Arnaud, notaire garde-notes, tabellion royal dud. Vendémian.

APPENDICE LXXV

AN. 1620. — VENTE DU FIEF DU CONRAZIER D'ANIANE A ARNAUD DE LA CASSAIGNE, BARON DU POUGET.

(Arch. de Lestang.)

Frère Jean de Lauzeran du Fesc, conrazier d'Aniane, au Lieu du Pouget, par devant Arnaud notaire, sachant à cause de son office de conrazier avoir un petit fief noble aux Lieux de Saint-Bauzille, Saint-Amans et autres membres dépendants de la Baronnie du Pouget, que au Lieu et Terroir de Tressan, consistant en cens, usages, lods et ventes, et autres devoirs seigneuriaux ; duquel fief icelui sieur conrazier, ni ses prédécesseurs, n'ont joui ni rien levé qu'il soit mémoire d'homme ; moins y avoir espérance de le faire cy-après pour n'avoir aucuns titres ni espoir d'en trouver, ayant *il* fait recherche d'en trouver, ce qui lui aurait été impossible, voir même qu'il s'en trouverait, y aurait difficulté de vérifier la situation, ténements, et confronts, et mouvance dud. fief à cause de l'antiquité, tellement que n'ayant aucun moyen d'en jouir, aurait fait entendre à Messire Pol d'Arnaud... s'il voulait achepter led. fief comme relevant de lui, lui ayant offert de lui faire vente perpétuelle, de l'avis et consentement du Chapitre. A quoi le sieur Baron a entendu et aurait convenu du prix à la somme de 1,100 livres, à la charge d'employer icelle en fonds....... Le sieur Lauzeran a cédé et vendu led. fief noble et arrérages jusqu'au présent jour moyennant 100 livres tourn. en six pistoles or espaigne, quartz d'écu, testons et doutzaines reçus et remboursés ; led. sieur frère sera tenu de les employer en achat de fonds ou rachat d'autres rentes au profit du susdit bénéfice et a saisi led. de La Cassaigne, et donné pour garantie son père David de Lauzeran du Fesc ; présents Gabriel Maurin de Canet, et Pierre Mérignargues seign. de Calvisson. 20 avril 1620.

APPENDICE LXXVI

AN. 1625. — QUITTANCE FAITE AU S^r DE LA CASSAIGNE PAR LA DAME DE CLERMONT DE LA SOMME DE 18,000 LIV. SUR LE PRIX DE LA VENTE DE LESTANG FAITE PAR HENRY DE GUERS (MONTANT DE SA DOT).

(*Arch. de Lestang.*)

L'an 1625 et le 5e jour de 7bre, dans la ville d'Agde, a été présente et constituée en personne dame Marguerite de Clermont de Montoison, épouse de Mre Henry de Guers, Baron de Castelnau... ; laquelle a confessé avoir reçu de Mre Henry de Guers..., et par les mains de Mre Paul d'Arnaud de La Cassaigne sgr et Baron du Pouget....... la somme de 18,000 livres... ; et d'icelle somme a quitté et quitte led. sieur Baron de Castelnau, ensemble led. sieur Baron du Pouget et autres..... Et c'est pour son remboursement et répétition de sa dot par elle portée et payée aud. sieur de Castelnau par le contrat de leur mariage du 10 février 1620, et que led. Baron de Castelnau est tenu lui rendre et payer par le contrat d'accord passé le 1er 7bre 1624, reçu par Pierre Laboulet, not. roy. de Béziers,... dans un an, dans lequel aurait led. Baron baillé pour caution feu Mre Sébastien de Murviel, baron dud. Lieu, et messire Jean de Veyrac sgr et Baron de Paulhan... Pour subvenir au paiement, led. sieur de Castelnau aurait fait vente d'une sienne place appelée Lestang pour le prix de 22,000 liv. ; sur laquelle somme le Baron de Castelnau aurait chargé le Baron du Pouget de payer à la dame de Clermont la somme de 18.000 liv. pour la restitution de sa dot. Fait et récité en la ville d'Agde, dans la maison épiscopale, présents Julien Martin prêtre et aumônier de l'Évêque d'Agde (Balthazar de Budos), et Thomas Esprit André docteur en sainte théologie, habitant de Béziers, et moi Guill. Barral not. roy., du nombre réduit.

APPENDICE LXXVII

AN. 1634. — L'HOMMAGE DE POPIAN ATTRIBUÉ AU SEIGNEUR D'AUMELAS.
(*Arch. de Lestang.*)

Entre Mre Paul d'Arnaud s[r] de La Cassaigne, Baron du Pouget, etc., appelant du jugement donné par les Conseillers et Commissaires tenant les requêtes du Palais, le 28 juin 1633... et François de Tuffet s[r] de Popian, et le procureur du Roi appelé, et autrement led. Tuffet..... impétrant Lettres-Royaux du 6 mai pour être reçu à demander que sans avoir égard aux titres produits par le s[r] de La Cassaigne, il soit relaxé de toute contestation.... Vu le procès plaidé du 23 juin 1633 et 18 mai dernier, incident en faux joint par les appointements des Commissaires à ce députés du 23 fév. dernier, 30 et 31 mars derniers, transaction de 1351, contrat d'afferme du 3 janv. 1351, provisions de l'office du Juge de Popian du 10 janv. 1356, lettre adjonctive et exploits du 6 et 7 juin dudit an, moyens de faux, souténements, relations d'experts sur les vérifications de l'état des actes, procuration dud. de Tuffet pour avouer led. incident en faux du 11 av. dernier,... sentence du Gouverneur de Montpellier, du 27 mars 1397, contrat du 7 mai 1623, arrest du 18 avril et 19 juin derniers, et autres productions avec le dire et conclusions du Procureur général du Roi, dit a été que la Cour sans avoir aucun égard aux incidents en faux ni aux Lettres du 6 mai dernier, a mis et met l'appellation au néant et a ordonné et ordonne que ce dont a été appelé sortira à effet; a condamné et condamne l'appelant aux dépens envers ledit appelé, la taxe réservée. Prononcé à Toulouse en Parlement, le 13e jour de juillet 1634. De Malenfant.

La Cour intérinant les Lettres-Royaux dud. de Tuffet, sans avoir égard à l'hommage de 1610, lequel elle a déclaré et déclare de nul effet et valeur, a relaxé... led. de Tuffet de la demande dud. hommage,... a maintenu et gardé le Procureur général du Roi en la Faculté de prendre et percevoir hommage et serment de fidélité de lad. place et seigneurie et château de Popian; faisant inhibition et défense... de donner aucun trouble ...à peine de 500 liv. tourn. Donné à Toulouse, le 10 juin 1633.

APPENDICE LXXVIII

AN. 1645. — VENTE D'AUMELAS FAITE A CHARLES DE BONNET ET A ANNE DE COURTAUD, SA FEMME.

(*Archiv. de Lestang.*)

Les Commissaires... Savoir faisons que le 9 fév. serait comparu en notre greffe M. Pierre Bosquier, lequel aurait, en suite de l'Edit de mars 1619 et arrêts du Conseil donnés en conséquence, enchéri la Terre et Baronnie d'Aumelas de la somme de 15,000 liv. et les 2 sols pour liv., outre l'engagement à quelque somme qu'il puisse se monter. Ladite Terre... aurait été enchérie par Antoine Breton à 16,000 liv.; et finalement par Antoine Cabout, avocat aux Conseils, jusques à 20,000 liv .. Nous avons à ce dernier, comme plus offrant, fait l'adjudication...; lequel nous aurait déclaré avoir fait l'enchère pour Messire Charles de Bonnet, sieur d'Omelas, et Anne de Courtaud, sa femme..... Savoir faisons que nous avons aud. sieur d'Omelas et à sa dame revendu et engagé lad. Terre et Baronnie d'Omelas pour en jouir par eux, les hoirs et successeurs, pleinement et paisiblement, comme de leur propre chose, et vrai et loyal acquet, à faculté de rachat perpétuel, aux honneurs, etc., tels qu'en ont joui les anciens Engagistes conformément au contrat de 1595, sans que ci-après ils puissent en être dépossédés..., sinon en remboursant comptant et en un seul paiement la somme de 23,000 liv., à laquelle revient la présente revente dud. engagement, frais et loyaux-coûts. Fait... le 12 juin 1645.

APPENDICE LXXIX

AN. 1647. — TESTAMENT DE PAUL D'ARNAUD DE LA CASSAIGNE.

(*Archives de Lestang*).

« ... Remettant pour sa sépulture à la discrétion de sa femme, pourvu qu'elle soit faite en la forme accoutumée en la religion catholique, apostolique et Romaine, en laquelle il prie Dieu de le faire mourir. Il laisse 4,500 livres pour ses serviteurs, les pauvres de la Baronnie et la fondatien de messes pour le repos de son âme, sans que sad. femme puisse en rien être recherchée ; confirme à sa fille Anne d'Arnaud, qu'il a eue d'Anne de Montchal, la somme dotale qu'il lui a faite de 100,000 liv. au contrat de son mariage avec le Comte de Montpeyroux le 12 7bre 1634 ; il nomme son héritière universelle Anne de Montchal son épouse, tant qu'elle vivra en état de viduité, à la charge de rendre tous ses biens à Anne d'Arnaud leur fille, gardant l'usufruit de son vivant ; charge sa fille de rendre tous ses biens au fils ou à la fille nés ou à naître d'elle et du sieur de Montpeyroux ou d'autre époux en cas de décès de celui-ci ; il substitue à ces enfants les autres qui pourraient exister ; et, à leur défaut, Paul d'Arnaud de La Cassaigne, mestre de camp d'un régiment de cavalerie, son neveu et filleul, fils de noble Daniel son frère ; et, lui mort, son premier enfant et autres par ordre de naissance, et, à leur défaut, Clande d'Arnaud, son autre neveu... et en dernier lieu Estienne d'Arnaud, prêtre ».

APPENDICE LXXX

AN. 1682. — CHARLES DE BONNET RÉINTÉGRÉ DANS LA BARONNIE D'AUMELAS.

(*Archives de Lestang*).

Vu par le Roi en son Conseil l'arrêt rendu en icelui le 3 mars 1680, par lequel S. M. avait liquidé la finance des domaine, terre et Vicomté d'Aumelas et dépendances à la somme de 33.630 liv. ; la jouissance des fruits et revenus de lad. terre depuis le 1er juillet 1668 jusqu'au 1er mars 1680 à 6,144 liv., revenant les deux sommes à celle de 39,774 liv. ; pour laquelle il aurait été ordonné que par les sieurs Commissaires... il serait passé contrat de vente au profit du sieur de Bonnet, pour en jouir par lui à titre de propriété incommutable;..... sinon qu'il sera remboursé de lad. somme et des intérêts échus depuis, etc. Ouï, le rapport du sieur Colbert, Conseiller ordinaire au Conseil royal, contrôleur général des finances, le Roi a ordonné... que le sieur de Bonnet sera réintégré en sa possession et jouissance... de la Vicomté d'Omelas, de Cabrials, Cardonet, Saint-Paul et Valmale, haute, moyenne et basse justice et autres droits pour en jouir en vertu de son contrat d'Engagement du 12 juin 1645, ainsin qu'il aurait pu faire auparavant l'arrêt de 1668 et la réunion au Domaine de S. M., à commencer du 1er janvier de la présente année. Fait à Paris, le 26 7bre 1682.

APPENDICE LXXXI

AN. 1688. — LES LODS DE LA VENTE D'UNE PARTIE DE PAULHAN ATTRIBUÉS AU VICOMTE D'AUMELAS.
(Arch. de Lestang.)

Les Commissaires députés par le Roi pour connaître du fait de ses Domaines en Languedoc..... Entre M. Charles François de Bonnet Vicomte d'Aumelas, Trésorier de France au Bureau des finances de Montpellier, par requête du 6 mars dernier en opposition envers notre jugement du même mois portant condamnation au profit de M. Pantaléon Guérin, fermier du Domaine, du droit de lods de l'acquisition de la moitié de la Terre de Paulian faite par noble Jean de Veyrac; et en conséquence que led. de Veyrac soit condamné à lui payer le droit de lods comme lad. Terre et seigneurie de Paulian étant mouvante en arrière-fief de la Vicomté d'Aumelas, d'une part; et led. Guérin demandeur par requête... en ce que déboutant led. sieur d'Aumelas de son opposition, notre jugement du 4 mars soit exécuté, etc., selon sa forme et teneur d'une part, et led. sieur de Bonnet défendeur de l'autre. Vu par nous les Requêtes, etc., etc., Nous ayant égard à la requête en opposition dud. sieur d'Aumelas, sans nous arrêter au jugement par Nous rendu le 4 mars dernier... avons condamné et condamnons led. sieur de Paulian à payer aud. sieur d'Aumelas le droit de lods suivant la coutume des Lieux dans un mois..... Fait à Montpellier le 24e jour d'avril 1688. Signés de Lamoignon, Vignes, de Moulceau, Lauriol, Vissec, de Manse.

APPENDICE LXXXII

AN. 1689. — CONFIRMATION DU PRÉCÉDENT JUGEMENT.
(Arch. de Lestang.)

Les Commissaires... Entre M. Jean de Veyrac, Baron de Paulian ..... en opposition à notre Jugement du 24 avril 1688, ... et M. Charles François de Bonnet,..... et M. Pantaléon Guérin..... Nous sans avoir égard aux requêtes dud. sieur de Paulian et de Guérin en opposition envers notre jugement du 24 avril 1688 desquelles Nous les avons déboutés, ordonnons que notre jugement sortira à effet et sera exécuté selon sa forme et teneur. Fait à Montpellier le 2 juin 1689. Signés : de Lamoignon, etc.

APPENDICE LXXXIII

AN. 1691. — HOMMAGE DE LA BARONNIE DU POUGET FAIT PAR ANNE DE GRÉGOIRE DE GARDIES.

(Arch. de Lestang.)

Entre Damoiselle Anne de Grégoire de Gardies, comtesse de Montpeyroux, fille unique et héritière de dame Arnaud de La Cassaigne, héritière avec bénéfice d'inventaire de Pierre Paul d'Arnaud de La Cassaigne..., et en cette qualité Baronne et seigneuresse du Pouget et des Lieux dépendants de ladite Baronnie, demanderesse par requête à ce qu'il plaise à la Cour la recevoir à foy et hommage qu'elle doit à Sa Majesté, à cause de lad. Baronnie du Pouget et des Lieux de Saint-Amans, Saint-Bauzille, Pouzols, Vendémian et Lestang, membres de la Baronnie, fiefs et terres en dépendants, jouis et possédés avec justice haute, moyenne et basse, mère et mixte empire, châteaux, maisons, moulins et autres couverts de service, seigneuries, directes, terres cultes et incultes, lods et ventes, etc., relevant de S. M. dans la Sénéchaussée de Carcassonne ; ce faisant, lui octroyer la main-levée de la Terre de Lestang des saisies faites par le Procureur général et substitut du Procureur général du Roy au Bureau des finances de Montpellier, pour devoirs non faits, avec contrainte par corps ..; et parce que lad. Damoiselle n'a pu venir en personne, elle a fait procuration à M. Molin son viguier et juge, 1 Xbre 1691.

APPENDICE LXXXIV

AN. 1726. — VENTE DE LA BARONNIE DU POUGET FAITE PAR ABDIAS DE LA CASSAIGNE A M. VIEL DE LUNAS.

(*Archiv. de Lestang.*)

Entre Abdias d'Arnaud de La Cassaigne... et M. Viel de Lunas, ...a été convenu que le sr de La Cassaigne vend l'entière Baronnie du Pouget et ses dépendances, juridiction haute, moyenne et basse, mère et mixte empire, prélation, retention, avantages, lods, usages des Lieux du Pouget, Vendemian, etc., émoluments fixes et casuels se montant par an à plus de 400 sétiers de tous grains, dont 300 de froment, et autres redevances, huile, cire, poivre, poulets, lapins, perdrix, lieux, château noble et ruiné du Pouget; terres, vignes, etc., de Lestang; arrérages; le tout quitte de charges, tailles, obits jusqu'au 1er janvier prochain; réservé au Roi de France l'hommage et le serment de fidélité; pour la somme de 138,000 liv. payables à la réduction du présent acte en acte public; 80,000 en rentes sur la Province au denier 20; 5,000 liv. pour la rente des Cordeliers; 3,000 liv. argent comptant pour le rachat de Pouzols; 22,700 liv. à verser le jour du contrat; 27,300 liv. réservées à M. Bonnier pour le désintéresser. D'Arnaud vend tous les cabaux, meubles et ustensiles de Lestang, 400 bêtes à laine, etc., avec la récolte pendante pour 5,000 liv.; il remettra les titres et reconnaissances, le tout garanti, excepté les mouvances des arrière-fiefs et les péages. — Police faite le 21 Xre 1726.

APPENDICE LXXXV

AN. 1770. — VENTE DE LA BARONNIE DU POUGET A M. LE Vte D'ALZON.

(*Arch. de Lestang.*)

L'an1770 et le 22 avril... à Montpellier. Furent présents dame Louise de Montcalm, v^e^ de messire Anthoine Jean Viel seigneur de Lunas, Baron du Pouget, Président en la Cour des Comptes, etc., tant en son nom que comme procuratrice de MM. Louis Viel marquis de Lunas, Baron du Pouget, son fils, Jean Viel de Lunas chevalier, Baron du Pouget, son autre fils, et de dame Antoinette Viel de Lunas sa fille, épouse de Jean de Seigneuret de Loubens ....; avec les procurations de dame Marguerite Viel de Lunas sa fille, épouse de Emmanuel de Girard marquis de Pézènes, et de Louise Marcine Viel de Lunas sa fille, épouse de Philippe de Pavée marquis de Villevieille; lesd. dames traitant pour leurs biens parapheŕnaux;..... ont vendu à perpétuité et solidairement à Mre Jean François Xavier Daudé, vicomte d'Alzon, fils de Mre François Xavier Daudé, vicomte d'Alzon, et de dame Anne Margnerite de Jouvenot, époux de dame Marie-Anne Cécile Évesque de Sérizières, habitant du Vigan, l'entière Baronnie du Pouget avec tous les biens et droits, tant nobles que ruraux, qui furent vendus au sieur de Lunas per noble Abdias de Lacassaigne le 22 janv. 1727; acte reçu par Clément, notaire à Montpellier, consistant en.....; à la charge par lui de payer toutes les charges auxquelles le bien vendu peut être sujet, notamment la rente annuelle de 3 liv. au chapelain de N. D. de Mostuéjols et celle de 8 liv. au Prieur de S. Jean de Ste Eulalie...; demeurant réservés à S. M. la foi et l'hommage,... pour le prix de 52,000 livres pour les justices, fiefs, redevances, droits seigneuriaux et autres biens nobles; de 80,000 liv. pour les biens et fonds ruraux, et de 2,500 liv. pour les 2/3 du courtage; outre lesquelles sommes, led. d'Alzon sera tenu de donner 3,500 liv. à titre de pleige et pot-de-vin... Lad. vente est encore faite aux conditions suivantes : en premieur lieu, que led. sieur d'Alzon demeurera chargé à ses risques et périls de l'événement du procès que les vendeurs ont pendant en la Cour des Comptes de Montpellier contre Mre de Guérin, sieur d'Aumelas, le sieur d'Arnaud de La Cassaigne et autres ;... qu'il sera tenu de prendre le fait et cause des vendeurs et pourra poursuivre en son nom et profit l'adjudication des demandes formées et autres... ; que les vendeurs cèdent au Vicomte... tous les dépens exposés... et que, si le sieur d'Aumelas ou autres obtiennent gain de cause en tout ou en partie, les vendeurs ne seront tenus d'aucune indemnité,... et qu'il sera tenu lui-même... de garantir les vendeurs. Fait et récité dans l'hôtel du marquis de Girard, présents M. François Baron, procureur en la Cour des Comptes, et le sieur Paul Brentignan, financier, habitant de Montpellier. Granier, notaire.

LES SEIGNEURS DES DIVERS LIEUX
DE LA VICOMTÉ D'AUMELAS

I. — SEIGNEURS D'AUMELAS

II. — SEIGNEURS DU POUGET

De 969 à 1098. — Les Vicomtes de Béziers : (Voir leurs noms à l'article Aumelas). — En 1059, Guillem de Beliarde, sgr de Montpel. a des possessions au Pouget.......................................p. 18

De 1098 à 1213. — Les seign. de Montpel. : Guillem d'Ermengarde, 1098; Guillem d'Ermessinde, 1121 ; Guy Guerrejat, 1149; Guy Burgondion, 1177 ; Burgondiose, 1182; Adélaïde de Conas, 1183 ; Guillem VIII, 1183; Marie de Montpel., 1204........................p. 24

De 1213 à 1348, — Les Rois de Majorque : Jacques Ier, 1213 ; Jacques II, 1276 ; Sanche, 1310; Jacques III, 1324; l'Infant Ferrand, 1330; Jacques III, 1346 ....p. 41

De 1349 à 1618. — Les de Roquefeuil :

Arnaud de Roquef., en 1348.	Charles I de Roquefeuil, avant 1530.
Catherine de Roquef., 1395.	Charles II de Roquef., 1530.
Antoine I de Roquef., 1409.	Antoine II de Roquef., 1555.
Jean de Roquef., 1430.	Antoine III de Roquef., 1580.
Bringuier de Roquef., 1480.	..........................p. 85

De 1618 à 1727. — Les de La Cassaigne :

Arnaud de La Cassaigne, 1618.	Anne de Gardies, 1691.
Dame de Montchal, ve d'Arnaud, 1651.	François d'Arnaud, 1702.
Anne d'Arnaud de Montpeyroux, 1651.	Paul Abdias d'Arnaud, 1717. p. 138

De 1727 à 1770. — Les Viel de Lunas :

Antoine Viel, 1727.	Les Héritiers Viel, 1743.
	........................p. 190

De 1770 à 1789. — Le Vicomte d'Alzon, 1770..........................p. 206

III. — SEIGNEURS DE LESTANG

800-1121. — *Propriétaires laïques de la villa Franconique :* Teutberg, avant 841; — Amalbert ; — Aliard ; — Audéric ; — Pons, Aifrède et leur fils Engelin ; — Raymond Sicard ; — Guillaume Pons ; — Hugues Rostaing ; — Hugues Pierre et sa femme Ricarde ; — Salomon ; — Les fils de Janelle ; — Guill. Assalty et Adalaïs et leurs enfants , — Pons de Frédol ; — Bertrand ; — Ricard.

Propriétaires ecclésiastiques : Le monastère d'Aniane acquit des droits sur l'église de N.-D. de Rouvièges, en 841 ; une partie de

Lestang, en 850 ; l'égl. par[le] de N.-D. de Rouvièges, en 1076 ; enfin la propriété d'Engelin et l'alleu de Salomon ; — Guill. Assalty de Popian et Adalaïs lui confirmèrent ses acquisitions, en 1118........ .... p. 12

1121 - 1790. — A partir de 1121, les seigneurs de Lestang sont :

1122. — Bertrand de Lestang. *(Arch. de Lestang.)*............
....

1264. — Raymond de Castries. (*Arch. de Lestang.)*

1314. — Bertrand de Montdardier..........................p, 63

1340. — Pierre de Montdardier..........................p. 93

1371. — Pierre Guitard.............................p. 106-122-94

1398. — Guitard neveux.............................. p. 106

1398. — Les frères Saporis..........................p. 107

1405. — Leudégaire Saporis..........................p. 112

1430. — Jacques Saporis, alias d'Aramon..........p. 114

avant 1468. — Les Guers de Castelnau.......... ....p. 123

1490. — Eustache de Guers..........................P. 124

1514. — Guillaume de Guers..........................p. 126

avant 1573. — Pierre de Guers........... .. ..p. 132

1587. — Jean de Guers........... ....p. 132

1602. — Henry de Guers...........................p. 156-173-145

1625-1717. — Les de La Cassaigne, (Voir article Pouget.).............p. 138

1717-1770. — Les Viel de Lunas. (Voir article Pouget.)... .... p. 190

1770. — M. le Vicomte d'Alzon ....p. 206

IV. — SEIGNEURS DE N.-D. DE ROUVIÈGES

(*Église paroissiale de Lestang*)

841. — Testament de Teutberg : église, terres de Rouvièges.........p. 13

1076. — Vente de l'église et des propriétés à l'abbé d'Aniane.........p. 13

1618. — Rente faite à l'évêque de Béziers. (*Arch. de Lest.*).............

1639. — Le Prieuré dépend de la table du Collège de N. D. du Palais à Montpellier. — Fruits décimaux affermés par M. de La Cassaigne, 350 liv. par an........................... ......p. 155

Santy, vicaire perpétuel en 1707. *(Arch. d'Aspiran.)*.

V. SEIGNEURS DE POUZOLS

978. — Ragon donne au mon. d'Aniane l'église S. Amand de Pouzols. p. 15
1276. — Raymond Gaucelm, chevalier.................................p. 46
1312. — Bernard Gaucelm, demoiseau, fils de Raymond Fulcran Gaulcem. 53
1330. — Pouzols fait partie de la Vicomté de l'Inf. Ferrand,..........p. 60
1349. — Arnaud de Roquefeuil et ses successeurs..................p. 85
1618. — Paul d'Arnaud de Lacassaigne et ses successeurs, jusqu'en 1696. 138
1696. — François de Sarret. — Étienne de Sarret, son fils. — Thimothée de Combet et Marie Pouzanère, sa femme............p. 173, 180
1727. — Paul Abdias rachète Pouzols pour le remettre à M. Jean Viel de Lunas ....p. 180
Vers 1750. — Flottes a un fief noble à Pouzols.....................p. 203

VI. — SEIGNEURS DE St-BAUZILLE DE LA SYLVE

1187. — Les Seigneurs d'Aumelas..............................p. 33
1286. — Guill. Patau, fils de Pierre Bremond de Castelnau, a un fief à St-Bauzille, pour lequel il fait hommage à Jacques roi de Majorque, seigneur du Lieu. (*Arch. de Lestang.*)
1348. — Arnaud de Roquefeuil acquiert Saint-Bauzille et le transmet à ses successeurs...p. 87

Saint-Bauzille fait partie intégrante de la Seigneurie du Pouget jusqu'en 1789.

VII. — SEIGNEURS DE VENDÉMIAN

1129. — Elzéard et Agnès, son épouse, vendirent la 4e partie de Vendémian à Guillem d'Aumelas...................................p. 28

Vendémian resta dans la maison de Guillem d'Aumelas jusqu'en 1197 et ensuite dans celle des Guillem de Montpellier jusqu'en 1349...p. 35
1349. — Arnaud de Roquefeuil le reçut de Jacques III de Majorque, pour le laisser à ses successeurs, Barons du Pouget, jusqu'à la Révolution..p. 67, 86

VIII. — SEIGNEURS DE PAULHAN

De 969 à 1100. — Les Vicomtes de Béziers (voir Aumelas).........p. 18
De 1100 à 1140. — Les Comtes de Mauguio : Bernard IV et Béatrix..p. 23
De 1140 à 1213. — Les Guillems de Montpellier : Guillem VI, 1140 ; Guy Guer-

IX. — SEIGNEURS D'ADISSAN

X. — SEIGNEURS DE PLAISSAN

XI. — SEIGNEURS DE TRESSAN

1395. — Catherine de Roquefeuil.......................................p. 102
1409. — Antoine de Roquef. et de Blanquefort.........................p. 109
1410. — Jean de La Vergne, évêq. de Lodève, achête Tressan..........p. 110
1413. — Rigaud de La Vergne reçoit en don Tressan.....................p. 111
1540. — Antoine I de La Vergne, seigneur de Tressan et de Puy-Lacher.. 127
1554. — Jean Antoine de La Vergne. (*Arch. de Lestang.*)
1625. — Jérémie de La Vergne.. ....p. 147
1638. — Antoine II de La Vergne..p. 164
1648. — Antoine III de La Vergne...p. 164
1689. — Jérémie de La Vergne...p. 192
1742. — De Carrion de Nizas..p. 204
De Spinola ép. de Gabrielle de Carrion de Nizas......................p. 206

XII. — SEIGNEURS DE POPIAN

960. — Bernard Giraud, évêque de Béziers, qui s'est emparé du monastère d'Aniane, échange l'alleu de Popian avec Ary ou Henry, sa femme Richilde et Geoffroy leur fils.......................................p. 15
962. — Godoi se donne au mon. d'Aniane avec une de ses fermes sise à Popian............. ....p. 15
1204. — Pons Pierre de Ganges donne la moitié de Popian à Pierre d'Aragon et la reprend en fief avec l'autre moitié...................p. 39
1266. — Raymond Pierre de Ganges.................................. ....p. 48
1348. — Raymond Pierre de Ganges (son testament)...................p. 89
1348. — Guillemette de Montpeyroux, veuve de Raymond Pierre..... p. 89
1350, — Pierre Peltric.. .... p. 89
1372. — Jean Peltric. (*Arch. de Lestang.*)
1433. — Barthélemy Peltric. *Id.*
1458. — Antoine Ier Peltric. *Id.*
1503. — Antoine II Peltric.... ....p. 126
1535. — Gérald Peltric. (*Arch. de Lestang.*)
1541. — Antoine de Tavaux..p. 132
1551. — Jacques de Tuffet. (*Arch. de Lestang.*)
1586. — François de Tuffet, chanoine de Béziers..... ....p. 133
1613. — François de Tuffet, neveu.......................................p. 135
1724. — Le Président de Bocaud...p. 195
1727. — Sr Pradines et Durand de Lussac. — Bénézet et Dame veuve de Lussac ....p. 194
1758-54. — Lautier. — Larcaro de Calmet, s[r] de Bonneville..........p. 201
1754-1760, — Bénézet possède ensuite tout Popian et le cède à Azemar. (*Arch. de Lestang.*)

XIII. — SEIGNEURS DE St-AMANS DE TEULET

1060. — Raymond de Pignan, obedientiel d'Aniane. ....p. 14
1233. — Guillaume Martin, vicaire, rend hommage à l'abbé d'Aniane, Guillaume III, de Valhauqués. (*Fr. Pont.*, p. 359.)
1286. — Robert. prieur...p. 47
1349. — Le Roi de Majorque cède sa suzeraineté au sgr de Roquefeuil... 68
1351. — Raymond Bernairi, vicaire perpétuel.......................p. 90
1355. — Hugues de Vesinio, prieur................................p. 90
1443. — Bertrand de Brisson, prieur (élu abbé d'Aniane)............p. 116
1463. — Déodat de Avento, prieur, rend hommage à Remy de Marimond, gouverneur de Montp. et d'Aumelas......................p. 117
1520. — Ondinette Lullier.............................. ...... p. 126
1621. — Jean Mestre, vicaire perpétuel.... ....p. 141
1727. — De Bocaud, prieur...p. 195
1763. — Jean Dartaguette, prieur...................................p. 206
1780. — Jean Baptiste de Forest, prieur............................p. 215
1783. — Nicolas Focaud...p. 215

XIV. — SEIGNEURS DE JOURMAC ET CARABOTTES

1266. — Raymond Pierre de Popian et Bremond Rostaing de Popian construisent les moulins de Carabottes dans le ténement de Jourmac...p. 48
1281. — Le Roi de Majorque baille à fief ledit ténement à Guill. des deux-Vierges, abbé de Saint-Guilhem........... ....p. 48
1286. — Le Mon. cède à l'Évêque de Lodève ses droits sur les moulins, avec l'autorisation du Roi de Majorque.................p. 49
1303. — Les Évêques de Lodève firent dès lors hommage au seigneur de Montpellier et d'Aumelas...............................p. 50
1348. — Journac et Carabottes cédés à Arnaud de Roquefeuil........p. 68
1485. — La terre de Journac est inféodée à Jean Chandos............p. 123
1595. — Le sieur de Bonnet acquiert Jourmac des descendants de Chandos. 81
1641. — Jourmac passe à M. Massanc, trés. gén. de Montpellier.... ...p. 81
1661. — L'Év. de Lodève réclame la Directe des moulins............p. 187
1715. — Le sieur d'Aumelas réclame, mais en vain, la Directe des moulins. 187
1771. — L'arrêt de 1771 attribue la mouvance de ces propriétés au Vicomte d'Aumelas..p. 213

La transaction qui eut lieu entre M. de Saint-Victor et M. d'Alzon concéda cette mouvance au seigneur du Pouget.........p. 235

XV. — SEIGNEURS DE MONTARNAUD

1121. — Guillem d'Ermengarde donne Montarnaud à son fils Guillem d'Aumelas.... p. 27

1197. — Les seigneurs de Montpellier.... p. 35

1330. — Jacques de Majorque fait un acte de partage avec les seigneurs feudataires de Montarnaud.... p. 61

1348. — Les droits de Jacques III sur Montarnaud passent à Arnaud de Roquefeuil.... p. 68

1372. — Arnaud fait hommage au Roi de Navarre, seign. de Montpellier et d'Aumelas.... p. 74

1410. — Antoine de Roquefeuil fait vente de la moitié de Montarnaud à Jean de Montlaur, sgr de Murles.... p. 112

XVI. — SEIGNEURS DE CABRIALS

L'abbaye de Valmagne tint en fief des seigneurs de Montpellier le Lieu de Cabrials.... p. 55

1316. — Il se fit une transaction relativement à la Justice de ce lieu entre Sanche de Majorque et l'abbé Pons.... p. 55

330. — Cabrials fit partie de la Vicomté donnée à Ferrand.... p. 60

347. — Cabrials fut vendu à l'abbé Guiraud par Jacques III.... p. 66

348. — Jacques céda à Arnaud de Roquefeuil ses droits de suzerain sur Cabrials.... p. 68

727. — Opposition de Mgr de Castries, abbé commend^e^, au s^r^ de Bonnet. — Les abbés de Valmagne sont restés seigneurs utiles de ce Lieu jusqu'en 1789, Le 52e et dernier abbé fut Arnaud II Pierre de Puységur, fils de Pierre Hercule de Chastenet, comte de Puységur, et de Jacquette de Pagès, né à Rabasteins en 1736, vicaire général d'Alby et nommé commendataire de Valmagne en 1781. *(Fr. Pontif.)*.. 195

XVII. FIEF DU SIEUR D'ARBORAS

539. — Arnaud de Bozène, sgr d'Arboras, fait hommage à Charles de Roquefeuil pour les possessions qu'il a au Pouget. (*Arch. de Lestang*.)

615. — Jean de Goudon, sgr de Liras (dioc. de Vabres), fils et héritier de noble Jacques de Goudon, héritier de Pierre de Goudon,

sieur de Brignac, son oncle, et le sieur de Brignac ayant cause d'Arnaud de Bozène font hommage au seigneur du Pouget, suivant le recensement de 1582. (*Arch. de Lestang.*)

1618. — Le sieur de La Cassaigne acquiert le fief susdit............p. 140

XVIII. — FIEF DU PRIEURÉ DE ST-JEAN DE STE-EULALIE

962. — Ce fief érigé en Prieuré à raison du service aeligieux remonte au Xe siècle. Godoin donne au monastère d'Aniane un mas avec cour, jardin, vignes, terres..................................p. 15

991. — Pons et Adalais donnèrent au mon. la maison de Pons, prêtre, avec des cazeaux, jardins, terres, etc. (*Arch. de Lestang.*)

1446. — Jean de Montagnac, prieur. (*Arch. de Lestang.*)

1620. — Arnaud de La Cassaigne acquit ce fief, moyennant une rente annuelle......................................p. 102

1707. — Gabriel de Barrés, prieur, attaqua François de La Cassaigne et le victe de Montpeyroux en paiement des arrérages.......p. 176

1728. — Janel, prieur, contraignit M. Viel de Lunas à lui payer les arrérages de sa rente de 21 années (*Arch. de Lestang.*)

XIX. — FIEF DU MONASTÈRE DE CASSAN

1187. — Il consistait dans la métairie de Martinsac et ses dépendances qui furent données au mon. de Cassan par Guillem VIII, le 7 février 1197, et en 1260 par Jacques de Majorque..............p. 36

1622. — Ce fief fut vendu à Arnaud de La Cassaigne par suite des dépenses que faisait le mon. pour entretenir une garnison qui logeait au couvent dans le but de défendre les moines contre ceux de la Religion Réformée, Jean-Baptiste Teillon étant alors abbé commendataire...........................p. 140

XX. — FIEF DU MONASTÈRE D'ANIANE

Le Fief du Conrazier et celui du Sacristain, qui remontaient à la fondation du monastère, furent acquis par le sieur de La Cassaigne en 1620. Les 3,000 livres que lui coûta le fief du Sacristain furent données à rente à la Communauté de Fontès ; ils ne furent recouvrés par le monastère qu'à la fin du siècle, pour être employés à réparer les dégâts commis par les Protestants.............p. 140

XXI. — FIEF DU MONASTÈRE DE ST-GUILHEM

Il y avait au monastère de Saint-Guillem une chapellenie de N.-D. de Mostuejols fondée par Revérendissime Raymond de Mostuéjols, de son vivant Cardinal du titre de Ste-Eusébie, à laquelle étaient affectés les revenus de certains Lieux situés au Pouget. La *France Pontificale* désigne ce Cardinal sous le nom de Guillaume V de Mostuéjols. Il était né au village de Mostuéjols (Tarn) d'une famille noble et illustre ; il fut élevé à l'abbatiat de Saint-Guillem vers 1289. Il reçut des hommages de plusieurs vassaux en 1290, d'après la *Fr. Pont.*, et mourut vers 1303..p. 140

Le Fief susdit fut acquis par Arnaud de La Cassaigne, moyennant une rente annuelle en 1621...p. 140

XXII. — LE SEIGNEUR DE ST-PAUL, DE ST-GEORGES, DE VALMAGNE, DE COURNONSEC, DE MONTBAZIN ET EN PARTIE DE PIGNAN ET DE SAUSSAN DE 1330 à 1346.

Le seigneur de St-Paul, de St-George, de Cournonsec, etc. de 1330 à 1346.

Pour compléter notre nomenclature il faut rappeler la charte de 1330 qui établit l'Infant Ferrand seigneur, non seulement des Lieux déjà nommés, mais encore des Lieux et châteaux de Saint-Paul, de Saint-George, de Cournonsec, de Montbazin, de Valmale, et lui donne des usages, rentes et revenus dans les Lieux de Pignan et de Saussan, qui firent retour à la Seigneurie de Montpellier, à la mort de Ferrand.

TABLE DES MATIÈRES

LIVRE III

LA BARONNIE DU POUGET DÉTACHÉE DE LA VICOMTÉ D'AUMELAS. — LES ROIS DE FRANCE SEIGNEURS D'AUMELAS. — LES SEIGNEURS DU POUGET SOUS LA SUZERAINETÉ DES ROIS DE FRANCE.

CHAPITRE PREMIER

Aumelas administré d'abord par les Rois de France, ensuite par les Engagistes.

CHAPITRE II

La Baronnie du Pouget

LIVRE IV

LUTTES DES VICOMTES D'AUMELAS POUR ÉTABLIR LEUR SUZERAINETÉ SUR TOUS LES LIEUX DE L'ANCIENNE VICOMTÉ

APPENDICES

LES SEIGNEURS DES DIVERS LIEUX DE LA VICOMTÉ D'AUMELAS

ERRATA

Page 77, ligne 29, *au lieu de* . 16,000, *lire :* 1600.
— 79, — 13, — 1550, — 1540.

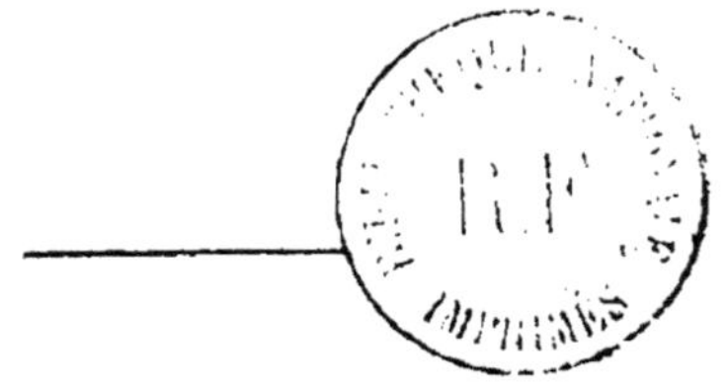

www.ingramcontent.com/pod-product-compliance
Ingram Content Group UK Ltd.
Pitfield, Milton Keynes, MK11 3LW, UK
UKHW012008240726
13965UKWH00001B/230